Chung Hyun Kyung

Schamanin im Bauch – Christin im Kopf

Frauen Asiens im Aufbruch

Aus dem Amerikanischen
von Dorothea Dilschneider

Mit einem Vorwort
von Marga Bührig

Kreuz Verlag

Dorte

Die amerikanische Originalausgabe ist unter dem Titel »Struggle to be the Sun again. Introducing Asian Women's Theology« erschienen

2 3 4 95 94 93

Umschlaggestaltung: Jürgen Reichert, Stuttgart
unter Verwendung eines Fotos von Gisela und Udo Killimann
Gesamtherstellung: Wilhelm Röck, Weinsberg
ISBN 3 7831 1204 4

Inhalt

Vorwort
von Marga Bührig

Es war am 8. Februar 1991, dem zweiten Arbeitstag der VII. Vollversammlung des Ökumenischen Rates der Kirchen (ÖRK) in Canberra, der Hauptstadt Australiens. Das zweite Hauptreferat zur Einführung ins Thema »Komm, Heiliger Geist – erneuere die ganze Schöpfung« wurde von einer jungen Frau gehalten, der koreanischen Professorin der Theologie, Chung Hyun Kyung. Es ist in der Geschichte des ÖRK noch immer eine Ausnahme, daß einer Frau so eine Hauptrolle anvertraut wird. Gespannt saßen wir im Royal Theatre, wo alle Darbietungen zu den verschiedenen Teilen des Themas stattfanden, am gespanntesten wohl die Frauen, welche die Rednerin schon erlebt hatten: – einmal bei der Frauenvorkonferenz zur Weltversammlung »Gerechtigkeit, Friede, Bewahrung der Schöpfung« in Seoul im März 1990 mit einer äußerst lebendigen Bibelarbeit. Diese Erfahrung hatte wohl dazu beigetragen, daß der Name von Frau Chung überhaupt ins Gespräch kam bei der Wahl der Referenten und Referentinnen und angenommen wurde. Außerdem entsprach sie wichtigen Kriterien: Sie war jung, eine Frau und kam aus der »Zweidrittel-Welt«, und zudem hatte sie einen amerikanischen Doktortitel; – und ein zweites Mal bei der Frauen-Konferenz in Canberra. Dort hatte sie in schwesterlichem Vertrauen erzählt, wie sie auf ihrem Flug nach Canberra die Nachricht vom definitiven Ausbruch des Golfkrieges gehört hatte. Sie habe stundenlang geweint und in ihrem Herzen beschlossen, ihren mitgebrachten Text nochmals umzuschreiben. Sie bat die anwesenden Frauen um schwesterliches Dabeisein und geistige Unterstützung. Ob die folgenden Zeilen aus ihrem Referat aus dieser Erfahrung entstanden, weiß ich nicht, jedenfalls wäre es gut denkbar: »Krieg ist die Konsequenz der patriarchalischen Kultur der ›Macht über andere‹ … Frauen wissen, daß Patriarchat gleichbedeutend mit Tod ist. Ihre Männer vergießen Blut, während sie selber Tränen vergießen. Ihre machtvollen Tränen waren die erlösende, lebenspendende Energie in der tränenleeren Geschichte der Männer.«[1]

Wie würde sich diese Frau auf der »Weltbühne« des ÖRK, einer immer noch stark von Männern beherrschten Institution, und erst noch als Partnerin, als Ko-Referentin eines orthodoxen Patriarchen bewegen und bewähren?

Wer eine Referentin im üblichen Stil erwartete, sah sich bald getäuscht. Auf der hell erleuchteten Bühne tanzte zum Klang von Trommeln und Gongs eine Gruppe von weißgekleideten Männern und Frauen koreanischer Herkunft und zwei Tänzern der australischen Ureinwohner. Sie bildeten einen Kreis, zusammengehalten durch ein Band mit dem Text »Korea ist eins«, einer Anspielung auf die als sehr schmerzlich erlebte Trennung des Landes. Eine der weißgekleideten Tänzerinnen trat aus dem Ring. Es war Chung Hyun Kyung, durch Kleidung und Bewegung ununterscheidbar von den andern, eine »Frau aus dem Volk«, eine Referentin, getragen vom Rhythmus vieler, einem befreienden, auf Befreiung zielenden Tanz. Zu dieser Befreiung gehörte auch das politische Ziel der Wiedervereinigung von Korea. Für koreanische Christen ist sie ein wesentlicher Bestandteil ihrer Hoffnung.

Es ist nicht möglich, dieses Ereignis so zu beschreiben, daß Leserinnen und Leser, die nicht dabei waren, dies nachfühlen könnten. Der Text des Vortrags ist auf den folgenden Seiten dieses Buchs abgedruckt. Nur eine Szene will ich herausgreifen und mit dem zu verbinden suchen, was im Buch näher ausgeführt ist und was gleichzeitig uns westlichen Christen zu schaffen machte. Am Ende des ersten Tanzes nannte Chung Namen von Frauen, Männern und Kindern, die ausgebeutet oder vergewaltigt oder umgebracht worden waren. Die Liste ging von Hagar über Johanna von Orléans und die Hexen zu den unzähligen Namenlosen, die in der Kolonialzeit, im Holocaust, in Hiroshima und Nagasaki, in Bhopal und Tschernobyl auf furchtbare Weise umkamen. Sie nannte aber auch die Regenwälder, die rücksichtslos abgeholzt werden, die verschmutzte und mißbrauchte Erde, die Luft, und sie nannte »die Soldaten, Zivilisten und die Lebewesen im Meer, die zur Zeit im blutigen Golfkrieg sterben«. Zuletzt beschwor sie den »Geist des Befreiers, unseres Bruders Jesus, der am Kreuz gefoltert und getötet wurde«. Sie alle wurden aus der Vergessenheit herausgeholt, ihre Namen standen auf einer Rolle aus Reispapier, und wir wurden hineingezogen in das Meer von Unterdrückung, Unrecht, Gewalt und Leiden.

Für dieses Unrecht und Leiden, das sich zusammenballt, gibt es – so sagte Chung – in Korea einen Namen: HAN. In Canberra sprach sie über die von HAN getriebenen, umherirrenden Geister, auf deren Schreien die Lebenden hören müßten, um sich an der Wiederherstellung von Gerechtigkeit zu beteiligen. »Wenn wir das Schreien dieser Geister nicht hören, können wir auch die Stimme des Heiligen Geistes nicht vernehmen« – wirklich eine starke Aussage. In diesem Buch wird noch deutlicher, daß aus HAN Kraft und Überlebenshoffnung wachsen können. Im letzten Kapitel heißt es:

»Asiatische Frauentheologie ist ein Schreien, ein inständiges Bitten und ein Anrufen Gottes. Sie ist der Klang von HAN, der sich aus der Verzweiflung und Ausweglosigkeit der Frauen Bahn bricht. Sie ist ihr tränenreiches Sehnen nach Gottes Gerechtigkeit, wo es im Leben der Frauen keine Gerechtigkeit gibt. Sie ist ihr Gebet um Gottes heilende Gegenwart in einer kriegführenden, menschentötenden und naturzerstörenden Welt... Sie entspringt aus den schmerzenden Wunden, den bleibenden Narben und den nicht endenden Geschichten von Unterdrückung und Leid. Feministische Theologie wird in Asien nicht mit der Feder geschrieben. Sie ist in die Herzen derer eingebrannt, die den Schmerz spüren und dennoch zu hoffen wagen.« Und etwas weiter unten:

»Für asiatische Frauen ist Theologie eine Sprache der Hoffnung, der Träume und der Poesie. Sie ist fest gegründet auf konkreter, geschichtlicher Wirklichkeit, enthält aber auch Visionen für die Zukunft und weiß um die Geheimnisse der Ursache allen Lebens. Die Kraft dieser Vision und dieses Geheimnisses trägt sie durch ihr HAN und ihre Ausweglosigkeit und befähigt sie, in Bewegung zu bleiben und mit dem Rhythmus des Universums zu schwingen, selbst dann, wenn der Herzschlag dieses Universums durch menschliche Gier und Haß zerstört zu werden droht. Theologie als eine Sprache der Hoffnung, der Träume und der Poesie ist für diese Frauen kein Luxus, sondern eine heilende Kraft inmitten von Verzweiflung. Für die Unterdrückten ist sie kein Opium, das sie aus der Welt aussteigen und diese vergessen ließe, sondern sie erinnert an die Ganzheit der Schöpfung und motiviert zum Handeln, weil sie die Gefahren der Zukunft benennt.«

Aus diesen kulturellen und religiösen, kollektiven und persönlichen Erfahrungen wuchs der wohl eindrücklichste Teil der Präsentation in Canberra. Auf offener Szene, frei stehend, verbrannte Chung die »HAN«-Rolle Stück um Stück. All die mit Leiden und Unterdrückung beladenen Namen gingen in einer lebendigen Feuerspirale auf, gesteuert von Chungs bloßen Händen. Es war atemberaubend und befreiend, für manche, die von ferne etwas von der Bedeutung ahnten, eine heilige und heilende Handlung, für andere Teil einer artistisch perfekten Show. Das Bild dieser Szene ist um die Welt gegangen. Man kann nur wünschen, daß etwas von dieser Botschaft durchkommt. Nach meinem Verständnis war es, dem Thema entsprechend, ein pfingstliches Geschehen, auch wenn ich mir nicht anmaße, das, was ich gesehen und gehört habe, in seiner letzten Tiefe zu verstehen. Wir Christen reden im übrigen auch vom »Feuer des Heiligen Geistes«, aber verstehe ich die Bilder der biblischen Pfingstgeschichte mit den »Zungen von Feuer« wirklich besser als den Feuertanz der Koreanerin?

Natürlich wurde in Canberra viel geredet und gerätselt. Zunächst aber löste diese ganzheitliche Einführung ins Hauptthema durch die Betroffenheit der Referentin, durch die Lebensnähe der theologischen Ausführungen, durch die Schönheit und den Rhythmus des Tanzes einen Sturm der Begeisterung und eine »standing ovation« aus. Da es eine öffentliche Plenarsitzung war, ließ sich nicht ausmachen, wieviel die Gäste zu dieser Stimmung beitrugen. Aber auch viele Delegierte waren tief ergriffen. Eine Kanadierin, die neben mir saß, flüsterte mir zu: »Sie (Chung) tut jetzt das, wovon wir immer (nur) geredet haben«, und ein afrikanischer anglikanischer Erzbischof meinte: »Sie redet von der Welt, in der wir wirklich leben, der andere (gemeint war der erste Referent) spricht so, als ob er schon im Himmel wäre.«

Vor allem orthodoxe Delegierte – aber nicht nur sie – waren empört und äußerten die Meinung, daß es außer der »standing ovation« auch einen schweigenden Aufstand des Zornes und der Ablehnung gegeben habe. Was im Interview von Dorothea Dilschneider mit Professorin Chung über die Wirkung ihres Referates bei ihren Freundinnen und Freunden einerseits, in ihrer eigenen Kirche andererseits berichtet wird, entspricht wohl in etwa der ambivalenten Beurteilung in Canberra. Viele – aber auch nicht alle – Frauen waren glücklich, eine so eindrückliche und kompetente Darstellung feministischer Theologie bei einer Vollversammlung des Ökumenischen Rates erlebt zu haben. Sie fühlten sich in manchen Grundgedanken und -erfahrungen bestätigt, aber durch den anderen kulturellen Hintergrund auch herausgefordert zum Weiterdenken. Dafür je ein Beispiel. Daß Chung so unbefangen die ganze Schöpfung, die Erde, aus der wir gemacht sind, die Berge, die Tiere, die Bäume einbezog in die Geschichte von Leiden und Befreiung, kam vielen von uns entgegen und bestärkte uns in unserer eigenen Liebe zum Leben und allem Lebendigen. Zum Weiterdenken jedoch nötigten uns die sehr konkreten Beispiele von Ungerechtigkeit und Leiden. Hier müssen wir sicher dazulernen, wenn unsere feministische Theologie nicht zu einer blassen, abstrakten Theorie für eine Elite ausarten soll.

Eben diese Gleichstellung aller Lebewesen wurde von manchen Kritikern als Irrlehre abgelehnt. Der Mensch sei und bleibe doch die Krönung der Schöpfung, Abgrenzung müsse sein, Abgrenzung zwischen Körper und Geist, zwischen Gefühl und Verstand, zwischen Klassen, Rassen und

Geschlechtern gehöre zur gottgewollten Ordnung der Welt, und die Verknüpfung »aller Netze unseres Lebens« miteinander und mit Gott, ohne daß eine Ordnung für immer festgelegt wäre, sei gefährlich, führe ins Chaos. Für die Kirche könne das nur heißen, daß auch hier eine ewige heilige Ordnung gültig bleiben müsse. Diese habe Chung verletzt.

Dies sind nur einige Andeutungen, und es liegt mir daran, nochmals zu betonen, daß nicht alle Frauen angesprochen und nicht alle Männer ablehnend waren. Leider fanden die Auseinandersetzungen nur in persönlichen und bei in den Korridoren geführten Gesprächen und nicht auch im Plenum statt. In einer Nummer der täglich erscheinenden Assembly News forderte Frau Chung die orthodoxen Delegierten zu einem direkten Gespräch mit ihr auf. Sie schrieb, sie höre, daß in den Gängen sehr viel Kritisches geäußert werde, und deshalb wünsche sie den offenen Dialog. Ob es in kleinem Kreise dazu kam, weiß ich nicht. Eine offizielle Aussprache im Kreise der Delegierten gab es nur am Rande einer sehr allgemein angezeigten Veranstaltung. Vom ohnehin überlasteten Tagungsprogramm her gesehen, war es verständlich, daß es keine andere Möglichkeit gab, aber eine verpaßte Gelegenheit war es trotzdem.

Wie Chungs Beitrag, der viele längst vernachlässigte und für die Zukunft der ökumenischen Bewegung wichtige Probleme offen nannte, in die offizielle Berichterstattung eingeordnet wurde, zeigt der kurze Text im deutschen Bericht aus Canberra. Darin lesen wir:

»An diesen Vortrag (sc. des orthodoxen Patriarchen) schloß sich die theologische und szenische Darbietung im Kontext Koreas und des Feminismus durch Professorin Dr. Chung Hyun Kyung an. Die zierliche weißgekleidete Professorin trat mit zwei Aborigines und einer Gruppe von sechzehn ebenso weißgekleideten Australiern koreanischer Herkunft auf und beeindruckte sowohl durch optische Effekte wie durch ihren Vortrag. Im dunklen Haus des Royal Theatre war sie auf der Bühne und zugleich auf zwei großen Videoschirmen übergroß zu sehen und nahm die Gelegenheit wahr, auch die Situation ihres Landes und der

Frauen nachdrücklich in Erinnerung zu bringen. Mit diesem Vortrag haben sich die Delegierten und sonstigen Teilnehmer lebhaft auseinandergesetzt.«[2]

In diesen Auseinandersetzungen stand verbal nicht der Feminismus im Mittelpunkt (darauf werde ich noch zurückkommen), sondern der sogenannte Synkretismus, der Gebrauch von Ausdrücken und Namen aus der koreanischen Volksreligion für christliche Begriffe und der Bezug auf die eigene politische Situation. Chung gebrauchte z. B. das Wort Ki, das in Nordostasien Lebensenergie, Atem und Wind des Lebens bedeutet, für den Heiligen Geist, »Ki gedeiht in den harmonischen Verknüpfungen zwischen Himmel, Erde und den Menschen. Wenn irgendeine Spaltung oder Teilung besteht, kann Ki (die Lebensenergie) nicht fließen.«

Chung ist davon überzeugt, daß Ki in ihrem Volk wirkte, schon bevor die christliche Mission nach Korea kam, und heute immer noch dieselbe Kraft ist. Wenn man bedenkt, daß die koreanischen Kirchen erst im letzten Jahrhundert entstanden, während die einheimischen religiösen Vorstellungen und Glaubenselemente Jahrhunderte oder gar Jahrtausende alt und tief in der Kultur und dem alltäglichen und religiösen Leben verwurzelt sind, müßten christliche Theologen wohl genauer nachfragen und zuhören, bevor sie vernichtende Urteile über Synkretismus fällen. Vor allem müßten wir in den christlichen Kirchen Europas und Nordamerikas und überall dort, wo Menschen unter unserem Einfluß Christen geworden sind, fragen und uns fragen lassen, wo denn unser »Synkretismus« steckt, was unsere Kultur und unsere Volks- und Staatsreligion, unsere Verkündigung des Evangeliums geprägt hat und prägt und wie weit unsere Bräuche wirklich dem »reinen« Evangelium entsprechen. In einer Diskussion sagte ein dänischer Theologe: »Und unsere Weihnachtsbäume?« und man könnte hinzufügen: sehr viele unserer lieben Weihnachtsbräuche? Oder – um ein anderes Thema wenigstens zu nennen: Was sollen nationale Fahnen in Kirchenräumen, Segnungen von Waffen, Gebete um Sieg, ohne auch nur zu erwähnen, daß auf der anderen Seite immer auch Menschen sind?

Neben KI und HAN wurde die Erwähnung einer Göttin des Mitleidens und der Weisheit, KWAN IN, die von Frauen in Ostasien seit Urzeiten verehrt wird, am schärfsten verurteilt. Von ihr sagte Chung: »Könnte dies auch ein weibliches Bild für Christus sein, der – wie KWAN IN – der Erstgeborene unter uns ist, der uns vorangeht und andere mit sich nimmt?«

Sicher ging das manchen zu weit. Ich mußte unwillkürlich daran denken, wieviele Frauen in meiner eigenen Kultur auf oft verschlungenen Wegen nach weiblichen Bildern für Gott und Christus suchen. Fast beneide ich meine asiatischen Schwestern, die noch so nahe Göttinnenbilder haben, welche ihnen helfen, abstrakte Vorstellungen mit Leben zu erfüllen. Solche Aussagen sind nicht als Dogmen zu verstehen. Nicht zwei festgefügte theologische Lehren standen einander gegenüber, sondern eine lebendige christliche Theologin und Frau aus einer anderen Kultur stellte herausfordernde Fragen an eine alt gewordene Kirche.

Wie schon gesagt, das Thema »Frau« oder »feministische Theologie« wurde in Canberra kaum offen angesprochen, obschon es vor allem im Zusammenhang mit der Ordination der Frau schon seit Jahren zwischen verschiedenen Kirchen steht. In diesem Fall aber ging es ja nicht darum, und so sprachen die Kritiker von Chung über Synkretismus und kontextuelle Theologie oder über Chungs Wirkung auf zwei übergroßen Bildschirmen. Die Referentin habe sozusagen die günstige Gelegenheit benützt, um etwas über Feminismus und über die Situation in ihrem eigenen Lande sagen zu können. Nein, sie sprach über ihr Thema, den Heiligen Geist, und sie tat es als Frau, die um all die HAN-Erfahrungen weiß, die Lebenskraft –KI – auch außerhalb ihrer Kirche erlebt hat und für die die Unterdrückung ihres Volkes und besonders der Frauen eine Realität ist. Diese spürbare Lebensnähe und tief innerliche Glaubenskraft beeindruckte viele. Kritiker und Ergriffene würden viel Zeit brauchen, um einander ihre Geschichten zu erzählen, einander zuzuhören und Rückfragen zu stellen. Weder Chungs Canberra-Referat noch ihr Buch sind »das Evangelium«. Aber sie sind eine sehr mutige Herausforderung an alle, die aus europäischen und amerikanischen Kirchen kommen, und für alle, die daraus hervorgegangen sind, ihre eigene Geschichte und ihre Denkmuster neu zu überprüfen. Dabei darf weder eine billige Toleranz noch ein farbiger Mischmasch entstehen, sondern ein neuer Bund von Schwestern und Brüdern, wie Jesus ihn wohl gewollt hat.

Wie weit unsere Kirchen noch von diesem Ziel entfernt sind und eine wie große Rolle die ungeklärten Fragen um die »Gemeinschaft von Frauen und Männern in der Kirche«[3] tatsächlich spielen, zeigten die Wahlen in den Zentralausschuß und ins Präsidium des ÖRK in Canberra. Da wurde vor aller Augen auf beschämende Weise klar, daß es bei diesem Thema nicht primär um Theologie, sondern um Macht geht. Frauen wurden von Klerikern unter Druck gesetzt, ihre Nomination für eines dieser Ämter zurückzuziehen, um einem Mann in einer möglichst hohen kirchlichen Position seinen Platz zu geben oder zu lassen. Das Präsidium mußte von sieben auf acht Sitze erweitert werden, weil die afrikanischen Männer nicht zulassen konnten, während der nächsten sieben Jahre im Präsidium von einer Frau vertreten zu werden, obschon sehr gute Nominationen afrikanischer Frauen vorlagen.

In diesem Klima war es befreiend, in Chung Hyun Kyung einer selbständigen und selbstbewußten Frau zu begegnen, auch wenn andere sie als gefährlich erlebten. Auf diesen Vorwurf antwortete sie am Ende einer Diskussion: »Ich bin eine unter den ersten post-kolonialen Theologinnen. Theologien aus der Dritten Welt sind das ›neue Paradigma‹, der neue Wein, den ihr nicht in eure Schläuche füllen könnt … Ja, wir sind gefährlich, aber durch solche Gefährdung kann der Heilige Geist die Kirche erneuern.«[4]

Chung Hyun Kyung am 8. Februar 1991 bei der Vollversammlung des Ökumenischen Rates der Kirchen in Canberra, Australien, während sie die Namen all derer nennt, die ausgebeutet, vergewaltigt und umgebracht worden sind. Sie verbrannte die Rolle aus Reispapier, auf der jene Namen geschrieben standen, und betete um das Kommen des Heiligen Geistes.

»Komm, Heiliger Geist – erneuere die ganze Schöpfung«

Vortrag von Professorin *Chung Hyun Kyung*, Südkorea, am 8. Februar 1991 auf der Vollversammlung des Ökumenischen Rates der Kirchen in Canberra, Australien*

Anrufung

Meine lieben Brüder und Schwestern, willkommen in diesem Land des Geistes. Wir sind heute hier versammelt, um vom Heiligen Geist Kraft für unsere Arbeit der Erneuerung der ganzen Schöpfung zu empfangen. Laßt uns dem Heiligen Geist den Weg vorbereiten, indem wir uns selbst entäußern. Die Urvölker Australiens ziehen auf heiligem Boden die Schuhe aus. Als eine australische Ureinwohnerin, Anne Pattel-Gray, in meine Kirche nach Korea predigen kam, zog sie ihre Schuhe aus und ehrte damit unseren heiligen Boden. Um ihre Ehrfurcht vor meinem Volk und meinem Land zu erwidern, will ich mich meiner Schuhe entledigen und sie und den heiligen Boden ihres Volkes ehren. Für viele Menschen aus Asien und dem Pazifik bedeutet das Ausziehen der Schuhe eine erste Stufe der Selbsterniedrigung, um dem Geist Gottes zu begegnen. Auch in unserer christlichen Tradition hat Gott Mose geboten, vor dem brennenden Busch die Schuhe auszuziehen, um den heiligen Boden zu betreten – und Mose tat dies. Glauben Sie, daß Sie dies auch tun können? Ich möchte Sie alle einladen, mit mir den heiligen Boden zu betreten und dazu Ihre Schuhe auszuziehen. Dann werden wir tanzen, um den

---

* Abdruck aus: Im Zeichen des Geistes. Bericht aus Canberra 1991. Offizieller Bericht der Siebten Vollversammlung des Ökumenischen Rates der Kirchen. 7. bis 20. Februar 1991 in Canberra/Australien. Herausgegeben von Walter Müller-Römheld, Verlag Otto Lembeck, Frankfurt am Main 1991, S. 47–56.

Weg des Geistes vorzubereiten. Mit demütigem Herzen und Leib laßt uns das Schreien der Schöpfung hören und das Schreien des Geistes in ihr.

Komm, Geist Hagars, einer Ägypterin, einer schwarzen Magd, die von Abraham und Sarah, unseren Vorfahren im Glauben, ausgebeutet und verlassen wurde (Gen 21,14 bis 21).

Komm, Geist Urias, des treuen Soldaten, den der große König David ins Schlachtfeld schickte, damit er dort sterbe, weil der König seine Frau Bathseba begehrte (2Sam 11,1 bis 27).

Komm, Geist von Jephthahs Tochter, Opfer des Glaubens ihres Vaters, die den Feuertod erlitt, weil ihr Vater Gott dies versprochen hatte, falls er den Krieg gewinnen sollte (Ri 11,29–40).

Komm, Geist der männlichen Säuglinge, die von den Soldaten des Königs Herodes bei Jesu Geburt ermordet wurden.

Komm, Geist der Johanna von Orleans und der vielen anderen Frauen, die bei den »Hexenprozessen« im Mittelalter verbrannt wurden.

Komm, Geist der Menschen, die während der Kreuzzüge den Tod fanden.

Komm, Geist der Urvölker der Erde, die dem Völkermord in der Kolonialzeit und in der Epoche der großen christlichen Heidenmission zum Opfer fielen.

Komm, Geist der Juden, die im Holocaust in den Gaskammern ermordet wurden.

Komm, Geist der in Hiroshima und Nagasaki durch die Atombomben getöteten Menschen.

Komm, Geist der koreanischen Frauen, die in der japanischen »Prostitutionsarmee«[1] während des Zweiten Weltkriegs von gewalttätigen Soldaten mißbraucht wurden.

Komm, Geist der Vietnamesen, die durch Napalm, das Entlaubungsmittel »Agent Orange« oder Hunger auf den dahintreibenden Booten umgekommen sind.

Komm, Geist von Mahatma Gandhi, Steve Biko, Martin Luther King jr., Malcom X, Victor Jara, Oscar Romero und von manchen namenlosen Freiheitskämpferinnen, die im Ringen für die Befreiung ihres Volkes den Tod fanden.

Komm, Geist der Menschen in Bhopal und Tschernobyl und Geist der »Jelly babies« (Mißgeburten) in der Atomtestzone im Pazifik.

Komm, Geist der Menschen, die von Panzern in Kwangju, auf dem Tiananmen-Platz und in Litauen überrollt wurden.

Komm, Geist des tropischen Regenwaldes im Amazonasbecken, an dem nunmehr täglich Mord begangen wird.

Komm, Geist von Erde, Luft und Wasser, von menschlicher Geldgier vergewaltigt, gefoltert und ausgebeutet.

Komm, Geist der Soldaten, Zivilisten und Lebewesen im Meer, die zur Zeit im blutigen Golfkrieg sterben.

Komm, Geist des Befreiers, unseres Bruders Jesus, der am Kreuz gefoltert und getötet wurde.

Im Land des Geistes mit diesen von Han erfüllten Geistern

Ich komme aus Korea, dem Land der von Han erfüllten Geister. Han ist Zorn, Han ist Groll. Han ist Bitterkeit. Han ist Kummer. Han bedeutet niedergeschlagen sein und ist rohe Energie für den Befreiungskampf. In meiner Tradition werden Menschen, die Mord oder Ungerechtigkeit zum Opfer gefallen sind, in umherirrende Geister verwandelt, in von Han getriebene Geister. Sie sind überall und suchen nach einer Gelegenheit, das Unrecht gutzumachen. Darum ist es die Aufgabe der Lebenden, auf die von Han beherrschten Geister zu hören und am Wirken der Geister zur Wiedergutmachung des Unrechts teilzuhaben. Diese von Han getriebenen Geister sind im Laufe der Geschichte unseres Volkes als Mittler des Heiligen Geistes aufgetreten, durch die er sein Mitleid und seine Weisheit für das Leben verkündet hat. Wenn wir das Schreien dieser Geister nicht hören, können wir auch die Stimme des Heiligen Geistes nicht vernehmen. Ich hoffe, daß die Gegenwart der Geister all unserer Vorfahren Ihnen kein Unbehagen verursacht. Für uns sind sie die greifbar und sichtbar gewordenen Ikonen des Heiligen Geistes. Durch sie können wir die konkrete, leibhafte, historische Gegenwart des Heiligen Geistes in unserer Mitte fühlen, betasten und schmecken. Aus dem Land meines Volkes, wo die von HAN erfüllten Geister leben, bin ich zu Ihnen in ein anderes Land gekommen, wo HAN die Geister erfüllt, die Geister der Ureinwohner, Opfer eines Völkermordes. Hier in Australien treffen wir uns aus allen Teilen unserer Mutter Erde, um für das Kommen des Heiligen Geistes zu beten, damit er die ganze Schöpfung erneuere. Es ist in der Tat ein Anlaß zur Freude, wenn eine große Familie zusammenkommt. Ich wollte, ich könnte mich so richtig über unser Zusammensein freuen, doch mein Herz ist voll Trauer über das Fortdauern des Krieges am Persischen Golf.

> »Man hört Klagegeschrei und bitteres Weinen in Rama:
> Rahel weint über ihre Kinder
> und will sich nicht trösten lassen über ihre Kinder,
> denn es ist aus mit ihnen« (Jer 31,15).

Es ist eine Zeit der Tränen. Rahels bitteres Weinen um ihre verlorenen Kinder ist so laut. Das Schreien und Klagen der Mütter, Frauen und Schwestern, die ihre Lieben im Krieg verloren haben, zerbricht uns das Herz. Wir brauchen jetzt eine Klagemauer, um mit ihnen zu weinen. »... die ganze Schöpfung seufzt und ängstet sich« (Röm 8,22) umgeben vom Geruch des Todes. Inmitten dieser sinnlosen Zerstörung des Lebens durch Kriegsmaschinen, die Milliarden Dollar kosten, rufen wir den Geist an, damit er »uns mit unaussprechlichem Seufzen vertritt« (Röm 8,26). Wir beten zum Heiligen Geist und bitten ihn verzweifelt um Hilfe. »Komm, Heiliger Geist – erneuere die ganze Schöpfung.«

Doch was meinen wir mit diesem Gebet? »Gott, wir haben wieder einmal alles verpfuscht. Komm und löse alle unsere Probleme.« Sagen wir »Komm, Heiliger Geist, komm und beende den Golfkrieg und repariere die Umweltkatastrophe«, oder sagen wir »Gott, wir wissen, du bist im Krieg der Stärkste, bist so mächtig ... wir sind sicher, deine Waffen sind stärker als Saddam oder Bush«? Ich fürchte, wir fallen in einen Kinderglauben zurück, wenn wir das beten. Sind wir nicht versucht, in unserer Passivität zu verharren, unser Gebet als Vorwand dafür zu brauchen, uns nicht solidarisch für alle Formen des Lebens einzusetzen? Nach vielen Jahren solcher kindlichen Gebete weiß ich, daß es kein Zaubermittel gegen menschliche Sündhaftigkeit oder zur Heilung unserer Wunden gibt. Ich weiß auch, daß ich nicht länger an einen allmächtigen »Macho«, an Gott den Streiter glaube, der alle Guten errettet und alle Bösen bestraft. Ich verlasse mich jedoch auf den barmherzigen Gott, der inmitten der grausamen Zerstörung des Lebens mit uns um das Leben weint.

Der Geist dieses barmherzigen Gottes ist mit uns seit der Zeit der Schöpfung. Gott hat uns und dem ganzen Universum das Leben gegeben durch seinen lebenspendenden Atem (RUACH), den Wind des Lebens. Dieser Wind des Lebens, diese lebenspendende Kraft ist der Geist, der das Volk befähigte, Ägypten zu verlassen, der Christus von den Toten auferweckte und der Kirche als befreiende Gemeinschaft ihren Anfang gegeben hat. Wir erfahren den lebenspendenden Geist Gottes im Ringen unseres Volkes um Befreiung, in seinem Schreien nach Leben und in der Schönheit und im Geschenk der Natur. Der Geist Gottes hat uns belehrt durch die »Weisheit des Überlebens« der Armen, durch das Schreien der von HAN erfüllten Geister unseres Volkes und durch Segen und Fluch der Natur. Nur wenn wir diesen Schrei nach Leben hören und die Zeichen der Befreiung sehen können, sind wir imstande, das Wirken des Heiligen Geistes inmitten der leidenden Schöpfung zu erkennen.

Vom Geist Babels zum Geist von Pfingsten

Heute sehen wir jedoch um uns die Zeichen des Todes. Der Wind des Todes droht uns zu ersticken. Was ist es, das uns von diesem lebenspendenden Atem Gottes trennt? Ich will es den unheiligen Geist Babels nennen (Gen 11,1–9). Es ist der Geist des sogenannten Aufsteigertums, der Gewinnsucht und der Spaltung. Die Geschichte Babels ist die Geschichte grenzenloser menschlicher Gier. Dieser Turm der Gier hat alle Menschen voneinander getrennt. Sie sprechen miteinander, aber sie verstehen einander nicht mehr. Gefangen in ihrer eigenen Gier, die auf Kosten anderer geht, haben sie alle Fähigkeiten verloren, *miteinander* zu *fühlen.* Unser Bruder Jesus hat diese gierige Gewinnsucht einmal »Mammon« genannt. Er hat gesagt: »Niemand kann zwei Herren dienen... Ihr könnt nicht Gott dienen und dem Mammon« (Mt 6,24). Mammon, der große Reichtümer auf seinem Rücken trägt, beutet aus, zerbricht und tötet Menschen, um mehr Reichtum zu erlangen. Diese verrückte Gier nach Besitz spaltet die menschliche Gemeinschaft und zerstört schließlich unseren anfälligen Planeten. Dies ist der böse Geist, der Raketen, die mehr als eine Million Dollar kosten, Atombomben und chemische Waffen produziert, um einen Frieden ohne Gerechtigkeit aufrechtzuerhalten.

Dieser Mammon, der die Menschen voneinander trennt, wirkt nicht nur am Golf, sondern überall. Er kommt zum Ausdruck in der Teilung von Nord- und Südkorea, in der Apartheid in Südafrika, im Völkermord an der Urbevölkerung in Australien, in Nord- und Südamerika und in vielen anderen Teilen der Welt, in der Geringschätzung von Frauen und Kindern, Farbigen und Behinderten, in der von der Ersten Welt dominierten, schrecklichen Uruguay-Runde und schließlich in der ökologischen Zerstörung unserer Erde. Dies ist der gleiche böse Geist, der Jesus ans Kreuz genagelt hat.

Aber der Geist des Mammons konnte den Geist unseres mitleidenden Gottes nicht überwinden. Gott hat uns nicht der Verzweiflung überlassen. Gott hat uns nicht erlaubt, als hilflose Opfer unserem Selbstmitleid zu frönen. Gott hat uns aufgerufen, aus dem Gefängnis der Verzweiflung, des Zynismus und der Unterdrückung auszubrechen. Gott hat es uns ermöglicht, das Leben zu wählen. Als Gottes Geist am Pfingsttag auf die Menschen kam, hat Gott sich ihrer gebrochenen Herzen angenommen und sie zur Nachfolge aufgerufen. Ihr Alptraum, Zeugen von Jesu Tod zu sein, hat sich in eine apokalyptische Vision einer neuen Welt verwandelt. Die bitteren Tränen, die Maria und Rahel um ihre toten Kinder geweint haben, sind zur Grundlage einer neuen Gemeinschaft zum Leben geworden. Als sich die lebenspendende Kraft des Geistes auf die Gläubigen ergoß, hatten sie die Vision einer neuen Welt:

»... und eure Söhne und eure Töchter sollen weissagen,
und eure Jünglinge sollen Gesichte sehen,
und eure Alten sollen Träume haben;
und meine Knechte und meine Mägde sollen weissagen«
(Apg 2,17–18).

Das Brausen des gewaltigen Windes und Gottes Lebensfeuer hat sie aus der Kultur des Schweigens, der Gewalt und des Todes herausgerufen und sie dazu gebracht, in ihrer eigenen Sprache zu sprechen. Sie brauchen sich nicht mehr in der Sprache ihrer Kolonialherren, der Herrscher und Imperialisten zu verständigen. Sie können Gottes Botschaft in ihrer eigenen Muttersprache hören. Die gemeinsame Sprache, die sie am Turm der Gier in Babel verloren hatten, wurde an Pfingsten grundlegend neu wiederhergestellt. Jetzt können sie einander hören und auch verstehen, und zwar nicht in der Einheitssprache des Römischen Reiches, sondern in der Vielfalt ihrer eigenen Sprachen. Es war eine Sprache der Befreiung, der Verbindung und Vereinigung von unten. Der gewaltige Wind Gottes zerstört den Turm zu Babel und alle die Trennungen, die er in uns, unter uns und um uns herum verursacht hat. Dieser gewaltige Wind des Lebens ruft uns auf, die neue Schöpfung leidenschaftlich zu lieben und auf sie hinzuarbeiten.

Aufruf zur METANOIA: *Auf dem Weg zu einer »politischen Ökonomie des Lebens«*

Was sollen wir also tun, wenn der Geist uns ruft? Als erstes sollen wir Buße tun. Als ich diese Rede in Korea vorbereitet habe, hatte ich Gelegenheit, einige Zeit mit Frauen zu verbringen, die in christlichen Basisbewegungen dieses Landes aktiv sind. Ich fragte sie, ob sie wünschten, daß ich den Christen und Christinnen aus der ganzen Welt, die sich in Canberra versammelt haben, um über das Thema »Komm, Heiliger Geist – erneuere die ganze Schöpfung« zu diskutieren, eine Nachricht von ihnen überbringen solle. Sie antworteten: »Richte ihnen aus, daß sie nicht zu viel Energie darauf verwenden sollen, den Geist anzurufen, denn der Geist ist schon hier bei uns. Stört sie (d. h. den Geist) nicht durch eure ständigen Anrufungen. Sie wirkt schon stark unter uns. Das einzige Problem ist, daß wir nicht Augen haben, sie zu sehen, und Ohren, sie zu hören, weil wir mit unserer Gier beschäftigt sind. Sag ihnen also, sie sollen Buße tun.«[2] Brüder und Schwestern, die Botschaft von meinen koreanischen Schwestern ist also gar nicht so erfreulich: »Tut Buße!« Tatsächlich ist ja die *Buße* der erste Schritt bei jedem wahrhaften Gebet. Wofür sollen wir nun Buße tun? Für viele Dinge, aber zunächst einmal für unsere versteckte Liebe zum Mammon und unsere heimliche Sehnsucht nach dem Turm zu Babel. Um dem Geist den Weg zu bereiten, müssen wir uns vom Fluch des Mammons durch Selbstentäußerung befreien. In Asien war freiwillige Armut die Grundlage des religiösen Lebens. Wenn wir frei werden von unserer Gier, indem wir in jedem Bereich unseres Lebens freiwillige Armut praktizieren, werden wir die moralische Kraft aufbringen, gegen erzwungene Armut in allen ihren Formen zu kämpfen.

Echte Buße, METANOIA, bedeutet auch eine radikale Richtungsänderung in unserem individuellen und gemeinschaftlichen Leben. Um den Heiligen Geist zu spüren, müssen wir uns in die Richtung wenden, aus der der Wind des Lebens, der Heilige Geist, weht. Aus welcher Richtung weht sie (d.h. der Geist) nun? Es ist die Richtung, die zur Schaffung, Befreiung und Erhaltung des Lebens in seinen konkretesten, greifbarsten und weltlichsten Formen führt. Der Heilige Geist gibt uns die Fähigkeit, uns bei unserem Ringen um Ganzheit in diese Richtung zu bewegen. Dies ist die »politische Ökonomie des Lebens« des Heiligen Geistes.[3] Dies ist die politische Ökonomie, die nicht auf der Beherrschung durch Kapital, Waffen oder Manipulation beruht. Dies ist die politische Ökonomie, die auf der lebenspendenden Kraft der gegenseitigen Hilfe, der gegenseitigen Abhängigkeit und der Harmonie beruht. Erstere kann man die politische »Ökonomie des Todes« nennen, letztere die »politische Ökonomie des Lebens«.

Damit wir aktiv für die »politische Ökonomie des Lebens« des Geistes eintreten können, sind nach meiner Meinung drei Veränderungen dringend erforderlich, wenn wir auf diesem sterbenden Planeten eine Überlebenschance haben wollen.

Die erste dieser Veränderungen ist ein Übergang vom *Anthropozentrismus* zur *Lebenszentrierung* (Life centrism). Eine der wichtigsten Aufgaben unserer Generation besteht darin zu lernen, wie wir mit der Erde leben und dabei für Harmonie, Überlebensfähigkeit und Vielfalt eintreten können. In der traditionellen christlichen Schöpfungstheologie und im westlichen Denken wird der Mensch, besonders der Mann, als Zentrum der geschaffenen Welt aufgefaßt, und Menschen haben die Macht, die Schöpfung zu kontrollieren und zu beherrschen. Die moderne Naturwissenschaft und die Entwicklungsmodelle beruhen auf dieser Grundannahme. Wir sollten sie jedoch daran erinnern, daß diese Denkweise vielen asiatischen Völkern und den Urvölkern dieser Erde fremd ist. Für uns ist die Erde der Ursprung des Lebens, und die Natur ist »heilig, zielgerichtet und sinnerfüllt«.[4] Die Menschen sind nur ein sehr kleiner Teil der Natur, sie sind ihr nicht übergeordnet. So fassen die Einwohner der Philippinen die Erde als ihre Mutter auf. Sie nennen sie INA. INA heißt in der Sprache Tagalog »Mutter«. INA ist eine große Göttin, von der alles Leben ausgeht. Wie du deine Mutter achtest, so sollst du auch die Erde achten. Glauben wir nicht auch in der christlichen Tradition, daß wir alle von der Erde abstammen? Gott hat uns aus dem Staub der Erde geschaffen.

Wenn wir uns die gesamte Geschichte der Erde als einen Tag mit 24 Stunden vorstellen, dann beginnt »das organische Leben erst um 17 Uhr, ... die Säugetiere tauchen um 22.30 Uhr auf, ... und aus ihnen geht unsere eigene Spezies erst wenige Sekunden vor Mitternacht hervor«.[5] Wir sind auf dieser Erde Nachzügler. Die Erde ist nicht tot. Sie lebt und ist erfüllt von schöpferischer Energie. Die Erde ist ein »von Gott gehauchter« und »von Gott durchtränkter« Ort.[6] Die Menschen haben die Erde lange Zeit ausgebeutet und vergewaltigt, jetzt beginnen die Natur und die Erde, sich an uns zu rächen. Sie geben uns kein sauberes Wasser, keine saubere Luft und keine sauberen Nahrungsmittel mehr, weil wir uns so schwer an ihnen versündigt haben.

In der theologischen Fachwelt gelten die Befreiungstheologien als Ausdruck der Sehnsucht nach menschlicher Ganzheit. Sie sind ein Widerhall der Stimmen vieler unterdrückter Menschen, zum Beispiel der Armen, der Schwarzen, der Frauen, der Urvölker, der Dalits*. Diese lesen die Bibel neu und interpretieren die christliche Tradition und Theologie neu aus ihrer Erfahrung der Unterdrückung und Befreiung heraus. Sicher ist es jetzt an der Zeit, daß wir die Bibel aus der Perspektive der Vögel, des Wassers, der Luft, der Bäume und der Berge, die in unserer Zeit die Ärmsten der Armen auf der Erde darstellen, neu lesen müssen. Denken zu lernen wie ein Berg, unser Zentrum von den Menschen auf alle Lebewesen verlagern – das ist jetzt unsere »Verantwortung«, wenn wir überleben wollen.

Der zweite große Wandel ist der Übergang vom Prinzip des *Dualismus* zum Prinzip der *Verknüpfung*. In vielen Teilen der Welt beruht die Organisation des menschlichen Lebens auf dem Grundsatz des Dualismus. Unser Körper und unser Geist, unser Gefühl und unser Verstand, unsere Welt

---

* Indischer Name für die Kastenlosen

und Gott, Immanenz und Transzendenz, Frauen und Männer, die Schwarzen und die Weißen, die Armen und die Reichen – eine endlose Liste polarer Spaltungen, die zu einer »gespaltenen Kultur«[7] führen, in der jeweils das zweite Glied der Polarität wertvoller und wichtiger ist als das erste. Die gespaltene Kultur bringt Menschen mit »gespaltener Persönlichkeit« hervor. In dieser Kultur sind wir »von uns selbst getrennt«.[8] Wir vergessen, daß wir alle einen gemeinsamen Lebensursprung haben, nämlich Gott, und daß alle Netze unseres Lebens miteinander verknüpft sind. »Am Anfang war eine Beziehung.«[9] Gottes Sehnsucht nach einer Beziehung zum Kosmos führte zur Erschaffung des gesamten Universums. Als Gott das All geschaffen hatte, gefiel es ihm, und er fand es schön. Es war schön, weil in ihm alles im »richtigen Verhältnis« zueinander stand[10] – es gab keine Ausbeutung, keine Trennung. Es hatte seine eigene Ganzheitlichkeit, alle Wesen im Universum tanzten im Einklang mit Gottes Rhythmus und nicht im Gegenrhythmus. Als jedoch im Namen von Wissenschaft, Philosophie und Religion das dualistische Prinzip in die Welt kam, begannen wir, »andere« als von uns getrennte Objekte wahrzunehmen. In der dualistischen Denkweise sind die anderen Objekte, die man nach Belieben kontrollieren kann. Dies ist die Grundlage allen Handelns des Militärs. Sie schießen auf den Feind (Menschen), und wenn das Ziel (Menschen) zerstört ist, sagen sie, daß sie »sich verdammt gut fühlen«.[11] In dieser Objektivierung gibt es kein Gleichgewicht, keine gegenseitige Hilfe und Abhängigkeit. In dieser Denkweise ist es nicht möglich, *mit* anderen zu *fühlen*. Es gibt nur Trennmauern zwischen Feinden.

Im traditionellen Denken Nordostasiens nennen wir die Lebensenergie Ki.[12] Für uns ist Ki Atem und Wind des Lebens. Ki gedeiht in den harmonischen Verknüpfungen zwischen Himmel, Erde und den Menschen. Wenn irgendeine Spaltung oder Teilung besteht, kann Ki (die Lebensenergie) nicht fließen, und dies führt zur Zerstörung oder Krankheit aller Lebewesen. Für uns bedeutet Erneuerung daher, daß die Mauer der Trennung und Spaltung niedergerissen wird, so daß Ki harmonisch wehen und fließen kann. Sollen wir überleben, müssen wir lernen, nicht in einem trennenden Dualismus, sondern in einer Weise zu leben, bei der alle Wesen einbezogen und miteinander verknüpft werden.

Der dritte Wandel, den ich mir bei der Metanoia vorstelle, ist der Übergang von der *»Kultur des Todes«* zur *»Kultur des Lebens«*. Was gegenwärtig am Persischen Golf geschieht, ist das beste Beispiel für die »Kultur des Todes«. Die Lösung des Konflikts geschieht dadurch, daß der Feind getötet wird. Durch Vernichtung der Gegenpartei glaubt man, Frieden zu erreichen. Der durch solche Gewalt herbeigeführte Frieden wird der Welt jedoch lediglich größere Unterdrückung bringen. Nichts kann rechtfertigen, daß in einem Krieg das Blut Unschuldiger vergossen wird. Wer zieht denn in den Krieg und vergießt sein Blut? In den allermeisten Fällen sind es junge Menschen aus armen Familien. Viele von ihnen sind Farbige. Wofür ziehen sie in den Krieg? Für die wirtschaftlichen und politischen Interessen von wenigen Mächtigen, die meistens älter sind, nicht weil sie ihre eigenen Interessen verfolgen.

Krieg ist die Konsequenz der patriarchalischen Kultur der »Macht über andere«. In der patriarchalischen Kultur der Hierarchie ist es wichtiger, für die Interessen der beherrschenden Gruppe den Sieg davonzutragen, als Leben zu retten. In der ganzen Geschichte der Menschheit haben Frauen darüber geweint, daß ihre geliebten Brüder, Gatten und Söhne im Krieg starben. Frauen wissen, daß Patriarchat gleichbedeutend mit Tod ist. Ihre Männer vergießen Blut, während sie selber Tränen vergießen. Ihre machtvollen Tränen waren die erlösende, lebenspendende Energie in der tränenlosen Geschichte der Männer. In der Tat war das Weinen die »erste prophetische Tat«[13] der Menschheitsgeschichte. Nur wenn wir die Fähigkeit besitzen, *mit* anderen *zu leiden (Mitleid)*, können wir die »Kultur des Todes« in die »Kultur des Lebens« verwandeln.

Frauen aus koreanischen Kirchen erklärten, daß sie die Bewegung für eine »lebenfördernde Kultur« weiterführen werden. Sie arbeiten auch auf das vom Koreanischen Nationalrat der Kirchen erklärte »Jubeljahr« 1995 hin, das für uns das fünfzigste Jahr der Teilung von Nord- und Südkorea ist. Diese durch die Auseinandersetzung der Weltmächte zwischen Ost und West entstandene Teilung ist für das koreanische Volk die Quelle des Todes. Die Waffenstillstandslinie zwischen dem Norden und dem Süden erstickte unser KI (unsere Lebensenergie) und setzte uns der fortwährenden Unterdrückung durch das Gesetz zur nationalen Sicherheit und der Kriegsgefahr aus. Im Jubeljahr möchten wir die Vereinigung unseres Volkes. Wir möchten die Fähigkeit wiedererlangen, *mit* unseren nordkoreanischen Schwestern und Brüdern zu *fühlen* und zu *leiden*, indem wir im Blick auf die Vereinigung die Bewegung der »Kultur des Lebens« und diejenige des »Jubeljahres« miteinander verflechten. Die Bewegung für Gerechtigkeit, Frieden und eine gesunde Umwelt auf der ganzen Welt ist eine Bewegung für das Leben. Ohne Gerechtigkeit, Frieden und Bewahrung der Schöpfung gibt es keine »Kultur des Lebens«.

Niederreißen der Mauer durch Weisheit und Mitleiden

Ich möchte meine Betrachtungen über den Heiligen Geist schließen, indem ich Ihnen mein Bild des Heiligen Geistes vermittle, so wie es mir von meinem kulturellen Hintergrund aus erscheint. Dieses Bild ist für mich in den drei beschriebenen Richtungsänderungen verkörpert, die für die METANOIA notwendig sind: in der Lebensbezogenheit, im Prinzip der Verknüpfung und in der Kultur des Lebens. Das Bild stammt nicht aus meinem Fachwissen in der Systematischen Theologie, sondern entspringt einem inneren Gefühl, das im kollektiven, aus Jahrtausenden der Spiritualität entstandenen Unterbewußtsein meines Volkes wurzelt.

Für mich ergibt sich das Bild des Heiligen Geistes aus dem Bild der KWAN IN. Diese wird in der Volksreligiosität der Frauen Ostasiens als Göttin des Mitleidens und der Weisheit verehrt. Als BODHISATTVA, ein erleuchtetes Wesen, kann sie jederzeit nach Belieben ins Nirwana eingehen, weigert sich aber, dies allein zu tun. Weil sie Mitleid mit allen leidenden Lebewesen hat, bleibt sie in dieser Welt und macht es dadurch anderen Lebewesen möglich, Erleuchtung zu erfahren. Ihre mitleidende Weisheit heilt alle Formen des Lebens und befähigt diese, zum Ufer des Nirwana zu schwimmen. Sie wartet und wartet, bis das ganze Universum, Menschen, Bäume, Vögel, Berge, Luft und Wasser erleuchtet werden. Zusammen können sie dann ins Nirwana eingehen, wo sie in ewiger Weisheit und ewigem Mitleiden in Gemeinschaft leben. Könnte dies vielleicht auch ein weibliches Bild für Christus sein, der der Erstgeborene unter uns ist, der uns vorangeht und andere mit sich nimmt?

Liebe Schwestern und Brüder, laßt uns mit der Energie des Heiligen Geistes alle trennenden Mauern niederreißen und der »Kultur des Todes« ein Ende bereiten. Und laßt uns teilhaben an der »politischen Ökonomie des Lebens« des Heiligen Geistes und für ein Leben auf dieser Erde kämpfen, das in Solidarität mit allen Lebewesen gelebt wird, und eine Gemeinschaft für Gerechtigkeit, Frieden und Bewahrung der Schöpfung aufbauen. Wilder Wind des Heiligen Geistes blase uns an, laßt uns ihn willkommen heißen, laßt uns in seinem wilden Rhythmus des Lebens voranschreiten. Komm, Heiliger Geist – erneuere die ganze Schöpfung! Amen.

Das Echo auf Canberra

Interview mit *Chung Hyun Kyung* am 20. November 1991 in Berlin von *Dorothea Dilschneider*

Frage: Hyun Kyung, dein Referat in Canberra hat weltweit viel Beachtung gefunden und ist von vielen begeistert, von manchen aber auch ablehnend aufgenommen worden. Ich erinnere mich zum Beispiel an den Kommentar eines Delegierten, der sagte: »Ich konnte ihr nicht zustimmen, aber es war ein heiliger Augenblick.« Offensichtlich hast du mit großer Ausstrahlung und Glaubwürdigkeit und einer neuen Methodik so zum Thema »Komm, Heiliger Geist« gesprochen, daß über deinen Beitrag noch lange und kontrovers diskutiert wurde. Wie ist es dir denn danach ergangen?

Antwort: Noch in Canberra traf ich eine alte Frau, die schon vier- oder fünfmal bei solchen Konferenzen war, die zu mir sagte: »O Frau, dein Leben wird nie mehr dasselbe sein wie vorher!« Zu dem Zeitpunkt konnte ich nicht verstehen, was sie damit meinte. Aber inzwischen weiß ich, daß sie recht hatte.

Eigentlich habe ich in Canberra etwas ganz Einfaches gemacht. Ich wollte meinen Schwestern und Brüdern in Christus erzählen, wie ich und andere Frauen asiatische, feministische Dritte-Welt-Theologie verstehen. Ich wollte so klar wie möglich sein und mit all meiner Kraft und nicht mit einer entschuldigenden Haltung sprechen. Deshalb habe ich mich sehr gründlich vorbereitet, aber nie im Leben erwartet, daß mein Beitrag eine so kontroverse Debatte auslösen würde. Ich war so überrascht über die Reaktion, daß ich mich fragte, was die Menschen so angerührt oder aufgeregt hat. Der Grund dafür lag offensichtlich in der Art und Weise, wie ich meine Theologie ausgedrückt habe. Hätte ich es auf die konventionelle Art getan, hätte man einfach sagen können, sie vertritt halt irgendwelche neuen Ideen. Aber das, was und wie ich mich ausgedrückt habe, war ein kultureller Ansatz, der aus meinem Innersten kam. Wenn Menschen eine Botschaft hören, die ihnen fremd ist, mit der sie so gar nicht vertraut sind, dann fühlen sie die Begeisterung oder auch Ablehnung oder was immer in ihrem Körper. Sie sind verwirrt, weil es außer der rationalen noch eine andere Ebene gibt. Ich war wirklich überrascht über die Reaktion in Europa und Nordamerika. Mein Bild war plötzlich auf vielen Titelseiten und an vielen Orten, und in vielen Zeitschriften wurde über meinen Beitrag diskutiert.

Frage: Wie haben denn deine Freundinnen und Freunde in Asien reagiert?

Antwort: Viele, die an meiner Arbeit und an meinem Denken wirklich interessiert sind, haben sehr positiv reagiert und mir ermutigende Briefe geschrieben. Aber zu Hause in Korea bekam ich große Schwierigkeiten. Zwar haben Theologinnen und Minjung*-Theologen mich sehr unterstützt, aber die großen Kirchen, die doch sehr konservativ und zum Teil fundamentalistisch sind, waren sehr verärgert über das, was ich in Canberra getan hatte. Sie druckten Tausende von Flugblättern, die in den Kirchen verteilt wurden, in denen sie sagten, ich hätte Schande über Korea gebracht, und diese Theologie dürfe in Korea nicht weiterverbreitet werden. Man müsse sie und damit mich bekämpfen. Ich wurde richtig verfolgt. Sie sagten z. B.: »Kirche muß Kirche bleiben, die Schamanin soll doch wieder zum Schamanismus zurückgehen. Im Alten Testament steht, Gläubige sollten Schamanen töten.« Was soll ich daraus für Schlüsse ziehen? Natürlich sagten sie nicht, daß ich getötet werden solle, aber sie fragten: »Weiß Frau Professorin Chung denn nicht, daß das im Alten Testament steht?« So haben sie mich eben bedroht und versucht, mich zu disziplinieren.

Frage: Hast du Gelegenheit bekommen, deine theologischen Überzeugungen in einem Gespräch zu erläutern?

Antwort: Nicht wirklich. Zwar wurde das Für und Wider monatelang in Kirchenzeitungen diskutiert, und ich bekam Drohbriefe, ich sei eine Hexe und werde vom Satan ver-

---

* Minjung ist die Bezeichnung für das arme, unterdrückte Volk.

sucht. Ich habe aber auch sehr Schönes erlebt und wunderbare Rückmeldungen von katholischen und buddhistischen Freunden bekommen, die mich einluden, über meine Theologie zu sprechen. So macht meine eigene Familie, die protestantische Kirche, es mir schwer, aber ich habe neue Freundinnen und Freunde gefunden.

Die Diskussion in den Zeitungen geht immer noch weiter, aber ich habe mich entschieden, nicht selber in die Diskussion einzugreifen. Ich habe ziemlich klar gesagt, was ich glaube, und das kann man ablehnen oder annehmen, aber ich wollte mich nicht von der Tagesordnung anderer Leute bestimmen lassen. Wenn sie solche Probleme haben mit dem, was ich sagte, dann hat das auch etwas mit ihnen selbst zu tun, und das müssen sie für sich selbst klären. Ich gebe mir große Mühe und mache mich durch die Art meines Theologisierens auch sehr verletzlich. Deshalb habe ich mich entschieden, nicht auf alle Anschuldigungen zu reagieren.

Frage: Nun zu deinem Buch, das ich mit großer innerer Anteilnahme übersetzt habe. Du sprichst darin sehr oft von asiatischen Frauen. Wen meinst du damit?

Antwort: Ja, das werde ich oft gefragt. 50% der Weltbevölkerung leben in Asien. Wenn ich von asiatischen Frauen spreche, dann ist das ein politischer und ein kultureller Begriff. Wenn ich von Asien spreche, dann bedeutet das, daß ich mich gegen die westliche Kolonialgeschichte wende. Natürlich gibt es unter uns große Unterschiede, aber wenn wir vom verwestlichten Christentum und der Kolonialgeschichte sprechen, dann sind wir vereint, weil wir Produkte und Opfer dieser Geschichte sind. In diesem Sinne gibt es eine Gemeinsamkeit. Ein anderes Band, das uns verbindet, ist die Armut und die Religiosität, selbst wenn wir von unterschiedlichen Religionen und Kulturen herkommen. Und wir sind verbunden als Frauen. Ich kann nicht auf alle Einzelheiten eingehen, aber ich möchte von diesen Gemeinsamkeiten ausgehen. Mein Buch möchte ein Einladungsschreiben sein, auf eine Spielwiese zu kommen, wo wir mit Gedanken spielen, tanzen, kämpfen und zusammenwachsen können. Es ist eine Einladung, asiatische Frauentheologie gemeinsam zu gestalten.

Frage: In Canberra ist durch deinen Beitrag die Frage des Synkretismus sehr heiß diskutiert worden. In deinem Buch nun artikulierst du es als Hoffnung, daß wir wirklich einen überlebens- und befreiungsbezogenen Synkretismus wagen. Du gehst sogar noch weiter und meinst, wir müßten uns von einem Christo-Zentrismus zu einer Lebens-Zentrierung hinbewegen. Da stockt mir fast der Atem, denn Christus, das Leben der Welt, kann/will ich doch nicht verraten. Kannst du noch ein bißchen ausführlicher sagen, was du damit meinst?

Antwort: Ja, laß mich mit dem Synkretismus anfangen. Den Leuten, die nach meinem Referat in Canberra sagten, dies sei keine christliche, sondern eine synkretistische Theologie, antworte ich mit Ja und Nein. Ja, weil ich tatsächlich denke, daß jede Theologie synkretistisch sein sollte. Damit meine ich, daß jede Theologie in der jeweiligen Sprache vor Ort ausgedrückt oder/und in die Symbole und Metaphern der Menschen übersetzt werden muß. Natürlich haben die Christen im Westen nicht so viele Probleme mit ihrer Kultur, weil sie schon lange eine christianisierte Kultur haben und deshalb nicht so sehr zwischen Kultur und Religion unterschieden wird. Aber unsere Kultur in Korea ist zum Beispiel sehr vom Schamanismus und Buddhismus geprägt. Es ist einfach nicht möglich, das Christentum mit westlichen Begriffen zu erklären, weil das niemals mein Verständnis sein kann. Wie soll ich von Gott reden, wie sein Lied im fremden Land singen? Ich muß dabei immer an die Stelle in der Bibel denken, wo sie an den Flüssen Babylons saßen und weinten. Deshalb muß ich mich doch fragen, wie ich die ganz persönliche und lebenspendende Gegenwart Gottes in meiner eigenen Sprache ausdrücken kann. Jede Theologie ist synkretistisch, weil sie eigene Elemente benutzt. Der deutsche Theologe Rudolf Bultmann hat schon gesagt, das Christentum sei ein synkretistisches Phänomen, weil es von vorderasiatischem, judaistischem und hellenistischem Gedankengut geprägt sei. Das westliche

Christentum ist doch ganz klar synkretistisch, weil es vom griechischen Dualismus, von griechischer Philosophie, konstantinischem Christentum, vom Patriarchat, neuerdings auch noch vom Kapitalismus geprägt ist. Deshalb wehre ich mich dagegen, wenn gesagt wird, die Vermischung von Kultur und Religion im Westen sei orthodox, in Asien, Lateinamerika und Afrika sei sie aber als Synkretismus zu bezeichnen. Das akzeptiere ich einfach nicht. Bezeichnenderweise reden auch nur die Europäer vom Synkretismus. Für uns stand das nie auf der theologischen Tagesordnung. Mir kommt es so vor, als sei die Rede vom Synkretismus nicht so sehr mit der Frage verbunden, wie das Evangelium in unserer Kultur verkündigt werden kann, als vielmehr mit der Frage von Macht. Wer hat das Urheberrecht, wem gehört das Christentum? In all diesen Fragen geht es darum, wer die Macht der Definition hat, und diese lag traditionellerweise in den Händen von Kirchenvätern oder intellektuellen Theologen, vor allem im Westen. Aber jetzt ist es an der Zeit, daß jede christliche Gemeinschaft das lebendige Evangelium in ihrem eigenen Kontext definiert. Deshalb wage ich so zu reden und weise den Vorwurf des Synkretismus zurück.

Wenn ich das Leben von Frauen in Asien, Afrika und Lateinamerika, in der sogenannten Dritten Welt, ansehe, vor allem das der ganz armen Frauen, dann sehe ich doch, wie sie ihre Überlebensweisheit aus ihrer eigenen Kultur beziehen. In meinem Buch spreche ich zum Beispiel von Ina, einer Göttin auf den Philippinen. Die Jungfrau Maria wird dort einfach Ina genannt. Und in der mexikanischen Spiritualität ist es nicht anders. Dort gab es in der indianischen Kultur die Göttin von Gouadaloupe, und deshalb nennen sie Maria dort »Unsere liebe Frau von Gouadaloupe«. Dasselbe erlebe ich in Korea. Meine Mutter ist eine ganz fromme Christin, die jeden Sonntag in die Kirche geht. Aber wenn sie ein wirkliches Problem hat, dann geht sie zu einer Wahrsagerin oder mit ihrer Freundin in den Tempel, wenn sie mit Frauen zusammen sein will. Ich habe einfach im Lauf der Zeit entdeckt, daß gerade die armen Frauen ihre

Überlebenskraft aus allem möglichen beziehen. Doktrinäre Reinheit hat bei ihnen nie eine Rolle gespielt. Sie haben nach der Lebenskraft gesucht, die ihnen aus ihren Sackgassen heraushilft und sie am Leben erhält und befreit. Wenn ich mich mit der Spiritualität der Frauen beschäftige, dann tue ich dies außerhalb der institutionalisierten Religionen. Ich schaue mir die Volksreligiosität der Frauen an, denn dort erlebe ich eine ganz ungebrochene Überlebensweisheit. Deshalb plädiere ich für einen überlebens- und befreiungszentrierten Synkretismus.

Wenn ich davon rede, daß wir uns von einem Christo-Zentrismus zur Lebens-Zentrierung hinbewegen müssen, meine ich damit folgendes: Wenn Christus das Zentrum ist, wie wir es aus der westlichen Theologie kennen, dann ist das eine Religion, in der ein Mann angebetet wird. Natürlich ist die Person Jesu, des Christus, ganz im Mittelpunkt der christlichen Tradition. Wenn wir aber unsere Missionsgeschichte ansehen, können wir feststellen, daß Christus auch gegen unsere Völker benutzt wurde. Er wurde so wichtig, daß einfach alles, unsere Religion, unsere Kultur, unsere Spiritualität und Geschichte zweitrangig wurden, so als wäre Gott nicht schon lange vor Christus bei uns gewesen. Die Geschichte des protestantischen Christentums ist bei uns erst 100 Jahre alt. Wir haben aber eine 5000jährige Geschichte des Schamanismus, 2000 Jahre Buddhismus, 700 Jahre Konfuzianismus. Sollte Gott nicht schon immer mit uns gewesen sein? Deshalb betonen viele Theologinnen und Theologen in Asien eine schöpfungszentrierte Theologie und nicht so sehr den Christo-Zentrismus. Wenn wir nämlich bei der Schöpfung anfangen, dann wird unsere ganze Geschichte und Kultur, auch die vorchristliche, ganz lebendig. Christo-Zentrismus war und ist politisch und kulturell mit der kolonialen Ordnung gekoppelt. Das möchten wir überwinden. In unseren Kulturen in Asien gibt es auch noch andere religiöse Gestalten, zum Beispiel Buddha. Ich kann zum Beispiel selbst als Christin die Gegenwart Buddhas in meinem Leben nicht leugnen. Wenn ich manchmal in Metaphern denke, dann stelle ich mir Buddha als meine

Mutter und Christus als meinen Vater vor, als ob sie zusammengehörten. Weil einfach alle Bereiche unseres Lebens durch den traditionellen Christo-Zentrismus zweitrangig wurden, haben wir uns zu einer Schöpfungs-Zentrierung hinbewegt. Gott ist mit uns und lädt uns ein, seine Mitschöpferinnen und Mitschöpfer zu sein in der Geschichte seiner Schöpfung.

In Asien gibt es eine Fülle von heilbringenden Gestalten. Wenn wir uns nur auf Christus konzentrieren, können wir gar nicht wahrnehmen, wie vielfältig Gott in unserer Geschichte gewirkt hat. Im asiatischen Denken hat die Natur einen sehr hohen Stellenwert. Wir können nicht ohne die Natur überleben, aber die Natur ohne uns. Deshalb steht der Mensch bei uns nicht im Mittelpunkt der Kultur. Wenn wir aber von Lebens-Zentrierung sprechen, wissen viele Menschen in Asien sofort, was gemeint ist. Wir Menschen sind ein so winziger Teil der Schöpfung. Natürlich möchte ich unsere Kämpfe und die Menschenrechte nicht gering achten, aber wir müssen die größere, umfassendere Perspektive sehen. Wir Menschen sind nicht die einzigen Lebewesen auf dieser Erde. Deshalb spreche ich von Lebens-Zentrierung.

Schamanin im Bauch –
Christin im Kopf

Meinen drei Müttern
Oh Yong Kwang (geb. 1915),
der Mutter, die mir das Leben schenkte.

Kang Du Ran (1908–1982),
der Mutter, die mich mit Milch nährte.

Chang Won (geb. 1915),
der Mutter, die mich mit Honig labte.

Vorwort

Dieses Buch zu schreiben war wie eine lange Reise nach Hause. Auf dem Weg traf ich viele leidende asiatische Frauen, deren Schmerz mir half, meine eigenen Wunden zu spüren, und deren Kampf um Befreiung mir Kraft gab, nach Heilung für sie und mich zu suchen. Ich traf auch viele Frauen, deren Stärke und Weisheit mich begeisterten und mich an meine eigene Stärke und Weisheit und die anderer Schwestern glauben ließen. Es war eine Reise voller Qualen und Schönheit. Ich quälte mich, weil mein eigener Selbsthaß und meine Selbstzweifel mich so blind gemacht hatten, daß ich die Geburt neu entstehender Theologien bei mir und meinen Schwestern gar nicht wahrnahm. Als sich aber mein Selbsthaß durch die Entdeckung lebendigmachender Wahrhaftigkeit bei asiatischen Frauen in Selbstliebe verwandelte, feierten wir zusammen unsere Schönheit. Endlich fühle ich mich zu Hause angekommen, weil ich nun auch bei mir selbst zu Hause bin und im Kampf asiatischer Frauen um ihr ganzheitliches »Frausein« ein Zuhause gefunden habe.

Dieses Buch handelt von einer neu aufbrechenden Befreiungstheologie asiatischer Frauen. Ich möchte den Kontext und die wesentlichen Beiträge dieser Theologie von ihrem Kampf um Überleben und Befreiung her darstellen. Den Geschichten, Gedichten und theologischen Schriften nähere ich mich wie eine Malerin, die den Ausbruch eines Vulkans erlebt und andern Menschen klarmachen will, daß der Vulkan explodiert. Wegen der nahenden Gefahr dieses sich ständig bewegenden und verändernden Ausbruchs habe ich nur eine rohe Skizze dieses Vulkans gezeichnet, mit breiten, schnellen Strichen. Nicht immer gelang es mir, die feinen Unterschiede in Form, Farbe und Struktur dieses historischen Ausbruchs so lang zum Schweigen verurteilter Frauen zum Ausdruck zu bringen. Manchmal denke ich, daß manches an meiner Skizze dieses Vulkanausbruchs vereinfacht und verallgemeinernd wirkt. Dennoch glaube ich, daß sie im weitesten Sinne die Bedeutung dieses Vorgangs sehr genau beschreibt.

Mit Scheu und Zittern lege ich meinen asiatischen Schwestern und denen, die ihren eigenen Kampf damit verbinden können, meine Rohskizze dieses noch nicht endenden Ausbruchs vor. Ich hoffe, meine Zeichnung wird einige Herzen anrühren, Austausch, Diskussion, Kämpfe und Gelächter auslösen und die zum Feiern veranlassen, die schon auf ihrem eigenen Weg nach Hause sind.

Viele Menschen haben mich berührt auf meiner langen Reise. Sie hörten meinen manchmal unzusammenhängenden Reden zu, schenkten mir ihre Freundschaft, umarmten mich, wenn ich eine Mama brauchte, um diese einsame und schwierige Reise durchstehen zu können.

Zuallererst möchte ich meinen vier Doktormüttern und -vätern am Union Theological Seminary in New York City meine aufrichtige Anerkennung aussprechen. Sie nährten mein intellektuelles Wachstum, und ihre Unterstützung half mir, meine Doktorarbeit in dieses Buch umzusetzen. James Cone, mein wichtigster Berater, ermutigte mich, meine Dissertation über etwas »was mich am meisten verletzt« zu schreiben. Er kritisierte mich auch und meinte, ich solle der Sünde widerstehen, zu tiefschürfend sein zu wollen.

»Vertraue der theologischen Weisheit asiatischer Frauen und beschreibe sie schlicht und einfach. Wenn du wirklich die Stimme der Armen sein willst, darfst du diesen Kampf nicht schwach oder armselig darstellen.« Ich danke Dr. Cone für seinen Rat, für sein Verständnis und für seine Liebe zu meinem Volk. Beverly Harrison und ihre Arbeit, vor allem der Artikel »Die Kraft des Zorns in der Arbeit der Liebe« in ihrem Buch »Die neue Ethik der Frauen« (Stuttgart 1991) brachten mich ans Union Theological Seminary. Ihre Gegenwart während meiner Zeit dort erinnerte mich immer daran, daß ich meinen Zorn ernst nehmen und nicht gegen mich selbst richten, sondern zur Verstärkung meiner »Leidenschaft für Gerechtigkeit« gebrauchen sollte. Kosuke

Koyama motivierte mich, vor allem durch seinen geistvollen Widerspruch zu vielen Punkten meiner Dissertation, mir über meine asiatische Identität in ihrer zunehmenden Komplexität klarzuwerden. Seine Herausforderung führte dazu, daß ich die Bedeutung des Christentums im asiatischen Kontext neu überdachte. Letty Russell von der Yale Divinity School unterstützte mich durch ihre vielen persönlichen Kontakte zu asiatischen Frauen und ihre große Belesenheit in Fragen aufbrechender Frauentheologie in Asien. Ihre Schwesterlichkeit und Solidarität mit asiatischen Frauen, vor allem auch ihre loyale Unterstützung asiatischer Theologinnen in Amerika, gaben mir Kraft auf meiner Reise.

Provozierende Diskussionen mit vielen asiatischen und anderen Dritte-Welt-Leuten, die Theologie betrieben und mir ihre kostbare Zeit für Interviews zur Verfügung stellten, förderten mein theologisches Weiterkommen. Vielen asiatischen Schwestern möchte ich besonders danken: Lee Oo Chung, Cho Wha Soon, Lee Sun Ai, Chung Sook Ja, Kang Myung Soon und Sohn Eun Ha aus Korea; Aruna Gnanadason aus Indien; Marlene Perera und Bernadeen Silva aus Sri Lanka; Elizabeth Tapia, Lorretto Mapa und Virginia Fabella aus den Philippinen; Kwok Pui-lan aus Hong Kong sowie Nanta Boonprasat Lewis aus Thailand.

Ich danke auch einigen Theologen, die mir in Interviews ihre Einsichten mitteilten: Hyun Young Hak, Ahn Byung Mu, Suh Kwang Sun, Kim Yong Bok und Park Sang Jung aus Korea; Tissa Balasuriya, Aloysius Pieris und Preman Niles aus Sri Lanka; M. M. Thomas, Samuel Rayan und K. C. Abraham aus Indien; Yeow Choo Lak aus Singapur, sowie der Theologin Mercy Amba Oduyoye aus Ghana.

Meinen Lehrerinnen und Kolleginnen an der Ewha Frauenuniversität in Seoul danke ich für ihre Unterstützung, vor allem meiner früheren Beraterin Park Soon Kyung. Sehr verbunden bin ich auch meinen Kolleginnen am Theologischen Frauenzentrum: Donna Bivens, Nancy Richardson, Francine Cardman, sowie den Teilnehmerinnen am Studien-Aktionsprogramm 1988–89.

Treue Freundinnen und Freunde erhielten mich geistig gesund. Angelica und Richard Harter gaben mir in Boston einen Zufluchtsort, wo ich leben und schreiben und meine Dissertation zu Ende bringen konnte. Patricia McCullum kochte für mich asiatisch und nährte mich zusätzlich mit ihrer feministischen Spiritualität. Kim Hae Sun erinnerte mich immer wieder daran, daß ich zum Tanzen geboren bin. Barbara Brockelmann war die Hebamme bei der Geburt meiner Göttin. Mein Lektor, Thoman Holt, übersetzte mein koreanisches Englisch gewissenhaft und respektvoll in etwas Verstehbares.

Meine Freundinnen und Freunde Ada Maria Isasi-Diaz, Marilyn Legge, Pamela Brubaker, Elizabeth Bounds, Lois Kirkwood, Sallie McNickle, Dwight Hopkins und Howard Wiley, die ich am »Union« zurückließ, als ich in Boston meine Arbeit schrieb, träumten davon, wie sie mich verteidigen würden, und schickten mir ihre Energien durchs Telefon oder auf schönen Postkarten. Vor allem möchte ich den koreanischen Studentinnen und Studenten am Seminar für ihre Unterstützung danken. Meine drei koreanischen feministischen Freundinnen in New York haben mich fortwährend inspiriert: Shin Hae Soo, Rew Sook Ryul und Lee Sung Ok. Ich freue mich an ihrem Engagement für unseren Kampf, ihrer fleißigen Studienarbeit und ihrer rauhen, wilden, koreanischen Frauen-Power.

Und schließlich möchte ich meinem Mann, Chung Sang Kyung, für seine Großzügigkeit und sein Verständnis danken. Er erklärte sich bereit, meine achtmonatige Abwesenheit als Ehefrau in Kauf zu nehmen und zu unterstützen.

Nach acht Jahren in mein Mutterland Korea zurückkehren zu können erfüllte mich mit großer Freude. Nun wird es Zeit, daß ich mir meine westliche theologische Ausbildung wieder »aberziehe«, um wieder neu von der spirituellen Weisheit meines Volkes, vor allem aber von meinen Müttern und Großmüttern zu lernen. Ich sehe mich selbst als einen Baum, der seine Wurzeln tief in den reichen Humus der Mutter Erde gesenkt hat und aus der Quelle der Geschichte und Kultur seines Volkes sein Wasser schöpft.

In meinem geteilten Mutterland, das nach Vereinigung schreit, feiere ich die Kraft meiner starken Mütter.

Deshalb widme ich dieses Buch in aller Bescheidenheit dem Andenken meiner drei Mütter: Oh Yong Kwang, die mich gebar; Kang Du Ran, die mich aufzog, und Chang Won, jetzt im Ruhestand, ehemals an der Ewha Frauenuniversität, die während meiner College-Jahre in Korea meine spirituelle Begleiterin war. Ihr Fleisch und Blut, Milch und Honig gaben mir den Mut, zu träumen, zu wagen und zu heilen.

Chung Hyun Kyung
15. August 1989
Ewha Frauenuniversität
Seoul, Korea

Einleitung

Theologie zu betreiben ist eine persönliche und zugleich politische Betätigung. Als Koreanerin betreibe ich Theologie, um herauszufinden, was es bedeutet, in meinem Ringen um Ganzheit und im konkreten historischen Kampf meines Volkes um Freiheit Mensch zu sein. Um der Gegenwart und dem Handeln Gottes auf den Grund zu kommen, möchte ich meinen eigenen Befreiungsprozeß und den meiner Gemeinschaft mitgestalten. Unsere persönlichen Geschichten von Qual und Freude, Kampf und Befreiung sind immer verknüpft mit unserem sozio-politischen und religiös-kulturellen Kontext. Theologie ist deshalb immer beides, ein persönliches und ein öffentliches Reden.

Meine theologischen Fragen sind weder vom Himmel gefallen, noch lassen sie sich vorwiegend von der Universität herleiten. Sie kommen eher aus meiner Wut und Hoffnung als Frau der Dritten Welt, die nicht länger bereit ist, Opfer irgendeiner Form von Kolonialismus zu sein. Meine Theologie ist beseelt von dem brennenden Wunsch nach Selbstbestimmung und hat ihren Ursprung in einer befreiungsorientierten Interpretation der Geschichte der Völker aus der Sicht der Dritten Welt.

Die beiden entscheidenden Ereignisse, die meine theologische Sichtweise prägten, waren die Begegnungen mit der koreanischen Studentenbewegung und die Entdeckung der »Ersatz«-Mutter, die mir einst das Leben schenkte. Durch die Verschmelzung dieser beiden Ereignisse in meiner ganz persönlichen Geschichte wurde ich fähig, auf die Schreie meines Volkes und meines innersten Selbst zu hören.

Die koreanische Studentenbewegung öffnete mir die Augen dafür, was es bedeutet, »Dritte Welt« zu sein. Durch diese Bewegung war ich zum ersten Mal in meinem Leben stolz darauf, aus einer wirtschaftlich benachteiligten Familie zu kommen. Bevor ich ins College eintrat und die Bewegung kennenlernte, hatte ich mich immer wegen meines Aussehens geschämt und auch darüber, daß meine Familie so wenig Geld hatte. Ich war ein dünnes, dunkles Mädchen mit einer platten Nase und einem runden Gesicht. Die Blikke der Leute gaben mir das Gefühl, alles andere als hübsch auszusehen.

Als ich zehn Jahre alt war, ging mein Vater bankrott und verlor all sein Vermögen. Meine täglichen Anstrengungen waren nun darauf ausgerichtet, der ärmlichen Umgebung, in der ich lebte, zu entrinnen. Ich vermißte meine frühere Nachbarschaft, in der ich mich aller materiellen Bequemlichkeiten erfreute. Alles schien so sauber. Das ganze Jahr über blühten Blumen. Die Kinder benutzten keine vulgären Ausdrücke. Die ganze Umgebung schien schön und angenehm. Es kam dem Verlust des Paradieses gleich, von dort weg in eine ärmliche Nachbarschaft verpflanzt zu werden. In meiner Jugend war ich ein kleines, komisches Mädchen, das sich nicht mit den armen Leuten um sich herum identifizieren wollte. Ich paukte sehr viel, um aus diesem Ghetto herauszukommen und zum Ort meiner Geburt und frühen Kindheit zurückkehren zu können. Mit eiserner Entschlossenheit gelang es mir, auf die angesehenste höhere Schule Koreas zu kommen, das Sprungbrett schlechthin für mehr Chancen in der koreanischen Gesellschaft. Natürlich kam die Mehrheit der Schülerinnen in dieser Schule aus privilegierten Familien. Aber plötzlich sahen sie für mich nicht mehr so aus, als kämen sie aus dem »Paradies«. Ich fühlte mich ihnen nicht nahe. Ihre Arroganz und ihr ganz offensichtlich mangelndes Bewußtsein ihrer Privilegien wurden zu einer unüberbrückbaren Kluft zwischen uns. Obwohl wir Uniformen trugen, wurde am Inhalt unserer mitgebrachten Essenspakete sehr deutlich sichtbar, aus welchen Schichten wir kamen. Ich litt bei jedem Essen. Ich konnte nicht verstehen, warum viele von ihnen jeden Tag amerikanischen Schinken und Käse und sonstige ausländische Dinge essen konnten. Diese große Kluft zwischen uns machte mir zu schaffen. Ich dachte, sie hätten Glück, reiche Eltern zu haben, und ich eben Pech, weil meine Eltern arm wurden. Ich stellte die Gerechtigkeit Gottes in Frage. Ich konnte nicht verstehen, warum Gott manche Leute so reich werden ließ, aber meine Familie oder Leute in ähnlicher Lage leer ausgingen.

Die schreckliche Konkurrenz in der Schule entmenschlichte alle Schülerinnen. Das Hauptaugenmerk im Lehrplan war darauf gerichtet, Mathematik und Englisch sowie Fremdsprachen wie Französisch und Deutsch zu lernen. Gute Noten brachten uns automatisch auf gute weiterführende Schulen. Wie fanatisch paukten wir die fremden Vokabeln und wie Roboter die mathematischen Formeln, nur damit wir gute Noten bekamen. Dies war eine lange, einsame Jugendzeit.

Mit vielen unbeantworteten Fragen und unterdrücktem, unbenanntem Zorn ging ich dann aufs College und wurde der Studentenbewegung ausgesetzt. Diese Erfahrung empfand ich wie eine Rettung. In kleinen Studiengruppen außerhalb der Universität lernte ich das Wesen des Kolonialismus und des Neokolonialismus kennen, die Ursachen, die zum andauernden Leiden unseres Volkes führten. Mir wurde klar, daß die Armut um mich herum nicht das Ergebnis von Pech oder Faulheit war, sondern von ungleichen Machtverhältnissen zwischen Völkern, Institutionen und Nationen.

Ich war froh, daß mein Land nicht zum Leiden anderer Völker beitrug wie viele der nordatlantischen Staaten, die die Länder des Südens ausbeuten. Ich war stolz, daß ich eine der Stimmen aus der Dritten Welt sein konnte, die versuchten, das Übel des Kolonialismus aufzudecken und zu entlarven. Viele von uns, die durch die Studentenbewegung beeinflußt waren, wollten die Lügen aufdecken, die ausländische und einheimische Machteliten verbreitet hatten. Wir merkten, daß vor allem durch die japanische Kolonialmacht, aber auch durch die neokoloniale Behandlung durch die Vereinigten Staaten das Selbstverständnis unseres Volkes, unserer Geschichte, unserer Kultur, ja selbst unsere Schönheitsvorstellungen verzerrt waren.

Wir stellten alles in Frage – die Rolle der institutionalisierten Erziehung, die Massenmedien, die Regierung, das Militär, die Gesetze und auch die Produktionsverhältnisse in unserem Land. Je länger wir studierten und uns der Dritte-Welt-Wirklichkeit unseres Landes bewußt wurden, desto besser verstanden wir, wie sehr wir durch den politischen und kulturellen Imperialismus der Erste-Welt-Länder einer Gehirnwäsche unterzogen wurden. Wir stellten radikale Fragen an das Netz von Machtstrukturen um uns herum. Wir wußten, daß »die Herrschenden den Ast nicht absägen, auf dem sie sitzen«.[1]

Viele von uns wurden Expertinnen und Experten in der »Hermeneutik des Mißtrauens«.[2] Wir hatten den Glauben an die Regierenden in aller Welt verloren. Wir versuchten vielmehr, die Machtverhältnisse zu untersuchen, um herauszufinden, wer von wem profitierte und was sie sagten oder taten.

Mein Dritte-Welt-Bewußtsein führte mich zur Frage von Kolonialismus und Neokolonialismus in der Theologie. Während meiner formal-theologischen Ausbildung in Korea lernte ich alles über die europäischen Theologien von Schleiermacher, Barth, Tillich, Bultmann, Moltmann und Pannenberg, den sogenannten theologischen Riesen des 19. und 20. Jahrhunderts. Aber nichts wurde gelehrt über koreanische Menschen und ihre theologischen Überlegungen zur koreanischen Geschichte und Kultur. Was ich an der Universität lernte, half mir darum in keiner Weise, Gottes Handeln im täglichen Ringen meines Volkes in Korea wahrzunehmen. Erst die Studentenbewegung half mir zu erkennen, in welche falsche Ideologie meine theologische Ausbildung eingebettet war. Deshalb versuchte ich, sämtliche Aspekte eines theologischen Imperialismus abzubauen und auch meine theologische Arbeit davon zu befreien. Ich wollte mein Leben nicht damit verschwenden, das theologische Puzzle der Leute zu lösen, die unsere Leiden verursacht hatten. Vielmehr wollte ich alle Energie darauf verwenden, ihren theologischen Imperialismus zu entlarven, und, indem ich auf die innere Stimme meines Volkes in seinem Kampf um Überleben und Befreiung hörte, die Geschichte und Kultur asiatischer Völker studieren.

Wenn ich allerdings heute mein theologisches Suchen reflektiere, muß ich bekennen, daß ich die meiste Zeit meiner Ausbildung damit zubrachte, auf weiße, europäische und nordamerikanische Theologien zu reagieren, in dem Versuch, die kolonialen und neokolonialen Verästelungen in ihren Texten herauszufinden und zu benennen. Ich fand kaum die Zeit und Energie, in diesen weißen, akademischen Gefilden meine eigene Theologie zu entwickeln. Mir wurde klar, daß eine Reaktion gegen das unterdrückerische System noch nicht gleichbedeutend war mit der Schaffung einer befreienden Wirklichkeit. Ich mußte auf schmerzliche Weise lernen, daß ich zuerst mit meiner eigenen und meines Volkes Kraft und Geschichte in Berührung kommen mußte, um eine neue, befreiende Wirklichkeit zu finden und aufzubauen.

Das entscheidende Ereignis, das mir half, die Richtung meiner theologischen Arbeit nicht mehr primär im Auseinandernehmen, sondern im Aufbau zu sehen, war die Entdeckung der Frau, die mich gebar. Sie ist die koreanische Version einer Ersatz- oder Leihmutter. Als ich im Sommer 1987 anläßlich einiger Studien für meine Doktorarbeit Korea besuchte, erfuhr ich zum ersten Mal von der Existenz meiner leiblichen Mutter. Ich dachte immer, daß die Eltern, bei denen ich aufwuchs, auch meine leiblichen Eltern waren. Niemand in meiner Familie hat je von ihr gesprochen. Da alle Geburtsurkunden von meinem Vater gefälscht waren, wurde meine leibliche Mutter zu einer »namenlosen« Frau, die aus dem privaten und öffentlichen Leben meiner Familie vollkommen ausradiert war. Nicht einmal, als meine Eltern starben, wurde sie in deren letzten Worten erwähnt.

Die Frau, die meine leibliche Mutter in mein Leben treten ließ, war meine Cousine. Sie wußte um das wohlgehütete Geheimnis meiner Geburt. Zur Zeit meiner Geburt lebte sie bei meinen Eltern als Haushaltshilfe und bekam dafür Unterkunft und Verpflegung. Da ihr Vater ein armer

Fischer auf einer kleinen Insel war, schickte er seine kleine Tochter zu seinem wohlhabenderen Bruder in die Stadt. Damals war mein Vater noch ein politisch und wirtschaftlich mächtiger Mann. Er wollte ein eigenes Kind haben, aber seine Frau war unfruchtbar. Nachdem er 25 Jahre gewartet hatte, entschied er sich, eine Frau zu finden, die schwanger werden konnte.

Die Frau, die mir dann das Leben schenkte, war eine arme, alleinstehende Mutter, die mit ihrem Sohn in Kwang Ju, der Stadt meines Vaters, lebte. Ihren Geliebten verlor sie während der japanischen Kolonisierung Koreas. Meine Geburt erfüllte sie mit großer Freude und ebenso großer Traurigkeit, denn sie mußte mich meinem Vater und der Frau, die dann meine neue Mutter wurde, geben. An meinem ersten Geburtstag nahmen sie mich meiner leiblichen Mutter weg. Meine Mutter wollte mich natürlich nicht gehen lassen, aber sie wußte, daß sie gegen meinen Vater und meine neue Mutter nicht kämpfen konnte. Sie waren mächtige Leute, sie dagegen ohnmächtig. Meine Mutter weinte sehr um mich, als ich ihr genommen wurde; es war am Bahnhof, an einem regnerischen Frühlingstag vor 32 Jahren. Bald danach wurde sie durch den großen Schmerz des Verlustes psychisch krank. Ihr einziger Sohn, Teenager zu der Zeit, konnte das Leiden der Mutter nicht ertragen und beging Selbstmord.

In der koreanischen Gesellschaft, die stark von konfuzianischen Gesetzen beeinflußt ist, sind Frauen, die unehelich gebären, geächtet. Kein Gesetz, keine Ordnung oder Gemeindestruktur schützen sie. Sie werden wie Ausgestoßene behandelt. Die damit verbundene soziale Botschaft ist, daß Frauen sich schämen sollen. Die soziale Ächtung, die sie erfahren, hört aber nicht in dieser Generation auf, sondern wird an die Kinder weitergegeben. In der Yi Dynastie, die bis zum Beginn des 20. Jahrhunderts dauerte, konnten Kinder von Ersatzmüttern keine Prüfungen ablegen, um in Regierungsstellen zu kommen.[3] Diese Tradition lebt auch heute noch fort, wenn auch auf subtilere Weise. Meine leibliche Mutter wollte mich vor dieser sozialen Ächtung bewahren. Sie gab anderen gegenüber vor, ich sei ein normales eheliches Kind, das sie nur in Pflege habe, *nicht* von ihr geboren, und verleugnete so ihre eigene Existenz als Mensch. In meiner leiblichen Mutter kann ich viele namenlose gekreuzigte Menschen sehen.

Als ich zum ersten Mal meine leibliche Mutter traf und den Geschichten ihrer Reise durch ein hartes Leben zuhörte, fühlte ich, daß irgend etwas in meinem tiefsten Sein aufbrach. Es war wie die Erfahrung der Taufe: Irgend etwas wurde weggewaschen, und ich fühlte mich wirklich frei. Plötzlich spürte ich, daß ich in dieser 72jährigen kranken Frau, meiner Mutter, der Kraft der Erniedrigten in der Geschichte meines Volkes begegnet war. »Hyun Kyung«, sagte ich zu mir selbst, »du hast nun elf Jahre lang Theologie studiert. Für wen hast du das getan? Warum wolltest du Theologie betreiben? Du dachtest immer, du studiertest Theologie, um die unterdrückten Menschen in deinem Land zu bestärken. Aber sei ehrlich! Hast du wirklich die Kultur und Geschichte der Armen in der Entwicklung deiner Theologie beachtet? Warst du wirklich bereit, von ihnen zu lernen? Mit wem hast du denn die meiste Zeit verbracht, um deine Theologie zu formulieren? Mit den Armen oder mit den Intellektuellen? Du hast so sehr versucht, bewußt oder unbewußt, dich selbst und deine Intelligenz zu bestätigen, daß du auch die Sprache dieser überlegenen theologischen Gruppierungen gebraucht hast.«

Ich schämte mich meines verborgenen Wunsches, besser sein zu wollen als die dominierenden Theologen Europas und Nordamerikas. Ich fühlte einen inneren, kraftvollen Geist, der mich von dem Wunsch, Theologie wie die Europäer zu betreiben, geradewegs in die offenen Arme meiner Mutter trieb, an deren Brust ich sicher ruhen konnte. Es gab kein Zurück. Ich fühlte einen starken existentiellen Drang, die Brücke zu überqueren und hernach zu zerstören, diese Brücke der höheren Bildung, die zwischen »ihr« und »mir« stand. Ich schaute meine Mutter an. Meine schluchzende Mutter sah aus wie eine Ikone Gottes, durch die ich klar sehen konnte, was Gott mir über meinen Auftrag sagen wollte.

Dieser Frau, meiner leiblichen Mutter, zu begegnen eröffnete mir noch eine andere Dimension meines theologischen Bewußtseins. Verschiedene Fragen, mit denen ich mich theoretisch auseinandergesetzt hatte, wurden mir plötzlich existentiell ganz klar. Die Begegnung mit meiner Mutter half mir, meine theologische Betroffenheit zu benennen, vor allem im Blick auf die Norm der Dritte-Welt-Frauentheologie und ihrer Quellen. Als ich der Lebensgeschichte meiner Mutter zuhörte – ihrem Kampf ums bloße Überleben in dieser unfreundlichen Welt –, war ich zornig über die »Kultur des Schweigens«[4], in der sie lebte. Die Menschen um sie herum brachten sie in jeder Beziehung zum Schweigen. Ohne jede Unterstützung oder die Chance, arbeitend am öffentlichen Leben teilzunehmen, konnte sie nur ohne Verstümmelung überleben, indem sie gänzlich unsichtbar wurde. Aber auch »das Schweigen schützte sie nicht«.[5] Ihr Herz war gebrochen. Sie wurde in die Armut hineingezwungen und eine Zeitlang psychisch krank.

Während meines elfjährigen Theologiestudiums habe ich unzählige Klausuren und theologische Aufsätze für meine Lehrer geschrieben, die sehr gebildete Menschen waren. Stil und Inhalt meiner Reden und Schriften waren so verfaßt, daß Menschen wie meine Mutter überhaupt nicht verstehen konnten, was ich sagte. Je mehr ich eine »gute«, »professionelle« Theologin gemäß den Maßstäben europäischer und amerikanischer Theologieprofessoren wurde, desto mehr entfremdete ich mich von meinen Müttern und von Menschen wie ihnen. Inzwischen ist mir klar geworden, daß ich nicht länger eine »alles umfassende« Theologie betreiben will, um Fragen privilegierter Europäer zu beantworten. Ich möchte Theologie in Solidarität und aus Liebe zu meiner Mutter betreiben, um dadurch gekreuzigte Menschen wie sie aufzurichten und ihren Verletzungen und Schmerzen eine Stimme zu geben, vor allem jenen asiatischen Frauen, die in einer weißen, kapitalistischen, von Männern dominierten Welt im »Schatten der Schattenseite der Geschichte«[6] stehen.

Die verachteten Frauen Asiens zum Hauptkontext meiner Theologie zu machen bedeutet, eine Theologie zu betreiben, die ihren Erfahrungen Rechnung trägt. Theologische Sprache, Paradigmen und Fragen, die von der Lebenserfahrung westlicher Intellektuelier, den Gehirnen der kulturellen Hegemonie, herkommen und arme asiatische Frauen zum Status von Nicht-Personen reduziert haben, sind nicht geeignet als Quelle für asiatische Frauentheologie. Die Hilfsmittel für die Befreiungstheologie asiatischer Frauen müssen von den Lebenserfahrungen dieser Frauen selber kommen. Erst wenn wir Frauen in Asien anfangen, unsere täglichen konkreten Lebenserfahrungen als die wichtigste Quelle zu verstehen, um religiöse Strukturen aufzubauen, die uns etwas bedeuten können, erst dann werden wir uns von allem aufgezwungenen religiösen Einfluß befreien können.

Wir Frauen müssen unseren eigenen Gefühlen und Urteilen trauen und durch sie die etablierten Normen in Frage stellen, die bestimmen, was richtig oder falsch, gut oder böse ist. Unsere täglich gelebten Erfahrungen müssen letztendlich als entscheidender Test für unsere Theologie dienen. Erst wenn religiöses Predigen und Tun für uns zu einer lebenspendenden Kraft wird, mit der wir unser Leben erhalten und befreien können, wird solches zur »Guten Nachricht«, zum Evangelium für uns. Wenn wir innerlich und äußerlich daran sterben, wird es zur »schlechten Nachricht«. Als Frauen im Widerstand und im Kampf müssen wir die Bedeutung unserer Befreiung und Ganzheit selbst neu definieren.

Dieses Buch ist eine Deutung des neuen, befreienden Bewußtseins asiatischer Frauen. Meine Absicht ist es, den besonderen Beitrag dieser Befreiungstheologie für die Bedeutung der Frohen Botschaft herauszuarbeiten. Ich möchte eine Antwort auf die Frage suchen, welches vom Überlebens- und Befreiungskampf asiatischer Frauen her die spezifischen Herausforderungen an Theologie und Kirche sind. Dabei möchte ich nicht nur den Beitrag der Frauentheologie benennen, sondern auch Vorschläge für Zukunftsperspektiven machen.

Da Schriften asiatischer Theologinnen mit feministischem Bewußtsein erst in den 80er Jahren bekannt geworden sind, gibt es bisher wenige Forschungsprojekte über Frauentheologie. Zwar sind einzelne Aufsätze zu ganz bestimmten Themen in verschiedenen Zeitschriften erschienen, aber detaillierte Forschung ist noch ganz selten. Nur von Kwok Pui-lan[7] aus Hong Kong und von Elizabeth Tapia[8] aus den Philippinen liegen zwei wichtige Dissertationen vor.

Nach intensiver Beschäftigung mit säkularer und theologischer Literatur[9] über asiatische Frauen richte ich mein Augenmerk primär, jedoch nicht ausschließlich, auf die Entstehung eines feministischen, befreiungsorientierten theologischen Bewußtseins unter asiatischen Frauen, und zwar in drei wichtigen Organisationen:

1. der CCA (*C*hristian *C*onference of *A*sia – Asiatische Christliche Konferenz),
2. der EATWOT (*E*cumenical *A*ssociation of *T*hird *W*orld *T*heologians – Ökumenische Vereinigung von Theologinnen und Theologen in der Dritten Welt),
3. und IGI (*I*n *G*od's *I*mage – Nach Gottes Ebenbild), einer theologischen Frauenzeitschrift.[10]

Ich habe diese drei Quellen ausgewählt, weil sie auch einen internationalen Bezug haben und ich die Vernetzung und gegenseitige Befruchtung in der theologischen Entwicklung der Frauen fördern und ermutigen möchte. In jeder dieser Organisationen haben Frauen aus vielen verschiedenen Ländern mit ihrem Widerstand gegen eine patriarchale Theologie, Kirche und Gesellschaft einen Platz und die Möglichkeit zum Dialog und zur gegenseitigen Unterstützung gefunden. Zusätzlich zu diesen drei Organisationen will ich auch meine Erfahrungen in der Vereinigung koreanischer Theologinnen KAWT (*K*orean *A*ssociation of *W*omen *T*heologians) mitbenutzen. Auch auf die Weisheit, die in den Schriften des Allindischen Christlichen

Frauenrates und des Zentrums für Gesellschaft und Religion in Sri Lanka zum Ausdruck kommt, soll nicht verzichtet werden.

Die Entwicklung eines feministischen, befreiungsorientierten theologischen Bewußtseins unter Frauen ist erst jüngeren Datums. In manchen asiatischen Ländern begann es in den 70er Jahren, als Frauen sich an den politischen und theologischen Befreiungsbewegungen beteiligten, die aber noch ganz von Männern beherrscht waren. Die Vereinigung koreanischer Theologinnen wurde zum Beispiel 1980 von Christinnen gegründet, die in den 70er Jahren in Kirche und Gesellschaft Erfahrungen mit Sexismus gemacht hatten.

Obwohl in diesem Buch viele Texte von Frauen aus nationalen theologischen Vereinigungen benutzt werden, hat es eine internationale Ausrichtung, das heißt, es will Frauen aus verschiedenen asiatischen Ländern die Chance bieten, gemeinsam eine Theologie aus befreiender, feministischer Perspektive zu entwickeln. Die CCA, EATWOT und IGI sind für eine Untersuchung dieser Art die besten Quellen. Die für dieses Buch benutzten Materialien stammen aus den 80er Jahren, weil sich das theologische Bewußtsein der Frauen erst in dieser Zeit in Publikationen, Konferenzen und Konsultationen niederschlug.

Mein Ansatz, mit diesem Material zu arbeiten, ist sowohl historisch wie analytisch. Ich werde die geschichtliche Entwicklung der Befreiungstheologien asiatischer Frauen im Zusammenhang mit den drei genannten Organisationen betrachten, aber auch die säkulare Frauenbewegung und religiöse Befreiungsbewegungen mit einbeziehen. Außerdem möchte ich die wichtigsten Quellenmaterialien über die Erfahrungen von Frauen einer kritischen Analyse unterziehen. Weil die Befreiungstheologien erst im Entstehen sind, haben die meisten Texte mehr beschreibenden oder erzählenden als analytischen Charakter. Ich finde es aber wichtig, asiatische Frauentheologie auch analytisch zusammenzuschweißen, um sowohl den inneren Zusammenhang asiatischer Frauentheologie aufzuzeigen als auch ihre Verschiedenheiten zu entdecken und in der gemeinsamen solidarischen Arbeit für Befreiung nutzbar zu machen. Dies wird dazu beitragen, daß die Frauen ein tieferes Selbstverständnis, eine stärkere theologische Überzeugung und eine klare Ausrichtung für die Praxis gewinnen.

Von zwölf Frauen, die ich interviewt habe, werde ich Geschichten einflechten. Diese Frauen haben eine wesentliche Rolle in der Entwicklung der asiatischen Frauentheologie gespielt.[11] Außerdem kommen vierzehn Männer und Frauen aus Asien und der Dritten Welt in Interviews zu Wort, die in EATWOT, CCA und damit verbundenen Organisationen arbeiten.[12]

Meine Arbeit hat sechs Kapitel. Kapitel 1 beschreibt den sozialen Kontext der Frauentheologie und wie Frauen auf die patriarchalischen Werte in Kirche, Familie und Gesellschaft reagieren.

In den Kapiteln 2–5 gehe ich auf die wichtigsten theologischen Themen ein, durch die die Entwicklung der Frauenbefreiungstheologie definiert wurde. Es sind dies: Anthropologie, Christologie, Mariologie und Spiritualität.

Abschließend versuche ich in Kapitel 6 den wesentlichen Beitrag der Frauenbefreiungstheologie hervorzuheben und Vorschläge für eine zukünftige Richtung zu machen.

Die Bedeutung dieser Arbeit liegt in meinem Wunsch, die Kämpfe asiatischer Frauen auch theoretisch sichtbar zu machen. Ich möchte die theologischen Stimmen der Frauen von ihren »geschlechtsspezifischen« Erfahrungen her hören, um das daraus resultierende Ringen und die Suche nach Befreiung in ihrer asiatischen und Dritte-Welt-Wirklichkeit hervorzuheben. Ich hoffe, daß asiatische Frauen durch meine Analyse in ihrem Befreiungsprozeß bestärkt werden, das Übel beim Namen zu nennen, aber auch die Vision ihres Menschseins, wie sie es selber definiert haben, anzustreben.

Mein Wunsch ist es auch, daß mein Buch den Dialog mit anderen Theologien, die einen unterschiedlichen Kontext haben, anregt, vor allem mit männlicher asiatischer Befreiungstheologie und feministischer Theologie aus anderen

Teilen der Welt. Ferner hoffe ich, daß diese Herausforderungen nicht beim Dialog stehenbleiben, sondern sich zu einer Befreiungspraxis in Solidarität hinbewegen. Möge mein Vorschlag eines »überlebens- und befreiungszentrierten Synkretismus« (survival-liberation-centered syncretism) als neues Modell asiatischer Frauenbefreiungstheologie verstanden werden und die Tür für ein tieferes Verständnis von Gottes Handeln in dieser pluralistischen und geteilten Welt öffnen. Ich hoffe durch meine Arbeit Forschungsergebnisse bereitzustellen, die das Ringen asiatischer Frauen um Selbstbestimmung, Würde und Ganzheit unterstützen.

1. Der Kontext asiatischer Frauentheologie

Asiatische Frauentheologie wurde aus Tränen und Seufzern und aus dem brennenden Wunsch nach Befreiung und Ganzheitlichkeit geboren. Sie ist weder die logische Folgerung aus akademischen Universitätsdebatten noch das pastorale Ergebnis der institutionalisierten Kirche. Sie hat sich aus dem Schreien und Stöhnen asiatischer Frauen entwickelt, aus dem unaussprechlichen Leiden in ihrem tagtäglichen Leben, wenn sie vor Schmerz schrieen, als ihre eigenen und die Körper ihrer Kinder unter Hunger, Vergewaltigung oder Schlägen zusammenbrachen. Als Antwort auf alle diese Leiden ist theologische Reflexion entstanden.

Während der langen Geschichte der Kolonisierung haben asiatische Frauen sowohl öffentlich wie heimlich ihre Stimmen erhoben und die Ungerechtigkeiten in ihrem Leben benannt. Meistens verhallten ihre Schreie ungehört. Nur selten haben sie von den männlich-dominierten Religionen Worte gehört oder ein Handeln erfahren, das sie hätte trösten können. So haben sich die Tränen und Seufzer von Tausenden von Jahren in ihrem kollektiven Unbewußten angesammelt, und es gab kaum Möglichkeiten, dem öffentlich Ausdruck zu geben. Als Folge davon droht heute der angestaute Ärger wie ein Vulkan, mit viel Feuer und Flammen, zu explodieren. Die Frauen fordern Gott, von dem die Christen sagen, daß er alle Menschen liebt, ob »seines Schweigens« heraus und fragen: »Wo warst du, als wir hungrig waren? Wo warst du, als wir deinen Namen riefen, während unsere Körper von Ehemännern, Polizisten oder den Soldaten der Kolonialmächte vergewaltigt, verstümmelt und entstellt wurden? Hast du unsere Schreie gehört?

Hast du gesehen, wie unsere Leiber wie die von toten Hunden weggeschleppt und auf Müllkippen liegengelassen wurden?« Glauben ist für asiatische Frauen eine schwierige Sache, weil ihr Leben so qualvoll war.

Aber nach so manchen Herzschmerzen werden sie nun mündig und auch stärker und weiser. Sie glauben nicht länger an einen allmächtigen, unfehlbaren Gott, der sich um jeden Seelenschmerz in ihrem Leben kümmert, so wie ein Vater oder großer Bruder einem hilflosen, kleinen Mädchen beistehen würde.[1] Wie der Gott der Kolonisatoren und der Gott der herrschenden, institutionalisierten Kirche gab »Er« ihnen nämlich keine lebendigmachende Kraft. Statt dessen betonte »Er« ihre Verlassenheits- und Hilflosigkeitsgefühle wie ein richtender Vater oder Bruder, der für das schlechte Mädchen ein Exempel statuieren will: »Siehst du, ich habe dir doch gesagt, du hättest ruhig, gehorsam und eigentlich tot sein sollen. Du hättest hören sollen, was ich dir sagte, und die Dinge so tun sollen, wie ich es wollte.«

Die mündigen asiatischen Frauen lehnen es inzwischen ab, Papas oder des großen Bruders hilfloses kleines Mädchen zu sein, und sind entschlossen, ihr ganzes Menschsein und reifes Frausein zurückzugewinnen.[2] Sie geben ihrem eigenen Gott, der ihre Würde wiedergeboren hat und sie in ihrem Lebenskampf nährt und ermächtigt, auch wieder neue Namen. Sie suchen nach dem Gott, der mitten unter ihnen ist, mit dem sie ihre Seufzer und Tränen teilen können und der »mit ihnen um ihre Schmerzen weint«.[3]

Asiatische Frauen haben angefangen, harte Fragen zu stellen. Zuerst fragen sie, *was* Gott in ihrem Leben tut und *wo* er wirkt. Ihre erste Frage mündet in eine weitere:« *Wer und was* ist Gott? Der Frage über Gottes Wirken in ihrem Leben geht die andere Frage über Gottes Existenz und innerstes Wesen voraus. Von diesen Fragen her versuchen sie eine Theologie herauszuarbeiten, die ganz auf die »Dritte Welt, auf Asien und die Frauen« bezogen ist.[4]

Asiatische Frauentheologie ist sehr »Dritte-Welt-bezogen«, weil das reale Leben der Frauen von Armut und Unterdrückung, Kolonialismus, Neo-Kolonialismus, Militarismus und Diktatur geprägt ist und sie und die Kinder, die zusammen die Mehrheit der Bevölkerung bilden, unter der Armut am meisten zu leiden haben. Dort, wo es kaum mehr materielle Überlebensmöglichkeiten gibt – viele arme Männer haben deswegen ihren Willen, weiterleben zu wollen, verloren –, können die meisten Frauen in der Dritten Welt sich nicht den Luxus erlauben, ihr Leben einfach aufzugeben. Sie können nicht einfach die Hoffnung verlieren und sterben. Sie spüren, daß sie überleben *müssen,* weil ihre Kinder sonst verhungern würden, wenn sie nicht mehr an das Leben glauben. So backen sie aus dem Nichts Brot fürs Leben. Mit ihren Körpern übernehmen und tragen sie alle Lasten, nur um überleben zu können. Unter den schlimmsten Bedingungen wählen sie das Leben, damit ihre Kinder leben können. Die koreanische, feministische Soziologin Sohn Duck Soo beschreibt dieses Phänomen mit bewegenden Worten:

»Der Abgrund zwischen der brutalen sozialen Wirklichkeit und der Mutterschaft erzeugt Frustration und HAN. HAN ist Traurigkeit und Leiden. HAN wird aber umgewandelt in Kraft und Überlebenshoffnung um der Kinder willen, die das andere Ich von Müttern sind. Um ihrer Liebe zu den Kindern willen können die Mütter Schmerzen und Verzweiflung überwinden. Ist nicht Mutterliebe die Kraft, die alle Unterdrückung und Armut aushält und dadurch die ganze Menschheit zum Überleben befähigt?«[5]

Frauen in der Dritten Welt sind die Ärmsten der Armen. Dennoch sind sie die Schöpferinnen und Erhalterinnen der Menschheit, die alles Elend des Dritte-Welt-Seins in sich tragen und mit ihren Körpern umfassen. Sowohl männliche Befreiungstheologie als auch Frauentheologie sind von dieser Dritte-Welt-Realität der Armut und Unterdrückung hergeleitet.

Asiatische Frauentheologie ist aber auch »sehr asiatisch« und umfaßt viele verschiedene Völker mit einem reichen religiösen, kulturellen und sprachlichen Erbe. 58% der Weltbevölkerung leben in Asien, und asiatische Frauen machen ein Viertel der Weltbevölkerung aus.[6] Asien ist auch die Geburtsstätte aller großen Weltreligionen. Weniger als 3% der Bevölkerung sind Christen. Die Mehrheit sind Buddhisten, Hindus, Muslime, Taoisten und Konfuzianisten.[7] Asien ist deshalb ein nichtchristlicher Kontinent.[8] Asiatische Frauentheologie versucht durch die Quellen jahrtausendealter Kultur sowie durch die Glaubensrichtung seiner Nachbarn hindurch die Bedeutung der christlichen Botschaft deutlich zu machen.[9]

Und asiatische Frauentheologie ist natürlich »sehr frauen-bezogen«, das heißt, sie ist von deren Fragen und ganz besonderen Erfahrungen her formuliert. Alle Segnungen und Probleme, Teil Asiens und der Dritten Welt zu sein, teilen die Frauen mit den asiatischen Männern. Was ihren Kampf allerdings unterscheidet, ist eben ihr Frausein, auf Grund dessen sie noch in besonderer Weise wirtschaftlich, gesellschaftlich, politisch, religiös und kulturell unterdrückt werden. Inzwischen benennen sie diese geschlechtsspezifische Unterdrückung, um sich selbst von den patriarchalen Fesseln zu befreien und Selbstbestimmung zu erlangen.

Eine Theologie nach den eigenen Vorstellungen der Asiatinnen zu entwickeln ist allerdings kein leichtes Unterfangen. Asiatische Männer haben dies vielfach kritisiert, und auch manche Frauen haben dabei ambivalente Gefühle. Beide Reaktionen haben etwas zu tun mit der negativen Einstellung gegenüber dem aufkommenden Feminismus in Nordamerika und Europa. So ist gesagt worden, die Frauenbefreiungsbewegung und der Feminismus in Asien seien von den Ideen weißer Frauen im kapitalistischen Westen importiert worden und hätten mit der Lebenswirklichkeit der Asiatinnen nichts gemein. Daher ist jede Asiatin, die ihre Stimme für die besonderen Rechte der Frauen erhebt, von vornherein verdächtig, von weißen Feministinnen überredet worden zu sein. Die Kritiker der asiatischen Frauenbefreiungsbewegung werfen deren Sprecherinnen auch vor, die Familien zu zerstören. Sie werden beschuldigt, zur Mittelschicht zu gehören und am Wohl der armen Massen nicht interessiert zu sein.[10]

Es ist aber auch wichtig, festzustellen, daß einige Männer für die asiatische Frauenbefreiungsbewegung Sympathie empfinden. Sie wollen jedoch den Frauen oft gute Ratschläge geben, doch dafür Sorge zu tragen, daß ein »asiatischer Feminismus« nicht *auf Konfrontation* ausgerichtet sei. Andere Männer stimmen mit der Forderung nach mehr Rechten für die Frauen überein. Aber oft sind es auch nur Lippenbekenntnisse, oder die Männer bitten die Frauen zu warten, bis sie ihre nationale Revolution oder den Klassenkampf vollendet hätten.[11] Solche patriarchalen Ideologien lassen die Vertreterinnen der Frauenbefreiung natürlich ärgerlich und frustriert zurück. Einige Gruppen von Frauen haben auf solche Kritik in gemeinsam geschriebenen Stellungnahmen geantwortet. Hier sind einige Beispiele dieser Antworten:

Frage: Ist Feminismus nicht eine Idee von weißen Frauen aus dem kapitalistischen Westen und deshalb für die Lebenswirklichkeit der asiatischen Frauen gänzlich irrelevant?

Antwort: Diese Frage ist oft von Männern, aber auch von einigen Frauen – sowohl in der Kirche als auch in der Gesellschaft – gestellt worden, die die Herausforderungen der Frauenbefreiungsbewegung nicht ernst nehmen. Im Namen des Nationalismus, des Klassenkampfes oder welcher Ideologie auch immer, die ihnen hilft, den patriarchalen Status quo aufrechtzuerhalten, unterhöhlen sie die Rechtmäßigkeit des Anspruchs der Frauen auf Menschenrechte. Es stimmt, daß der Ausdruck *Feminismus* seinen Ursprung im kapitalistischen Westen hat. Aber nichtsdestoweniger stellen Asiatinnen richtig fest, daß der befreiende Kern des Feminismus nicht einfach auf Grund seiner geographischen Herkunft verachtet werden kann. Gegner in Asien sollten sich fragen, von welcher Art des Feminismus sie sprechen, denn es gibt unterschiedliche Definitionen, »da der Feminismus historisch und kulturell auf konkreten Realitäten und Bewußtseinsebenen, Wahrnehmungen und Handlungen beruht«.[12]

Frauen aus Bangladesh, Indien, Nepal, Pakistan und Sri

Lanka haben kürzlich bei einer feministischen Werkstatt den heutigen Feminismus so definiert: »Bewußtes Erkennen der Unterdrückung und Ausbeutung von Frauen in der Gesellschaft, am Arbeitsplatz und in der Familie sowie bewußtes Handeln von Frauen und Männern, um die Situation zu verändern.«[13] Asiatische Frauen definieren selbst, was Feminismus ihnen in ihrer eigenen konkreten Situation bedeutet. Wenn Menschen die Tatsache akzeptieren, daß das Christentum in Asien trotz seines westlichen missionarischen und kolonialen Hintergrunds immer noch eine befreiende Kraft hat, weil asiatische Christinnen und Christen seinen befreienden Kern wiederentdeckt haben, sollten sie auch verstehen, daß asiatische Frauen ebenso den befreienden Kern des Feminismus entdeckt haben. Einige südasiatische Frauen haben die Widersprüchlichkeit derer aufgedeckt, die zwar Feminismus als westlich zurückweisen, aber sonst sehr großzügig viele andere westliche Produkte annehmen:

»Diese selben Leute hinterfragen zum Beispiel in keiner Weise den fremdländischen Ursprung unseres parlamentarischen oder präsidialen Systems oder den Kapitalismus, oder den privaten Landbesitz und die nicht auf ihren Gütern lebenden Grundbesitzer, oder die Ideologie der Linken. Es ist richtig, daß der Ausdruck ›Feminismus‹ nicht in Asien entstanden ist, aber die industrielle Revolution, der Marxismus und der Sozialismus auch nicht, nicht einmal einige unserer südasiatischen Religionen. Einstein wurde nicht in Lahore geboren, Marx nicht in Calcutta und Lenin nicht in Dhaka. Aber trotz ihrer westlichen Herkunft waren ihre Ideen für uns relevant. Sie sollten weder durch nationale noch durch geographische Grenzen eingesperrt werden.«[14]

Asiatinnen imitieren nicht einfach weiße, westliche Frauen. Sie können selber denken. Einige Männer, die behaupten, asiatische Feministinnen seien durch weiße Frauen quasi einer Gehirnwäsche unterzogen worden, setzen voraus, daß diese sich im Vergleich mit weißen Frauen intellektuell unterlegen fühlen. Dies macht deutlich, daß es im

Grunde die Männer sind, die den westlichen Kolonialismus internalisiert haben, und nicht die Frauen. Weil sie das Wertesystem der weißen Herren übernommen hatten, fingen Männer in Asien an, ihre eigenen Landsleute, vor allem die Frauen, wegen ihrer Hautfarbe zu verachten. Wenn also weiße Frauen für sich selbst denken können, warum dann nicht auch Asiatinnen? Sie kämpfen nicht für ihre Befreiung, weil sie wie kindische, kleine Mädchen von den weißen Frauen dazu überredet worden wären. Nein, sie kämpfen für ihre Rechte, weil sie die Übel des Patriarchats in ihrer eigenen Familie, Kirche und Gemeinde erfahren und weil sie entschlossen sind, diese zu überwinden.

Frage: Ist die Befreiungsbewegung in Asien nicht eine Bewegung von Frauen der Mittelschicht, die im Grunde nichts zum Kampf der armen Frauen beiträgt?

Antwort: Diese Frage haben Theologen und Intellektuelle gestellt, die die Befreiungsbewegung beiseite schieben wollen. Auch einige Linke und Frauen der Arbeiterklasse teilen diese Ansicht. Feministinnen in Asien bestreiten keineswegs, daß Frauen der Mittelschicht ganz wichtige Mitglieder ihrer Bewegung sind. Sie wehren sich aber entschieden gegen die Meinung, zur Mittelschicht zu gehören müsse automatisch bedeuten, armen Frauen feindlich gesinnt zu sein. Das Problem ist wesentlich vielschichtiger. Asiatische Feministinnen trauen jenen Männern nicht, denen es offensichtlich Vergnügen bereitet, Feministinnen einfach wegen ihrer Zugehörigkeit zur Mittelschicht abzulehnen. Diese Kritiker gehören oft selbst der Mittelschicht an und haben sich dort meist bequem eingerichtet. Solchen Männern antworten die Frauen: »Wir nehmen eure Kommentare nur ernst, wenn ihr euch von euren politischen, sozialen und kulturellen Mittelschicht-Vorstellungen lossagt.«

Im Gegensatz zu diesen Männern der Mittelschicht hat die Herausforderung der Linken und der Arbeiterinnen einige Gültigkeit, auch wenn sie kein umfassendes Bild der asiatischen Frauenbewegung beschreibt. In vielen Ländern scheint die Befreiungsbewegung eine Bewegung der Mittelschicht zu sein. Für diese Annahme gibt es einige Gründe. Die meisten Frauen, die Zugang zu Medien und Veröffentlichungen haben, kommen von dort. Sie haben gute Bildungsmöglichkeiten gehabt und in der Öffentlichkeit die Sprache sprechen gelernt, die männliche Lehre definiert hatte. Von daher verstanden sie es besonders gut, die Regeln der intellektuellen Männerspiele anzuwenden. Genauso beherrschten sie die Sprache der früheren Kolonisatoren – in den meisten Fällen Englisch –, die in vielen Ländern offizielle Landessprache wurde. Die Frauen an der Basis sprechen aber nur einheimische Sprachen und haben auch keine höhere Bildung. Deshalb haben diese Frauen viel weniger Möglichkeiten, in der Öffentlichkeit wahrgenommen zu werden, als die Frauen der Mittelschicht.

Dennoch gibt es in ganz Asien Tausende von Frauengruppen aus der Arbeiterklasse, die sich mit Frauenthemen beschäftigen.[15] In Korea zum Beispiel wird die Frauenbewegung hauptsächlich von Arbeiterinnen getragen. Viele Koreanerinnen der Mittelschicht teilen die Ansicht, daß die koreanische Frauenbewegung sich auf die Überlebensrechte armer Frauen und die Wiedervereinigung Koreas konzentrieren sollte. Feminismus beinhaltet die radikale Kritik an allen Formen hierarchischer Beziehungen, von denen die grundlegende die zwischen den Herrschenden und den Beherrschten ist. Diese Kritik hilft den Frauen der Mittelschicht, ihre Privilegien gegenüber den Arbeiterinnen zu erkennen und dadurch selbstkritischer ihre eigene soziale Wirklichkeit zu beurteilen.

Frage: Fördern die Feministinnen nicht die Spaltung ihrer Gemeinschaften, die doch für die nationale Befreiung geeint sein sollten?

Antwort: Wir asiatischen Feministinnen lieben unsere Gemeinschaften. Die meisten von uns sind Mütter, Ehefrauen, Schwestern und Töchter, die dort eingebunden sind. Das mangelnde Verständnis der Männer frustriert uns daher sehr, wenn sie uns vorwerfen, wir würden durch die

Forderung unserer Rechte die Gemeinschaft entzweien. Diese Frustration findet meist ihren Ausdruck in einer Haßliebe. Wir lieben unsere Männer, weil wir eine gemeinsame Bestimmung haben. Die Männer sind unsere Kameraden in unserem gemeinsamen Kampf um Befreiung von Kolonialismus und Neo-Kolonialismus, der die asiatischen Völker ausbeutet und sie ihrer Menschenwürde beraubt – Frauen und Männer, Junge und Alte. *Alle zusammen* aber sind wir Menschen der Dritten Welt, die historisch gesehen geopfert und von den Machteliten innerhalb und außerhalb Asiens arm gemacht wurden. Wenn unsere Männer – Väter, Brüder, Geliebte und Freunde – von den Mächtigen, den Militärdiktatoren, den kolonialen und neo-kolonialen Handlangern drangsaliert werden, dann sind wir zornig und voller Mitgefühl, weil das Wohlergehen unserer Männer ganz tief mit unserem eigenen verbunden ist. Sie gehören zu unserer Familie. Wir haben schon oft gesagt, daß wir keine feministische Revolution wollen, in die nicht auch Männer und Kinder eingeschlossen sind. In unserer Geschichte haben Frauen und Männer zusammen gekämpft, um die Würde unserer Gemeinschaft zu verteidigen. Es gibt unzählige Beispiele dafür, wie sie gefangengenommen und gefoltert, ja sogar getötet wurden, nur weil sie für mehr Gerechtigkeit und Ganzheitlichkeit in der Gesellschaft eintraten. Weil wir diese Erfahrungen von Schmerz und Kampf geteilt haben, stehen uns die asiatischen Männer näher als alle anderen Glieder der Menschheitsfamilie. Wir sorgen für ihr Wohlergehen und wollen, daß sie sich entfalten können mit all den Gaben, die Gott ihnen gegeben hat.

Wir mögen aber nicht, wenn asiatische Männer sich so verhalten, als hätten sie das Recht, Frauenbefreiung von ihren eigenen Interessen und Vorteilen her zu definieren. Und am meisten verletzt es uns, wenn wir uns von den Genossen, denen wir vertrauen, verraten fühlen. Es macht uns dagegen nichts aus, wenn die Machteliten uns vorwerfen, wir würden die Gemeinschaft entzweien, denn sie sind die Ursache der Ungerechtigkeit, und von ihnen erwarten wir nichts anderes, als daß sie uns verleumden. Die Männer in der Befreiungsbewegung, die den Feministinnen vorwerfen, die Gemeinschaft zu verraten, sollten sich zum Beispiel fragen, ob sie den Fabrikarbeitern oder den landlosen Bauern dasselbe vorwerfen, wenn diese gegen ihre Unterdrücker kämpfen. Asiatische Feministinnen zweifeln deshalb an der Integrität der sogenannten progressiven Männer, wenn diese sich für die Befreiung der Frauen einsetzen. Einige südasiatische Feministinnen haben zum Beispiel gefragt:

»Ist es nicht unglaublich, daß progressive Leute ganz plötzlich zu Hütern der Tradition werden, wenn es um Frauen geht? Sie haben nichts dagegen, wenn Bauern und Arbeiter versuchen, das System zu verändern. Sobald aber Frauen sich weigern, sich etwas vorschreiben oder sich mißbrauchen und einsperren zu lassen, wird ihnen vorgeworfen, Zwietracht zu säen. Ist nicht eher das patriarchale System, das Frauen ihrer Persönlichkeit beraubt, für diese Zwietracht und das Auseinanderbrechen der Familien verantwortlich? ... Frieden und Harmonie können nicht länger auf Kosten der Frauen aufrechterhalten werden. Wir können nicht länger außerhalb der Familie von Demokratie reden, innerhalb der Familie aber die männliche Diktatur dulden.«[16]

Asiaten, die behaupten, an die totale Befreiung zu glauben, sollten etwas selbstkritischer sein. Was sich in der Geschichte des koreanischen Arbeiterkampfes in bezug auf Sexismus abspielte, ist aufschlußreich.

Innerhalb der koreanischen Volksbewegung gehörten die Arbeiterinnen zu den hartnäckigsten Kräften des Widerstandes.[17] Sie weigerten sich, ihre Forderungen nach Gerechtigkeit durch die Drohungen und Besänftigungen der Regierung und der Arbeitgeber kompromittieren zu lassen. Nach ihrer eigenen Aussage konnten sie so kompromißlos sein, weil sie nichts zu verlieren hatten. Da sie nie die Erfahrung machen konnten, mehr Privilegien als andere zu haben, war es leicht für sie, dieser Versuchung zu widerstehen. Diese Arbeiterinnen haben gemeinsam mit ihren Kollegen für ihre Rechte gekämpft, aber sie mußten sich mit den Männern auch anlegen, als diese die Entscheidungsbefugnisse nicht teilen wollten. Was bei der Textilfabrik Dong-il in Korea passierte, macht deutlich, wer die wirklichen Zerstörer der Gemeinschaft in der Volksbewegung waren.

Diese Dong-il-Textilfabrik ist ein exportorientiertes Unternehmen. Wie in vielen anderen Fabriken auch, bilden Frauen die Mehrheit der Belegschaft. Korea verdankte in den 70er Jahren sein schnell wachsendes Bruttosozialprodukt den vielen Arbeiterinnen, die unter miserablen Bedingungen in den Textilfabriken arbeiteten. Diese Unternehmen stellten die wichtigsten Produkte für den koreanischen Export her. In der Dong-il-Fabrik waren 80% der Arbeitenden Frauen. Die Gewerkschaft wurde ursprünglich von Arbeitern geleitet. Das Bewußtsein der Frauen wurde aber durch ihre Beteiligung in der Arbeiterbewegung so gestärkt, daß sie schließlich eine Frau zu ihrer Gewerkschaftsführerin wählten.[18]

Einige Männer, die dieser Gewerkschaft angehörten, wollten eine Frau in der Leitung aber nicht dulden. Sie ließen sich mit Geld von der Geschäftsleitung bestechen und versuchten mit Hilfe der Polizei, diese von einer Frau geführte Gewerkschaft zu zerstören. Die Arbeiterinnen waren nach diesem Verrat durch ihre Kollegen desillusioniert und leisteten Widerstand. Daraufhin bewarfen Polizisten und Arbeiter die Frauen mit Fäkalien und Urin. Manchen Frauen wurden sogar das Gesicht und die Brust mit Kot beschmiert. All dies konnte aber ihren Widerstand nicht schwächen und machte diese Frauen-Gewerkschaft nur noch stärker. Als die Polizei versuchte, die Frauen zu verhaften, zogen die Arbeiterinnen ihre Kleider aus und protestierten nackt. Diese symbolische Aktion brachte die koreanische Arbeiterinnenbewegung qualitativ einen Riesenschritt weiter. Cho Wha Soon, die die Arbeiterinnen immer sehr unterstützt hatte, bekannte, daß dieses Ereignis sie und andere in ihrem Bewußtsein als Frauen verändert und weitergebracht habe.[19]

Vor diesem Ereignis hatten die Arbeiterinnen der Frauenbewegung nicht viel Beachtung geschenkt, weil sie diese als Bewegung der Mittelschicht betrachteten. Aber nach dem Verrat durch ihre Kollegen erkannten sie die Notwendigkeit einer Befreiung vom Sexismus.

Wenn Männer Frauenbefreiung als einen Akt des Ausbruchs aus der Gemeinschaft ansehen, dann definieren sie die Bedeutung von Gemeinschaft nur nach ihrem Selbstinteresse, ohne die Vision der Frauen von Gemeinschaft miteinzubeziehen. Zwei Gedichte von koreanischen Arbeitern zeigen zwei gänzlich unterschiedliche Ausdrucksweisen männlichen Bewußtseins gegenüber Frauen. Im einen wird die Befreiung der Frauen als *integraler Bestandteil* des gesamten Befreiungsprozesses angesehen. Im anderen Gedicht werden Frauen als *Hilfsmittel* zur Befreiung der Männer betrachtet. Das erste Gedicht wurde von Park No Hai geschrieben und trägt den Titel:

Während ich mein Bettzeug flicke

Während ich mein Bettzeug flicke
und die Unterwäsche wasche,
mache ich mir schwere Vorwürfe.
Zusammen kamen wir
von der Fabrik nach Hause.
Meine Frau blieb auf bis nach Mitternacht,
spülte Geschirr, putzte das Haus,
räumte alles auf,
sogar die Deckel des Chilisoßentopfes.
Ich kommandierte sie herum,
bring mir Essen,
bring mir Wasser
bring mir meine Kleider.

Seit ich mit meinen Kollegen
in der Gewerkschaft arbeite,
ist mir klargeworden,
wie ich mich als Ehemann
verwöhnen und bedienen lasse,
nicht anders
als die arroganten, tyrannischen Manager.
Die Welt hat mich gelehrt,

daß ein Mann Befehle gibt,
denen eine Frau zu gehorchen hat.
Ich habe meine Frau ausgebeutet,
Stück für Stück,
und war doch ein so ehrlicher Muster-Arbeiter.

Als ich eine Gewerkschaft organisierte,
wurde mir klar,
daß ihre Lobhudeleien und Preise,
mit denen sie mich
zum Muster-Arbeiter machten,
einer Glocke gleichen,
die man an den Schwanz einer Katze hängt.
Ihre Sprüche,
die Arbeiter als Familien zu schützen,
sind nichts
als schön aussehende Zuckerwatte.

Auch ich wurde
zu Hause zum Diktator,
wie die erbarmungslosen Profithaie,
die ich so hasse,
die sich schmücken
mit angenehmen Theorien,
mit absoluter Autorität
und mit sogenanntem gesundem
Menschenverstand.
Immer tiefer verwickelt
in unseren Kampf, merkte ich,
daß ich, was sie mir antaten,
bei mir zu Hause ablud.

So wenig die Arbeiter produktive
Profitmaschinen sind,
so wenig ist meine Frau ein Dienstmädchen.
Mann und Frau sind sich
Freund und Freundin gleichen Ranges,
die sich lieben
und deren Beziehung auf
Vertrauen, Achtung und
demokratischem Teilen gründet.

Während ich auf meine Frau warte,
die von der Spätschicht kommt,
flicke ich unser Bettzeug,
und als die Nadel meinen Daumen durchbohrt,
durchdringt mich eine schmerzliche Erkenntnis.[20]

Erst durch die Beteiligung in der Arbeiterbewegung merkte Park No Hai, wie sehr er selbst seine eigene Frau unterdrückte, indem er sich zu Hause wie ein Diktator benahm. So wie er in der Fabrik ausgebeutet wurde, beutete er seine Frau aus. Aber dann änderte er seinen Lebensstil. Er fing an, sogenannte Frauenarbeiten zu übernehmen. So flickt er jetzt Bettzeug und wäscht Unterwäsche, weil er erkannt hat, daß seine Frau nicht sein Dienstmädchen ist und Befreiung auch in seiner Familie erfahrbar sein sollte. Er gibt seine männlichen Privilegien auf, »um einen neuen Lebensmodus zu finden, indem er sich selbst von der Sünde der Dominanz erlöst und dadurch auch seine Frau aus ihren kulturellen Ketten befreit«.[21] Seine Selbstkritik hilft ihm, das Netz von Unterdrückung zu sehen, aber gleichzeitig entdeckt er die Vision einer neuen Gemeinschaft von Männern und Frauen, die von »Achtung, Vertrauen und demokratischem Teilen« geprägt ist. Aus einer solchen Gemeinschaft möchte keine asiatische Frau ausbrechen.

Ein anderes Gedicht eines anonymen Arbeiters zeigt jedoch, daß ein männliches Befreiungsbewußtsein für eine gerechte Gesellschaft nicht notwendigerweise die Frauen miteinschließt. Sein Gedicht ist überschrieben:

Geschichten für uns

Bringt Kinder zur Welt, Schwestern,
zehn, zwanzig Babies
bis sie groß werden
und Körper gegen Körper,
Gewehre und Schwerter gegen Gewehre und Schwerter
zu Drachenkämpfern werden.

Macht euch keine Gedanken
über »Hunde- oder Drachenträume«[22],
Töchter oder Söhne.
Bringt Kinder zur Welt, Schwestern,
fünfzig, hundert Babies,
Kinder mit starken Fäusten,
Kinder mit lauten Stimmen,
bis sie zusammen Feuer werden
und ein einziger Schlachtruf.

Macht euch keine Gedanken
über euren modrigen Stammbaum,
über Rang, Karriere und Erscheinung.
Sucht euch Liebhaber
mit einem tiefen Bewußtsein,
die sich nicht einschüchtern lassen
durch Armut.

Je kälter und hungriger die Nacht,
um so wärmer müßt ihr lieben.
Je tiefer eure Liebe,
um so mehr Tränen.
Bringt Kinder zur Welt, Schwestern,
Tausende und Millionen.
Laßt sie aufwachsen mit einem tiefen
Bewußtsein,
das um eure heißen Tränen weiß.

Bringt Kinder zur Welt, Schwestern,
bis sie ein Vielfaches werden
in dieser Geschichte
und aufwachsen mit
brennender und überwältigender Liebe
für eine leuchtende Revolution.[23]

Dieser Arbeiter träumt von einer Arbeiter-Revolution. Um sein Ziel zu erreichen, möchte er, daß seine Schwestern viele Kinder, die Revolutionäre der Zukunft, produzieren. Er sieht seine Schwestern als Gebärmaschinen. Die Rolle der Frauen in der neuen Gesellschaft und in der Revolution definiert er nach seinen Bedürfnissen. Er fragt seine Schwestern nicht, was sie sich von der Revolution erhoffen, noch, wie sie daran teilhaben wollen. Er ordnet einfach an. Seinen Wunsch an die Schwestern kann er nur als Befehl weitergeben. Deshalb ist alles sehr einseitig. Es gibt keinen Raum in dem Gedicht, wo die Frauen auf seinen Befehl hätten antworten können. Frauen als Subjekte ihres eigenen Lebens kommen in dem Gedicht nicht vor.

In den Revolutionen unserer Tage waren Frauen aber niemals nur Gebärmaschinen. Sie haben sich genauso engagiert wie die Männer, haben ihr Leben aufs Spiel gesetzt, sind verhört, gefoltert und ins Gefängnis geworfen worden. Zusammen mit ihren Kameraden haben sie sich am revolutionären Kampf als vollwertige Menschen und nicht als Gebärmaschinen beteiligt. Die Forderungen der Linken, daß Frauen die Gebärmaschinen für ihre Revolution sein sollten, sind kulturenübergreifend. In den verschiedenen Teilen der Welt gibt es zahlreiche Beispiele für diese irreführende Behauptung. Die Frauen in Asien wollen aber echte Gemeinschaft mit den Männern, in der beide ihr wahres Menschsein entfalten können. Wenn die Männer uns nur als Mittel zum Zweck *ihrer* Revolution betrachten, dann sind sie es, die für das Auseinanderbrechen der Gemeinschaft verantwortlich sind, und nicht wir, die wir lediglich unser Recht in Anspruch nehmen, Subjekte unserer eigenen Geschichte zu sein.

Frage: Sollte der »asiatische Feminismus« nicht, um im Einklang mit den Werten asiatischer Kultur zu bleiben, jegliche Konfrontation vermeiden?

Antwort: Einige asiatische Feministinnen mögen den Begriff »asiatischer Feminismus« nicht, obwohl er von vielen Männern und auch einigen Frauen gebraucht wird. Der Grund dafür liegt im Gebrauch des Begriffes im ganz konkreten asiatischen Kontext. Eine Gruppe von koreanischen Soziologinnen schrieb in ihrer Antwort zur häufigen Verwendung dieses Begriffes folgendes:

»Dadurch soll wohl ausgesagt werden, daß der Feminismus in Asien sich vom Feminismus im Westen dergestalt unterscheidet, daß asiatische Frauen ›sanft‹, ›höflich‹ und ›geduldig‹ sein sollten. Einige Anti-Feministinnen meinen, Frauen könnten schon befreit werden, solange sie nicht ihre Hauptaufgabe als ›gute Mutter‹ und ›gute Ehefrau‹ leugneten. Der ›asiatische‹ Weg soll sich also angeblich vom ›westlichen‹ Weg so unterscheiden, daß wir unsere Bewegung ohne jede Konfrontation weiterführen.«[24]

Asiatische Männer können sich nicht anmaßen, definieren zu wollen, was es heißt, eine asiatische Frau zu sein. Sie messen mit zweierlei Maß, wenn sie das Wort »asiatisch« für sich selbst oder im Zusammenhang mit Frauen benutzen. Wenn sie zum Beispiel gegen die Europäisierung oder

Amerikanisierung ihrer Kultur durch den Kolonialismus oder Neo-Kolonialismus kämpfen, dann gehen sie gerne auf Konfrontation. Sie sind auch in Worten und Taten und ihrem Kampf für Gerechtigkeit unter Militärdiktaturen sehr militant. Sie sind weder sanft noch höflich oder geduldig und auch keine guten Staatsbürger, wie die Kolonisatoren oder Diktatoren sie sich vorstellen.

Wenn diese Männer in ihrem Kampf gegen Unterdrükkung das Wort »asiatisch« benutzen, dann tun sie dies als stolze Subjekte ihrer Geschichte, mit Würde und einer tiefen Entschlossenheit, jegliche Form des Kolonialismus abzulehnen. Die Bedeutung des Wortes »asiatisch« ändert sich aber schlagartig, wenn die Männer es für die Frauen anwenden. So sagen sie zum Beispiel, asiatische Frauen sollten die Hüterinnen und Trägerinnen traditioneller asiatischer Kultur sein, einer Kultur, die hauptsächlich von den Männern an der Macht definiert wurde. Oder wir sollten nicht so aggressiv und militant »wie westliche Frauen« sein, weil wir als Asiatinnen doch eine so edle Kultur hätten, die Tausende von Jahren zurückreicht. Asiatische Männer sprechen davon, wie wichtig doch Harmonie und Ergänzung in der asiatischen Kultur seien. Sie betonen die Schönheit von Yin und Yang oder die Harmonie zwischen Weiblichkeit und Männlichkeit in der asiatischen Gemeinschaft. Jeder Lärm und jede militante Aktion von Frauen, die den Männern aggressiv erscheint, wird automatisch als nicht-asiatisch abgetan. Es scheint also, daß der Begriff »asiatisch« sehr progressiv angewandt wird, wenn es um die Männer geht, aber sehr anachronistisch, wenn er für Frauen benutzt wird.[25]

Für diese Doppelmoral gibt es zwei wichtige Gründe, einerseits die Betonung eines irregeleiteten Verständnisses von Nationalismus und andererseits einen verinnerlichten »Orientalismus«[26], der als Produkt des Kolonialismus zu sehen ist. Obwohl in vielen Teilen Asiens der Nationalismus im Kampf gegen den Kolonialismus eine sehr wichtige Ideologie war, hatte er doch auch die Tendenz, auf Kosten der Frauen traditionelle patriarchale Kulturen zu erhalten.

In vielen nationalen Kämpfen ist deshalb der Aufstand der Frauen für ihre Rechte von den Männern zu leichtfertig als unangemessen verurteilt worden. Wenn den Nationalisten Sprüche wie *»Besinnt euch auf eure eigenen Traditionen«*, oder *»Schützt eure eigene Kultur«* wichtig sind, dann sind die Begriffe *»unsere Kultur«* und *»unsere Tradition«* dabei ziemlich ungenau, weil jede Kultur in ihrer eigenen Tradition sowohl befreiende als auch unterdrückerische Dimensionen hat. Wenn wir Frauen *unsere Kultur* und *unsere Tradition* betrachten, dann spüren wir die patriarchalen Aspekte, die uns die Luft wegnehmen. Deshalb finden wir die unkritische Betonung der traditionellen Kultur, wie oben erwähnt, eher unterdrückend. Iranische Nationalisten kämpften zum Beispiel gegen den amerikanischen Imperialismus, zwangen aber ihre Frauen, um das kulturelle Erbe zu schützen, wieder Schleier zu tragen.

In der Forderung, ihr Befreiungskampf müsse ohne Konfrontation ablaufen, sehen Frauen den verinnerlichten Orientalismus ihrer Männer, der als Produkt des westlichen Kolonialismus zu sehen ist. Die westlichen Kolonisatoren sahen im Asiaten »den anderen«, im Vergleich mit dem Westen noch nicht so »fortgeschrittenen« Menschen. Sie wollten den Asiaten nie wirklich als Menschen begegnen, von denen sie herausgefordert, beeinflußt oder gar verwandelt werden könnten. Statt dessen machten sie sie zu Objekten, ohne jede Bereitschaft, ihnen wirklich zu begegnen oder gar von ihnen zu lernen. Sie bezeichneten die asiatischen Menschen als exotisch, mysteriös und emotional. Den Gebrauch solch rassistischer Verleumdungen haben die asiatischen Männer dem Westen sehr übelgenommen, und wiesen dessen Definition, wie oder was der sogenannte natürliche asiatische Charakter sei, klar zurück. Aber gerade hier zeigt sich, daß asiatische Männer genau dieselbe Haltung wie die Kolonisatoren übernehmen, wenn sie ihrerseits den Charakter der Frauen beschreiben. Sie objektivieren die Frauen nämlich auch als »die anderen«, die sich von ihnen sehr unterscheiden, und haben gerade durch diese Haltung dazu beigetragen, daß sich die stereotypen Bilder der Asiatinnen, die nun durch den Welt-Kapitalismus ausgenutzt werden, noch verstärken. Da die sogenannten freundlichen, höflichen und jede Konfrontation vermeidenden Asiatinnen westlichen Männern wie das letzte Paradies vorkommen, reisen diese nach Asien, um die »wirklich feminine Frau« zu finden, die noch nicht von der militanten, kämpferischen Frauenbewegung des Westens infiziert ist. Dadurch, daß asiatische Männer die Friedfertigkeit ihrer Frauen betonen, tragen sie dazu bei, die sexuellen Phantasien westlicher Männer anzuregen und asiatische Frauen zu den Prostituierten der Welt zu machen. Einer von diesen Westlern hat über seine sexuellen Phantasien und wie man eine asiatische Frau erobert, ein Buch geschrieben. Sein Titel lautet: *»In den Seitenstraßen Bangkoks. Ein Führer zu den Vergnügungen in der offensten Stadt der Welt.«* Bob Todd erzählt stolz und im Detail von seinen Erfahrungen, wie man eine Thai-Frau erobert:

»Denk daran, es ist völlig egal, ob du übergewichtig, sexbesessen oder altersmäßig schon über dem Berg bist: für zehn Millionen Thai-Mädchen bist du der Weg zu einem aufregenden Leben von Reichtum und Möglichkeiten, das sie anders nicht erfahren könnten. Du tust dem Mädchen einen Gefallen ... Und wenn du sogar an Heirat denkst, dann komm und schau und lerne und probiere einige geheimnisvolle Orientalinnen aus, bis dein Herz *zufriedengestellt* ist.«[27]

Wenn die asiatischen Männer uns Frauen als Kameradinnen im nationalistischen Kampf haben wollen, dann müssen sie uns ermutigen, auch militante Kämpferinnen zu sein. Sie sollten aufhören, uns doppelte Botschaften zu geben, nämlich zu ihnen bitte sanft, friedfertig und höflich, zu den westlichen Kolonisatoren aber militant und kämpferisch zu sein. Wir Frauen sind keine Roboter, die je nach Bedarf von den Männern an- oder abgeschaltet werden können. Wir sind integre Persönlichkeiten und verweigern uns einer Kolonisierung unserer Sexualität wie auch unserer kulturellen und sozialen Identität, komme sie aus dem Westen oder von unseren asiatischen Männern.

Frage: Der Feminismus ist eine wichtige Befreiungsbewegung. Es gibt aber in unseren jeweiligen Gemeinschaften noch wichtigere Bewegungen, wie zum Beispiel den Klassenkampf und den Kampf gegen Rassismus und Kolonialismus. Sollten die Frauen deshalb nicht warten, bis diese anderen Befreiungskämpfe ihr Ziel erreicht haben?

Antwort: Diese Leute sagen immer, daß sie die Frauenbewegung unterstützen. Aber sie betonen dann ganz schnell, daß dies jetzt nicht der richtige Augenblick sei, als ganze Gemeinschaft alle Kraft und Energie in die Frauenbefreiung zu stecken. Sie hätten andere und *größere* Probleme zu lösen. Für uns Frauen scheint es einfach nie *den richtigen Augenblick* zu geben, aus der patriarchalen Geschichte auszubrechen. Wenn nicht das *Jetzt* die richtige Zeit für uns ist, dann wird es auch in Zukunft nie die richtige Zeit geben. In vielen Revolutionen wurde den Frauen ein gleicher Anteil an der Macht versprochen, aber unsere konkreten geschichtlichen Erfahrungen zeigen, daß im nachhinein die Versprechungen nie in dem Umfang erfüllt worden sind, wie die Frauen sich dies wünschten. Inzwischen haben wir erkannt, daß wir nicht zulassen dürfen, daß die Männer die Prioritäten im Befreiungskampf alleine bestimmen. Wir Frauen können nicht warten, bis die männlich definierten *wichtigsten Probleme* und Prioritäten gelöst sind. Wer ist es denn, der die wichtigsten Konfliktfelder und Prioritäten im revolutionären Kampf bestimmen sollte? Machen nicht die armen Frauen die Mehrheit der Bevölkerung aus? Sind nicht in jedem Kampf die Kinder und die armen Frauen die Unterdrücktesten von allen? Was würden die Männer bei der endgültigen Befreiung verlieren, wenn sie in ihr Ringen um Gerechtigkeit die Rechte der Frauen miteinschlössen? Wahrscheinlich nichts außer dem verzerrten Privileg des männlichen Unterdrückers. Wenn eine Gruppe für die totale Befreiung kämpft, ihre Privilegien aber nicht losläßt, die sie im ausbeuterischen System hatte, dann hat sie auch keine Ahnung von der fundamentalen Bedeutung von Befreiung.

Der Befreiungsprozeß wird übrigens beschleunigt, wenn

Männer den Anspruch der Frauen auf Befreiung miteinbeziehen und als integralen Teil des Kampfes verstehen. Nur wenn wir Frauen uns selbst als ganze Menschen, mit unserer eigenen Kraft und Verantwortung, annehmen, können wir unser ganzes Potential im Befreiungsprozeß einsetzen. Keine Frau hat Lust, für die Revolution anderer Leute zu kämpfen und zu sterben und gleichzeitig Sklavin derer zu bleiben, für die sie kämpft. Wenn die Männer, auf Kosten und mit den Opfern der Frauen, vom Befreiungsprozeß am meisten profitieren, dann werden die Frauen sich nicht mit all ihrer Kraft engagieren. Wenn sie aber wissen und spüren, daß dieser Kampf sie von ihren Fesseln erlösen und auch die Männer befreien wird, dann werden Frauen und Männer zusammen ihr Leben riskieren. Deshalb ist es falsch, die Belange der Frauen zu vernachlässigen, um anderen Elementen Priorität zu geben.

Es geht nicht um die Frage, ob nun Demokratie oder Frauenbefreiung wichtiger ist. Asiatische Frauen können ihre Befreiung als Frauen und den Kampf für Demokratie oder gegen Klassendenken und Rassismus nicht voneinander trennen, so als ob man den Befreiungsprozeß in verschiedene Teile zerlegen könnte. Befreiung muß ganzheitlich gedacht werden, und niemandes Erfahrung macht diese Tatsache deutlicher als die Erfahrung von Frauen. Eine schwarze Amerikanerin wies in einem Kommentar auf denselben Punkt hin, wie sie den Kampf schwarzer Frauen gegen Sexismus in ihrer Gemeinschaft erlebt hat:

»In der schwarzen Befreiungsbewegung fragen uns viele schwarze Männer, ob wir nun in erster Linie ›schwarz‹ oder in erster Linie ›Frauen‹ seien. Diese Frage ärgert uns, weil sie vorgibt, wir Frauen könnten wie eine Maschine aufgeteilt werden. Wir sind ›schwarze Frauen‹. Wir können nicht von Montag bis Donnerstag schwarz sein und von Freitag bis Sonntag Frauen. Wir sind an sieben Tagen der Woche schwarze Frauen. Wir haben auch gleichzeitig eine schwarze Haut und weibliche Geschlechtsmerkmale. Wir können nicht das eine gegen das andere austauschen. Wir sind einfach immer schwarze Frauen.«[28]

So wie die schwarzen Frauen sind auch wir immer asiatische Frauen. Wir können nicht einzelne Aspekte des Kampfes abtrennen, weil es ein Ringen um Ganzheit ist. Wir wünschen uns von unseren Männern nicht nur ein »großzügiges Verständnis« der »Frauenproblematik«, sondern vielmehr ihre Reue und eine wirkliche Verpflichtung, die Unterdrückung der Frauen zu beenden, sowie eine METANOIA[29], die sich in konkretem Wandel niederschlägt. Die männliche Unterdrückung von Frauen ist kein Frauenproblem, sondern die Männer müssen damit klarkommen, und ihre Unterstützung für die Befreiung der Frauen muß mehr sein als nur eine Alibifunktion. Die Herausforderung durch die Frauen bedeutet auch, daß die Männer ihre Beziehung zu Frauen verändern, ihre Arbeitsinhalte und ihre Weltsicht überdenken und auch die Art und Weise prüfen müssen, wie sie sich fortpflanzen und die Welt gestalten wollen.

Frauen in asiatischen Kirchen haben eine asiatische Frauentheologie entwickelt, weil sie gemerkt haben, daß sie nicht einfach nur den Platz besetzen wollen, der ihnen von den Männern zugestanden wird. Zusammen mit Schwestern aus anderen religiösen und säkularen Bereichen sind wir entschlossen, an einer Theologie, Kirche und Gesellschaft mitzubauen, die Frauen befreit.

2. Vom Kampf, wieder Sonne zu sein
Theologische Überlegungen asiatischer Frauen zur Menschlichkeit

Was bedeutet es, ganz menschlich zu sein? Diese Frage stellen sich asiatische Frauen, wenn sie in ihrem Leben unermeßliches Leiden und Ungerechtigkeit erfahren. Weil sie so verletzt sind, fragen sie hartnäckig nach der Bedeutung wahren Menschseins und nach Gott. Sie möchten in ihrem scheinbar sinnlosen Leiden einen Sinn finden, um mit Würde und Integrität als Menschen überleben zu können. Von der Geburt bis zum Tod müssen asiatische Frauen gegen die »Todes-Wünsche« der männlich-dominierten Gesellschaft ankämpfen. In Wirklichkeit beginnt dieser Fluch gegen die Frauen schon vor ihrer Empfängnis. Asiatische Eltern beten zu Göttern und Göttinnen und bitten um Empfängnis eines Sohnes. Danach hoffen sie während der ganzen Schwangerschaft auf einen Sohn. Bei der Geburt einer Tochter sind viele Eltern zutiefst enttäuscht. Einige koreanische Frauen werden SUP-SUP-IE genannt, was soviel bedeutet wie bedauerlich oder enttäuschend. Andere werden KEUN-NAE-MI genannt, was gleichbedeutend ist mit die Schwangerschaft abzubrechen, um dadurch die Geburt der nächsten Tochter zu unterbinden. Viele Mädchen kommen in diese männeranbetende, frauenverachtende Welt und erhalten sogleich sie »verfluchende« Namen. Andere werden nach einer Fruchtwasseruntersuchung abgetrieben[1] oder gleich nach der Geburt von Familienmitgliedern, die einen Sohn wollten, getötet. Mädchen bekommen normalerweise weniger zu essen, eine schlechtere Schulbildung und müssen mehr arbeiten als Jungen. Selbst wenn sie erwachsen sind, verschlechtern sich die Lebensbedingungen von Frauen. Unter den unterdrückerischen öffentlichen wie häuslichen Strukturen, die mit Rassismus, Sexismus, Kasten und Klassen sowie dem Kulturimperialismus zu tun haben, werden ihre Körper überwacht und wird ihre Arbeitskraft ausgebeutet.[2]

Aus dieser brutalen Wirklichkeit heraus erwächst das Selbstverständnis asiatischer Frauen. Als ich in Korea heranwuchs, sagten meine Mutter und meine Tanten oft zu mir: »Wenn du anfängst, nach dem Sinn von Schmerz und Leiden zu fragen, dann lernst du Gott kennen.« Schmerzen und Leiden sind also der erkenntnistheoretische (epistemologische) Ausgangspunkt bei der Suche der Frauen nach dem Sinn wahren Menschseins. Die asiatische Frau kennt dessen Tiefe und weiß um die schmerzenden Herzen anderer Frauen, weil sie selbst gelitten und die Qualen durchlebt hat. Dieses Wissen unterscheidet sich sehr von dem privilegierter Männer, die solche Schmerzen und Leiden verursacht haben. Diese Erkenntnis der Frauen ist eine *Erkenntnis vom gebrochenen Körper her*, der sich nach Heilung und Ganzheit sehnt.

In dieser Gebrochenheit und Sehnsucht nach wahrem Menschsein sind die Frauen Gott begegnet und haben ihn erfahren. Aber was bedeutet es wohl, Gott zu kennen? Für asiatische Frauen bedeutet es, den eigentlichen Auftrag und Zweck ihres Lebens zu verstehen und in dieser Geschichte und diesem Kosmos den Sinn ihrer Existenz zu entdecken. Gerade weil ihr Leben sich durch soviel Leiden und Schmerzen auszeichnet, sind die Frauen ganz besonders religiös. Ihr Verständnis von Menschsein ist unmittelbar mit ihrem Verständnis verbunden, wer Gott ist und was Gott inmitten ihrer Leiden und ihres Kampfes tut.

Aber was bedeutet es, ganz menschlich zu sein, wenn sie so geschlagen, mißhandelt oder gar verbrannt werden? Über diese harten Fragen haben Frauen von der Erfahrung ihres gebrochenen Körpers her nachgedacht und nach Wegen gesucht, mit eigenem Selbstwertgefühl als Menschen zu überleben. Sie haben privat und öffentlich, als Opfer der Unterdrückung, aber auch als Anwältinnen der Befreiung, ihre Überlebensweisheit von der Schattenseite patriarchaler Geschichte in Gedichten, Liedern und Geschichten ausgedrückt. Sie haben erfahren, daß sie sinnloses Leiden nicht aushalten können, wenn sie nicht auch von einer Welt träumen, die von Ganzheit, Gerechtigkeit und Frieden geprägt ist. Sie wissen auch, daß sie ohne die Vision eines Lebens in Fülle und seiner tiefsten Schönheit umkommen würden. Die folgenden Gedanken asiatischer Frauen zur Bedeutung des Leidens, des Bösen und der Sünde sowie Gottes Ebenbildlichkeit sind nicht das Ergebnis abstrakter metaphysischer Überlegungen über die sogenannte menschliche Natur, wie wir sie aus westlichen und östlichen Theologien und Philosophien kennen. Sie wollen vielmehr Heilmittel und Medizin von vielen »verwundeten Heilerinnen« in Asien sein, um die gebrochenen Körper und die verwundeten Seelen wieder aufzurichten. Laßt uns auf die Geschichten dieser Frauen hören.

Vorspiel

Erste weibliche Stimme
Bei meiner Geburt hat niemand gesungen.
Nur Traurigkeit lag in der Luft;
Niemand kam uns zu besuchen,
mich zu segnen oder zu versorgen.
»Tötet sie, tötet sie, tötet sie«,
war alles, was mein Vater schrie:
Es war ein Schrei um die ganze Welt,
nur weil er ein Mädchen in Armen hält.

Männliche Stimme
Du bist ein Mädchen, welch ein Unglück,
du wirst mich arm essen, welch eine Schufterei!

Chor von Frauenstimmen
Meine Mutter weinte heimlich,
so wie nur Mütter weinen.

Ich tat ihr leid in meinem Mißgeschick,
das auch sie durchlitten hatte.

Ich wuchs auf wie meine Brüder
mit Körper, Geist und Seele,
doch mein Kopf wurde nie gefördert.
Nur mein Körper – ja mein Körper
wurde wirklich ausgenützt.
Ich arbeitete zu Hause und draußen,
und nie wagte ich, müde zu sein.
Den Männern gab ich Essen und Trost,
wenn sie vom Feld nach Hause kamen.

Männliche Stimme
Sei froh, daß du zu Hause sein
und arbeiten darfst.
Verhalte dich bloß ruhig,
sonst wende ich Gewalt an!

Chor von Frauenstimmen
Meine Mutter teilte meine Beschwerden,
so wie nur Mütter dies können.
Ich tat ihr leid in meinem Mißgeschick,
das auch sie durchlitten hatte.

Meine Jugend war eine einzige Katastrophe
und nicht die Krönung des Lebens.
Mit zehn wurde ich verheiratet
und Frau und Sklavin eines Mannes.
Mein Geist möchte eine Antwort
für meinen ungleichen Platz
und die Demütigungen,
die du mir anbietest
nach freundlichen Umarmungen.

Männliche Stimme
Mann ist Gott, Gott ist Mann.
Du bist eine Frau, Frau, Frau!

Chor von Frauenstimmen
Meine Mutter kannte meine Qualen,
so wie nur Mütter sie kennen.
Ich tat ihr leid in meinem Mißgeschick,
das auch sie durchlebt hatte.

Nun bin ich eine Witwe,
unbedeutend, schwach und alt.
Ich frage mich, ob an meinem Todestag
wohl Tränen oder Erleichterung überwiegen.
Es war ein trauriger Anfang
und wird wohl ein einsames Ende.
Und das Heilige Buch, mein einziger Trost,
läßt mich vollends sündig zurück.

Männliche Stimme
Im Namen deines Vaters,
deines Mannes, deines Sohnes,
sei gehorsam, sei respektvoll,
sei dankbar!
Bleib friedlich!

Chor von Frauenstimmen
Meine Tochter fühlt meinen Schmerz,
so wie nur Töchter ihn fühlen.
Zornig über mein Mißgeschick
möchte sie daran etwas ändern.

Zweite weibliche Stimme
Ich will die vielen Fesseln abstreifen,
ich will mich selbst von der Scham befrein.
Ich will lernen und alle Frauen lehren,
sich selbst nicht mehr geringzuschätzen.
Gott schuf Frau und Mann
nach seinem Bild.
Durch die Kraft Gottes ist die Frau gesegnet.
In meiner Geburt, im Leben und im Tod
bin ich gesegnet.

Männliche Stimme
Ja, du bist wirklich eine *Frau,*
von Gott geehrt und auch von uns.
Partnerin in unserem Streben
nach allen Menschenrechten.

Chor von Frauenstimmen
Frauen, verbündet euch
in Solidarität gegen die Unterdrückung
und laßt uns gemeinsam mit den Männern
diese Erde und ihre Menschen entwickeln.[3]

Menschsein heißt leiden und widerstehen

Asiatische Frauen können ihr Menschsein nicht losgelöst von ihrem Leiden sehen. Menschsein heißt für sie zu leiden, weil das Leiden das wesentlichste Element ihrer Lebenserfahrungen ist. Deshalb müssen sie sich mit ihrem Leiden auseinandersetzen, um ihr Menschsein zu verstehen.

Unter den körpertötenden Strukturen der Mächte und Gewalten dieser Welt – der ausländischen Bevormundung, der Repression des Staates, Militarismus, Rassismus und Kapitalismus – sind asiatische Frauen zu namenlosen »Nobodies« geworden, deren Leben durch den systematischen Frauenhaß unerträglich geworden ist. Frauen, die an einer EATWOT-Tagung teilnahmen, beschrieben den Zustand der Unterdrückung so:

»Frauen werden in allen Bereichen der Gesellschaft bevormundet, entmenschlicht und ihrer Würde als Frauen beraubt. Sie werden diskriminiert, ausgebeutet, schikaniert, sexuell mißbraucht, beleidigt und als minderwertige Wesen betrachtet, die sich der sogenannten männlichen Überlegenheit unterordnen müssen. Zuhause, von der Kirche, in Gesetzen, Erziehung und Medien werden Frauen mit Vorurteilen und Herablassung behandelt. In Asien und weltweit wird unverhohlen mit dem Mythos der dienenden, unterwürfigen Asiatin hausieren gegangen, um das vorherrschende männliche, stereotype Bild zu verfestigen.«[4]

Die Erfahrung so vieler Arten von Unterdrückung läßt die Frauen in Asien fragen, was wohl die Ursache allen Übels um sie herum sein mag. Sie sind der Auffassung, daß alles Böse von der Sünde des Menschen herrührt. Aber sie unterscheiden zwischen der Sünde der Unterdrücker und der Sünde der Unterdrückten. Die Sünde der Unterdrücker liegt in ihrer »Gier nach Macht, Wissen, Prestige und Reichtum«.[5] Diese »Gier« und der »Wunsch, andere zu beherrschen« sind die Grundlage der »patriarchalen und Klassengesellschaft«.[6] Diese Merkmale bringen Menschen dahin, eine »völlig verzerrte Beziehung« zu sich und anderen zu haben und »Dominanz und Kontrolle« zu wollen.[7] Die Sünde des Menschen ist nicht nur eine persönliche Verhaltensweise, sondern findet sich auch in Kollektiven und Systemen[8] wie dem Kolonialismus, Neo-Kolonialismus, Kapitalismus, Rassismus, Klassen- und Kastendenken sowie im Sexismus.

Obwohl asiatische Frauen zornig sind über die Sünde der Unterdrücker, wissen sie auch um die Sünde der Unterdrückten, die sich in verinnerlichtem Selbsthaß und Ignoranz zeigt. Der verinnerlichte Selbsthaß führt zu Mißtrauen sich selbst und anderen Frauen gegenüber. Die Frauen geben zu, daß es ihnen an Selbstvertrauen fehlt und sie nicht bereit sind, andere Frauen zu ermutigen, Leitungsfunktionen anzustreben.[9] In vielen Fällen richtet sich ihr Zorn nicht gegen die Unterdrücker, sondern gegeneinander. Dies führt zu dem, was ich »horizontale Gewalt« zwischen Frauen nenne.[10]

Die Liturgie, die bei der Konferenz indischer Theologinnen im November 1984 in Bangalore[11] gefeiert wurde, drückt aus, was asiatische Frauen unter Sünde in einer patriarchalen Gesellschaft verstehen:

1. Liturg: Wir wissen, daß wir Menschen sind, die die Sexualität verzerrt haben.

Alle: Wir sind von uns selbst, voneinander und vom Gott des Lebens getrennt.

2. Liturg: Laßt uns unsere Gebrochenheit bekennen.

Frauen: Als Frauen, die in ihrer Tradition gefangen sind, bekennen wir, daß wir dazu beigetragen haben, den Mythos weiblicher Minderwertigkeit aufrechtzuerhalten,
indem wir uns der Führung der Männer überlassen haben.

Männer: Als Männer, die in ihrer Tradition gefangen sind, bekennen wir, daß wir dazu beigetragen haben, den Mythos männlicher Überlegenheit aufrechtzuerhalten, indem wir die Rolle der Führer übernommen haben.

Frauen: Als Frauen bekennen wir,
daß wir es zugelassen haben,
daß das Bild von uns selbst
auf das von Ehefrauen, Müttern
und Sexualobjekten der Männer eingeschränkt wurde.

Männer: Als Männer bekennen wir,
daß wir Frauen oft nur als Sexualobjekte gesehen haben.
Wir haben dazu beigetragen, daß ihre Rolle
auf die von Ehefrauen und Müttern beschränkt blieb.

Frauen: Wir bekennen, daß wir weder in der Geschichte
noch in der heiligen Schrift
nach unserer eigenen, wahren Identität gesucht haben.
Wir haben nicht vermocht,
uns selbst und anderen Frauen zu vertrauen.
Wir waren uns selbst die größten Feinde.

Männer: Wir bekennen, daß wir in unserer religiösen Lehre
die Illusion männlicher Überlegenheit aufrechterhalten haben.
Wir preisen das Dienen, überlassen aber den Frauen
die untergeordneten Aufgaben.

Frauen: Wir bekennen, daß wir ein System unterstützt haben,
das Selbstbestätigung und Kreativität behindert und verweigert.

Männer: Wir bekennen, daß unser Reden von allgemeiner Gleichheit nur ein Lippenbekenntnis war, weil unser Leben immer noch auf geschlechtlicher Diskriminierung basiert
und Frauen untergeordnete Positionen einnehmen.

Alle: Von der Kraft des Heiligen Geistes bewegt, bekennen wir uns schuldig, weil wir nicht zugelassen haben,
daß Gott aus uns neue Menschen macht.
Wir bekennen Gott, der Kirche und der Welt unsere Sünde.
Wir versprechen, miteinander für Versöhnung zu arbeiten.

1. Liturg: Im Namen unseres Schöpfers, Erlösers und Trösters ist euch vergeben.
Ihr seid befreit von der Vergangenheit und ihrer Unterdrückung.
Ihr seid frei, einer neuen Zukunft
der Gegenseitigkeit und Liebe entgegenzugehen,
die Sünden der Vergangenheit bedenkend, aber nicht mehr gebunden durch sie.
Dieses Geschenk schließt alles mit ein.
Lebt in der Gnade von Gottes Liebe.[12]

Wie in dieser Liturgie deutlich wird, führt Unterdrückung dazu, daß die Betroffenen eine Trennung von sich selbst, eine Abspaltung ihres Selbst erfahren. Die unterdrückte Frau erlebt die tiefste Spaltung in ihrem eigenen Innern. Das Gefühl, wer sie eigentlich als Mensch sein möchte, und ihre Realität, wer sie tatsächlich in der kapitalistischen, patriarchalen Gesellschaft ist, sind so radikal unterschiedlich und gegensätzlich, daß dieser Widerspruch nur Scham, Schuld und Selbsthaß hervorbringen kann. Solche Gefühle führen dann im Laufe der Zeit dazu, daß sich asiatische Frauen in die Pseudo-Sicherheit von Gefühllosigkeit retten. Die eigenen Gefühle zu betäuben, um überhaupt überleben zu können, ist wohl die tragischste Folge, die die Unterdrückten durchleben, weil das Individuum alle Kraft zum Widerstand verliert. Durch diesen Prozeß der Gefühlslähmung werden die Menschen von sich selbst, voneinander und vom Gott des Lebens getrennt. Asiatische Frauen nennen dies die Sünde der inneren Spaltung. Obwohl diese Abspaltung durch die Unterdrückungsmechanismen der Gesellschaft verursacht ist, meinen die Frauen keinesfalls, daß sie selbst ohne Sünde seien. Sie übernehmen die volle Verantwortung dafür, daß die Unterdrückung sich durch ihren Gehorsam aufrechterhalten konnte und sie darin versagt haben, sich selbst und anderen Frauen zu vertrauen.

Koreanische Theologinnen haben zusammen mit MINJUNG-Theologen[13] einen Ausdruck dafür gefunden, auf die sündhafte Situation der Unterdrückten zu antworten. Sie nennen dies HAN. Für das koreanische Volk, das im Laufe der Geschichte so sehr von den es umgebenden mächtigen Ländern verletzt wurde, ist HAN das am weitesten verbreitete Gefühl, das vor allem in ausweglosen Situationen entsteht. In Korea hatten vor allem Arme und Frauen meist keinen Zugang zu öffentlichen Einrichtungen, wo sie die ihnen widerfahrenen Ungerechtigkeiten hätten anprangern können. Zu lange sind sie durch physische und psychische Einschüchterung und tatsächliche körperliche Gewaltanwendung durch die Unterdrücker zum Schweigen verurteilt gewesen. Wenn es aber keinen Raum gibt, wo die Betroffenen ihr wahres Selbst oder ihre wirklichen Gefühle zeigen können, dann kommen sie innerlich an einen Punkt, »wo es nicht weitergeht«. Dieser unausgesprochene Ärger und Groll bildet einen »Kloß« im Hals und im Denken. Ein solcher Kloß wandert oft auch in den Körper und führt zum körperlichen und psychischen Abbau.

Der koreanische MINJUNG-Theologe Hyun Young Hak hat das Gefühl von HAN ausführlicher beschrieben:

»HAN ist ein Gefühl ungelösten Grolls gegen erlittene Ungerechtigkeit, ein Gefühl von Ohnmacht angesichts erdrückender Ausweglosigkeit, ein Gefühl totalen Verlassenseins (»Warum hast du mich verlassen?«), ein Gefühl echter Schmerzen und Sorgen im Bauch, so daß der ganze Körper sich schüttelt und windet und ein hartnäckiger Drang entsteht, ›Rache‹ zu nehmen und das Unrecht gut zu machen.«[14]

Sowohl koreanische Theologinnen als auch MINJUNG-Theologen sind sich einig, daß diese innersten Erfahrungen unterdrückter Koreanerinnen in der jüngsten Geschichte dieses Gefühl von HAN bestimmt haben. Sie sind »MINJUNG innerhalb von MINJUNG« und »HAN innerhalb von HAN«.

Die Art und Weise, wie Koreanerinnen im Laufe ihrer schmerzvollen Geschichte mit HAN umgegangen sind, könnte auch für andere Asiatinnen und unterdrückte Menschen verschiedenster Herkunft einige kostbare Überlebensmöglichkeiten aufzeigen. Sie gehen auf zweierlei Weise mit HAN um. Die eine ist, HAN anzunehmen, und die andere, HAN abzulehnen. Die passive Akzeptanz von HAN kann als Resignation bezeichnet werden. Diesen Aspekt nennen sie »JUNG HAN«.[15] In vielen asiatischen religiös-kulturellen Traditionen wird diese Haltung vertreten. So wird im Buddhismus und Hinduismus menschliches Leben mit Leiden gleichgesetzt. Ein normaler Mensch zu sein bedeutet zu leiden. Die Lehren des Fatalismus lassen Menschen glauben, daß sie das, was ihnen im Leben widerfährt, auch verdienen. Da ihr Leben vorherbestimmt ist, kann auch nichts getan werden, um dies zu ändern. Sie haben nur die Wahl, sich mit ihrer Situation zu versöhnen und um den Preis eines besseren Schicksals im nächsten Leben nun ihr pflichterfülltes Dasein durchzustehen. Koreanerinnen haben in Liedern, Gedichten und Tänzen für die Traurigkeit ihres Schicksals einen eigenen Ausdruck gefunden. In dieser kulturellen Atmosphäre hat dann aber die rigide Lehre von Prädestination und Kreuz, wie sie von fundamentalistischen westlichen Missionaren eingeführt wurde, dem Leben koreanischer Christinnen noch mehr Bürden auferlegt, weil es sie noch passiver machte und ihre Schikanierungen stumm ertragen ließ. Christsein wurde so ausgelegt, daß Frauen ermutigt wurden, friedfertig zu leiden, so wie Jesus am Kreuz, weil dies Gottes in Ewigkeit vorherbestimmter Wille war.

Diese passive Akzeptanz des Schicksals ist allerdings nur die halbe Geschichte im Leben koreanischer Frauen. Sie sind nämlich auch Kämpferinnen, die sich weigern, ihr HAN-geplagtes Leben einfach anzunehmen. Aus Zorn über ihre Situation suchen sie Rache oder revolutionären Wandel. Diesen Aspekt nennen sie WON-HAN.[16] Im Laufe der Geschichte haben koreanische Frauen ihre komplexen Netze von HAN durch ihre Überlebensweisheit immer wieder entwirrt. Dieses ›in Ordnung bringen‹ von HAN wird in der koreanischen Tradition HAN-PU-RI genannt. Die freundliche Art dieses HAN-PU-RI wurde in Liedern, Tänzen und Ritualen ausgedrückt, eine militantere von Bauern, Arbeitern, Slumbewohnern und politischen Frauenbewegungen entwikkelt.

In jüngster Zeit haben koreanische Theologinnen viel Zeit und Energie darauf verwendet, die Überlebensquellen der Frauen in ihrer eigenen Tradition wiederzuentdecken. Lee Oo Chung, eine Professorin für Neues Testament, deren politische Aktivitäten in der Volksbewegung sie unter dem Druck der Regierung ihre Stellung kostete, war betroffen vom Leiden und dem Widerstand der Frauen, wie er in Liedern, Sprichwörtern, Folklore und Mythen zu finden war.[17] Sie entdeckte, daß die Frauen nicht nur Opfer, sondern auch die treibende Kraft für die Befreiung waren. So haben sie mit Humor und durch Satire kritische Positionen vertreten, »die ihnen halfen, ihre lähmende Traurigkeit zu überwinden«.[18] In Märchen und Liedern prangerten sie die Gier der politischen Autoritäten, die Dummheit der Aristokraten und Intellektuellen, die Heuchelei der Priester und ihrer religiösen Institutionen sowie die Brutalität der patriarchalen Familie an und stellten dies satirisch dar. Lee glaubt, daß die lebendigmachende Kraft der Überlebensweisheit der koreanischen MINJUNG-Frauen, die alle Absurditäten und Gewalttätigkeiten gegen sich ausgehalten haben, vielen Menschen in der Dritten Welt Vorbild sein könnte, die Verzweiflung angesichts von Militarismus, Atomkrieg und der Zerstörung der Natur zu überwinden.

In der Analyse dieser Weisheit hat Lee drei Kostbarkeiten gefunden, die sie den »gegenwartszentrierten Optimismus«, das »Überzeugtsein von der eigenen Arbeit« und die »Liebe zu den Nächsten« nennt.[19] Die koreanischen Mythen und Lieder sind, im Gegensatz zu denen des Westens, frei von heroischer Verzweiflung. Lee hat in der koreanischen

Volkstradition auch keinen Dualismus zwischen Körper und Geist oder zwischen säkularer und spiritueller Welt entdeckt, sondern den Glauben der Frauen, daß sie irgendwann den Sieg in dieser Welt davontragen werden, wenn sie nur ausdauernd und gemeinsam darum ringen. Diesen Glauben nennt Lee den gegenwartszentrierten Optimismus. Sie betont auch die Freude und das tiefe Überzeugtsein von der eigenen Arbeit, wie sie in traditionellen Arbeiterliedern zu finden ist und wodurch koreanische MINJUNG-Frauen das Leben in Harmonie mit der Natur feiern konnten. Für diese Frauen ist die Natur der Urgrund des Lebens und die Brust der Mutter Erde. Mit der Natur in Berührung zu sein und zu arbeiten ist sowohl kostbar wie frohmachend. Lee hat beobachtet, daß sich diese Einstellung zur Arbeit auf vielerlei Weise in der koreanischen Volkskunst wiederfindet.

Ein anderer wichtiger Bezugspunkt für das Überleben der Frauen ist ihre Liebe zu den Nächsten. Lee behauptet, in der Folklore und den Mythen würden die Frauen das Böse nicht durch Gewalt überwinden, sondern durch Weisheit, die auf der Liebe zu den Nächsten gründet. Sie zeigt, wie Götter als gierige Fleischesser porträtiert werden, die ihren Nächsten das Essen wegnehmen und auch sonst Menschen Gewalt antun, während andererseits Göttinnen als Bäuerinnen dargestellt werden, die fleißig arbeiten, Körner und Früchte von der Erde sammeln und dabei die Menschen nicht schänden, sondern schützen.[20]

Diese Beispiele beschreiben den freundlichen Widerstand der Frauen gegen HAN. Aber in jüngster Zeit haben Koreanerinnen auch militanten Widerstand geleistet. Die kämpferischsten Bewegungen von Arbeitern und Slumbewohnern sind von Frauen angeführt worden. Frauen waren und sind die Leidtragenden der schnellen wirtschaftlichen Entwicklung in Korea. Ihr Kampf ums Überleben war intensiv und unnachgiebig. Zur Zeit wachsen in Korea und vielen anderen asiatischen Ländern die Frauenbewegungen gegen Kapitalismus und patriarchale Gesellschaften. In Indien gibt es Bewegungen gegen den Brautpreis und die Witwenverbrennung. Auf den Philippinen kämpfen

Gruppen gegen Militärdiktatur, multinationale Konzerne und die internationale Prostitutions-Industrie. In Japan gibt es ökologische Aktionen und in Sri Lanka die Bewegung gegen den Staatsterrorismus. Durch die aktive Teilnahme in diesen Bewegungen sind die asiatischen Frauen stärker geworden und haben ihr wahres Selbst entdeckt.[21]

Schwester Sigrid aus Indien hat bei dieser Wandlung der Frauen von unterdrückten Opfern zur treibenden Kraft der Befreiung drei Schritte beobachtet, die sie »Bewußtwerdung – Fortbildung – Zusammenschluß«[22] nennt. Sie hat festgestellt, daß die Frauen sich dann zu verändern beginnen, wenn sie sich selbst als Person annehmen. Danach kommt der Schritt der Aus- und Weiterbildung, um Befreiung wirksam weitervermitteln zu können. Und schließlich braucht es eine größere Gemeinschaft von Frauen, um ihre Macht zu erhalten und einen sozialen Wandel zu ermöglichen. Diese drei Schritte brauchen sich nicht nacheinander zu vollziehen. Sie sind einfach drei verschiedene Aspekte der Veränderung und Verwandlung von Frauen.

Andere Asiatinnen schlagen ähnliche Schritte für den Befreiungsprozeß vor. Die meisten Frauen glauben, daß das Erwachen des eigenen Ich und die Selbstbestätigung erste Schritte zu Wachstum und Befreiung sind.[23] Dies kann durch kritische Reflexion und auch durch Kreativität erreicht werden. Die kritische Reflexion hilft ihnen, die unterdrückende Macht des falschen Selbst aufzudecken, das ihnen von der patriarchalen Gesellschaft aufgedrängt wurde, und durch Kreativität entdecken sie dann ihr wahres Selbst. Die indische feministische Künstlerin Lucy D'Souza erzählt von der Bedeutung der Kreativität in ihrem Leben:

»Für mich bedeutet Kreativität, mich selbst zu entdecken, mich zu verstehen und zu akzeptieren und mit mir klarzukommen. Dies hilft mir, die anderen so anzunehmen, wie sie sind, und die Gesellschaft, in der wir leben, mitaufzubauen.«[24]

Wache und selbstbewußte Frauen haben einen Standpunkt und verändern ihre persönlichen und politischen Beziehungen. Auf der persönlichen Ebene gestalten sie die

Beziehungen zu ihren Männern neu. Solche Frauen sind nicht länger bereit, »in Ehrfurcht vor ihnen (den Männern) zu stehen oder sich herumstoßen, manipulieren und dominieren zu lassen«.[25] Viele asiatische Frauen erleben, wie sich ihre Ehen verändert haben, nachdem sie diesen Prozeß der Selbstfindung und Bejahung durchgemacht und zu wahrem Menschsein gefunden hatten. Eine philippinische Bäuerin, die durch den Besuch einer Bibelarbeitsgruppe anfing, die alten religiösen und kulturellen Vorschriften, wie Frauen sich zu verhalten hätten, in Frage zu stellen und aus ihnen auszubrechen, beschreibt die Veränderungen in ihrer Ehe so:

»Wir gehorchten unseren Männern in Furcht und Zittern, weil sie es waren, die das Brot verdienten ... Früher haben unsere wütenden Männer gesagt: ›Warum zieht ihr nicht die Hosen an?‹ Aber inzwischen hat das Recht gesiegt, und wir sind Gleiche. Wir sind aufgewacht und haben aufgehört, immer nur ja zu sagen. Freiheit und gleiche Rechte – das haben wir in unseren Bibelarbeiten gelernt.«[26]

Einige Frauen brechen auch radikal mit der patriarchalen Ehe und lassen sich scheiden, was in Asien einem Skandal gleichkommt. Die meisten geschiedenen Frauen werden geächtet und zur Zielscheibe für den Zorn und die Angst der Mehrheit. Es ist zum Beispiel in vielen Ländern unerwünscht, daß eine geschiedene Frau an einer Hochzeitsfeier teilnimmt, weil ihre Anwesenheit als unheilbringend angesehen wird. Eine Inderin erzählt sehr beredt vom Fluch und Segen einer geschiedenen Frau:

»Ich heiratete früh, und diese Stellung als verheiratete Frau war die erste Stufe der Zerstörung. Danach, wie auch schon vorher, war es meine Rettung, daß ich Gedichte schreiben und singen konnte. Dies war die einzige Möglichkeit, innerlich zu überleben. Als ›Frau‹ trat ich erst aus dem Schatten, als ich mich dazu entschloß, mich aus den Fesseln der Ehe zu befreien, die mich zu einer verachteten, diskriminierten, überflüssigen Person gemacht hatte. Nur so konnte ich wieder eine ›Frau, ich selbst, ein Mensch‹ werden.«[27]

Andere Frauen entschieden sich für lesbische Liebe, um sich zu schützen und von männlicher Gewalt zu heilen. In der asiatischen Gesellschaft ist lesbische Liebe ein Tabu, über das in der Öffentlichkeit nicht geredet wird. Die meisten Menschen in Asien meinen, Homosexualität sei ein westliches und kein östliches Thema. Aber durch den internationalen Sextourismus und die Prostitutionsindustrie, die durch die Gier von Erste-Welt-Männern und ihre Einmischung in die Außen- und Militärpolitik in Asien eingeführt wurde, verwandelten sich viele Teile dieses Kontinents in Bordelle. Auf den Philippinen, in Thailand, Korea und anderen Ländern sind viele arme Frauen von Männern aus der Ersten Welt, aber auch von eigenen Landsleuten vergewaltigt worden. Die Körper asiatischer Frauen sind von Männern buchstäblich auseinandergerissen, gewürgt, geschlagen und getötet worden. Eine koreanische Prostituierte hat in einer Unterstützungsgruppe anderen Frauen, die mit ihr solidarisch sein wollten, von ihren Gefühlen gegenüber Männern erzählt.[28] Sie empfand viel Scham und Schuld, ihren Körper zu verkaufen, obwohl es ihre einzige Überlebenschance war, und hatte eine große Wut auf alle Männer:

»Alle Männer sind gleich, wenn sie die Hosen herunterlassen. Sie sind alle Tiere. Es spielt keine Rolle, ob sie arm oder reich, gebildet oder ungebildet sind … Meine Kunden kommen aus unterschiedlichen Berufen. Einige sind Geschäftsmänner, aber auch ein Professor, ein Politiker und sogar ein Minister sind darunter. Was sie mir antun, ist immer das gleiche. Sie haben nur den einen Gedanken, wie sie mich am besten für ihre Befriedigungssucht benutzen können.«[29]

Dieser Zorn gegenüber Männern findet sich in vielen Schriften asiatischer Frauen über Prostitution. Auf den Philippinen ist inzwischen lesbische Liebe zwischen Prostituierten zu einem sichtbaren Phänomen geworden. Die Philippinen werden auf Grund der amerikanischen Militärbasen von der Ersten Welt am stärksten sexuell ausgebeutet. Bei einer Konsultation theologisch ausgebildeter

Frauen auf den Philippinen hatten diese eine ernsthafte Diskussion über Homosexualität.[30] Eine Teilnehmerin brachte dieses Thema zur Sprache und fragte, was die Bibel dazu sage, weil »Homosexualität inzwischen zu einem Teil unserer Kultur wird«.[31] Eine philippinische Theologin und Exegetin, Elizabeth G. Dominguez, beantwortete die Frage mit zwei Bibelzitaten. Die eine Stelle war aus 2. Samuel 1 und die andere aus dem 1. Kapitel des Buches Ruth, 16 ff. Dominguez hob Davids Bekenntnis in dem Lied für Jonathan hervor, das dessen Liebe zu ihm als »wunderbar und die Liebe einer Frau noch übertreffend« beschreibt. Dominguez machte auch deutlich, daß die Liebe zwischen Ruth und Naomi ein »vorbehaltloses Teilen von Liebe« ist. Sie sagt:

»Wenn Homosexualität verurteilt werden soll, dann nur auf Grund der Tatsache, daß Personen dadurch erniedrigt werden ... Vielleicht breitet sich Homosexualität ja deshalb in unserer Gesellschaft aus, weil sich heterosexuelle Beziehungen erschöpft haben und die Gesellschaft, in der wir leben, nicht länger in der Lage ist, die menschliche Fürsorge zu geben, derer Menschen bedürfen. Ich möchte diese Frage aufgreifen, weil das Wichtigste doch die Zuwendung ist, die zwei Menschen erfahren, damit ihr Menschsein bewahrt wird.«[32]

So wie die Veränderung der Beziehungen von Frauen zu ihren Männern ein Zeichen des neuen Selbstbewußtseins ist, so kann man auch in der organisierten Frauenbewegung, die mit der größeren Bewegung für Gerechtigkeit solidarisch ist, ein Selbstwertgefühl im öffentlichen Leben feststellen. In ganz Asien setzen die Frauen sich für politische Veränderungen ein. Koreanische Frauen weigern sich, Gebühren für das regierungseigene Fernsehen zu bezahlen, weil es in seinen Programmen ein abwertendes Bild von Frauen zeichnet und Menschen zum Nutzen der Militärregierung betrügt. Philippinische Diakoninnen haben aus Protest die Jahresversammlung der Methodisten verlassen, weil die Hierarchie ihnen das Wahlrecht verweigerte. Japanerinnen demonstrierten gegen die sich wiederbelebende Anbetung des Kaisers und gegen Militarismus, der die Unterdrückung von Frauen fortschreibt. Inderinnen führten lange Märsche und Hungerstreiks für die Abschaffung der frauenfeindlichen religiösen Gesetze durch, die die Menschenrechte indischer Frauen verletzen.[33] Überall in Asien erheben sich die Frauen. Sie sind aus jahrhundertelangem Schlaf erwacht und versetzen nun Berge. Die Verheißungen unserer Vormütter sind in unserer Generation wahr geworden. Ihre Vision für die Zukunft inspiriert uns auf unserem weiterführenden Weg zur Freiheit:

> Der Tag wird kommen,
> behaupte ich,
> an dem Berge versetzt werden.
> Doch andere zweifeln.
>
> Nur eine Weile wird der Berg noch schlafen.
> Früher bewegten sich alle Berge im Feuer,
> aber auch das wirst du nicht glauben.
> O Mann, aber dies eine glaube!
> Alle schlafenden Frauen werden erwachen
> und sich aufmachen.
> Jetzt.[34]

Menschsein heißt nach Gottes Bild geschaffen sein

In ihrer Suche nach wahrem Menschsein beziehen asiatische Frauen ihre Kraft aus den Aussagen der Bibel. Dennoch ist die gute Nachricht der Bibel nicht einfach ein kostenloses Geschenk, das sie ohne Mißtrauen annehmen, denn in der Bibel sind ja auch viele unterdrückende Botschaften für Frauen enthalten. Bei den vielen widersprüchlichen Aussagen der Bibel beziehen die Frauen sich meistens auf die Stelle im ersten Buch Mose, wo es heißt, daß Frauen und Männer nach dem Bild Gottes gleich geschaffen wurden (1. Mose 1,27.28). *Nach Gottes Ebenbild* wurde für Asiatinnen ein wesentlicher biblischer Ausdruck, der ihnen half, ihr Verständnis von Menschsein zum Ausdruck zu bringen. Menschen – Männer und Frauen – wurden nach Gottes Bild geschaffen. Wer wir als Menschen sind, wird dadurch bestimmt, wer Gott ist. Dies mag ziemlich barthianisch oder neo-orthodox klingen, und vielleicht hat dieser Einfluß sich auch in der Sprache asiatischer Frauen niedergeschlagen. Aber der Schlüssel zu ihrer Anthropologie ist wirklich nicht die Theologie. Im Grunde ist es genau umgekehrt. Der Schlüssel zu ihrer Theologie liegt in der Anthropologie, das heißt in den Erfahrungen der Frauen von Leiden und Hoffnung, durch die ihr Gottesverständnis bestimmt wird. Diesen Wandel in ihrem Denken über Gott wahrzunehmen ist wichtig, um ihr Verständnis von Menschsein nachvollziehen zu können.

Gott als zugleich weiblich und männlich

Viele Asiatinnen meinen, Gott habe in seinem Gott-Sein sowohl weibliche als auch männliche Eigenschaften. Für sie ist es natürlich, sich die Gottheit weiblich und männlich vorzustellen, weil es in den religiösen Kulturen Asiens viele Götter und Göttinnen gibt. Padma Gallup aus Indien behauptet, das westliche Christentum habe die inklusive Eigenschaft der Gottheit mit männlichen und weiblichen Zügen verloren, weil sie »in zu viele Schichten des schwerfälligen Patriarchats, des zoroastrischen Dualismus, der griechischen Philosophie, der Ethik der Marktplätze und der Moralvorstellungen dominierender Männer aus der puritanischen Tradition eingewickelt war«.[35] Gallup schlägt vor, feministische Theologie in Asien solle ihre Quellen »in ihrer eigenen jahrtausendealten Kultur und in all den Glaubensrichtungen ihrer Nachbarn suchen«.[36] Die Erkenntnisse aus der Kultur und Religion der Hindus helfen ihr, die IMAGO DEI aus der Sicht asiatischer Frauen zu verstehen. Für Gallup ist zum Beispiel das hinduistische Bild der ARTHANARESSVARA, der Gottheit, in der der männliche SHIVA, der für das absolut Gute und Liebe steht, und die weibliche SHAKTI, die für uneingeschränkte Macht steht, ein Ganzes bilden, in dem das eine ohne das andere nicht funktionieren kann, ein positives Vorbild dafür, wie asiatische Frauen IMAGO DEI verstehen. Gallup meint, »die Vorstellung einer Gottheit, die das Männliche und Weibliche im Gleichgewicht hält, könnte möglicherweise nicht-dualistische, nicht-konkurrierende Denk- und Handlungsweisen zur Folge haben«.[37]

Viele Frauen glauben, durch ein inklusives Gottesbild, das sowohl weibliche wie männliche Züge trage, könne die Gleichheit und Harmonie zwischen Frauen und Männern gefördert werden und dadurch eine »Partnerschaft von Gleichen« wachsen.[38] Sie sind aber gleichzeitig darüber besorgt, wie die Begriffe Harmonie und gegenseitige Ergänzung gegen die Frauen eingesetzt werden. Deshalb warnt Virginia Fabella davor, die Betonung von gegenseitiger Ergänzung und Harmonie wichtiger zu erachten als die Gleichheit. Sie macht deutlich, wie viele asiatische Kirchen um der Annehmlichkeiten der Männer willen den Begriff der gegenseitigen Ergänzung mißbrauchen, um so die stereotypen Rollen für die Frauen fortzuschreiben. Fabella sagt: »Für befreite Frauen ist das Argument der gegenseitigen Ergänzung nur annehmbar, wenn auch die Gleichheit respektiert wird.«[39] Zusammenfassend läßt sich sagen, daß die Sehnsucht asiatischer Frauen nach der Wiederentdekkung einer Gottheit, die weibliche und männliche Züge trägt, identisch ist mit der Sehnsucht nach einem Menschsein, wo Frauen und Männer sich als gleichwertige Partnerinnen und Partner anerkennen.

Gott als Gemeinschaft

Asiatische Frauen sehen in Gott kein Individuum, sondern eine Gemeinschaft. In ihrer Auslegung von 1. Mose 1,26 stellt Elizabeth Dominguez von den Philippinen die These auf: »Im Bild Gottes zu sein bedeutet, in Gemeinschaft zu sein. Weder ein Mann noch eine Frau kann Gott widerspiegeln, sondern eine in sich verbundene Gemeinschaft.«[40] In jeder wirklichen Gemeinschaft sind sich alle gegenseitig »verpflichtet«. »Alle einzelnen Teile sind füreinander da und haben ihre jeweilige Funktion.«[41] Diese Gemeinschaft zeichnet sich durch »gegenseitiges Aufeinanderbezogensein«, durch »Harmonie« und »gemeinsames Wachstum« aus.[42]

Dieses Gottesbild als »in sich verbundene Gemeinschaft« ermächtigt asiatische Frauen, von ihrem Individualismus wegzukommen. Es ermutigt sie auch, ihre Verantwortlichkeiten und Rechte als Teil der Gemeinschaft ernst zu nehmen. Wenn es aber kein ausgewogenes Verhältnis von Macht gibt, kann es auch kein Aufeinanderbezogensein, keine Harmonie und kein gemeinsames Wachstum geben. Eine monopolisierte Macht zerstört die Gemeinschaft, indem sie die Gemeinsamkeit zerstört. Deshalb ist in diesem Gottesbild einer in sich verbundenen Gemeinschaft kein Raum für einen einzigen, einsamen, allmächtigen Gott, der auf der Spitze einer hierarchischen Machtpyramide sitzt und alle anderen Lebewesen beherrscht. Wo es keine gemeinsame Beziehung gibt, gibt es auch keine menschliche Erfahrung von Gott. Asiatische Frauen betonen in ihren Theologien die Wichtigkeit von Gemeinschaft, weil die Menschheit nur in Gemeinschaft Gott widerspiegeln und darin dem Bild Gottes entsprechen kann, nach dem wir, um unserer gemeinsamen Beziehung willen, geschaffen wurden.

Gott als Schöpfer in Natur und Geschichte

Asiatische Frauen glauben an Gott als den »Schöpfer dieses schönen Universums mit all seiner Pracht und Vielfalt«.[43] Sie erfahren diesen Schöpfergott in ihrer eigenen »Schöpfungskraft als Frau, die als Gebärende, Nährende, Bebauende, Vermittelnde, Schreibende die Umwelt, die Atmosphäre und das Leben mitgestaltet«.[44] Der Schöpfergott befreit Menschen aus ihrer Gefangenschaft und lädt sie ein, Mit-Schöpferinnen und Mit-Schöpfer mit Gott zu werden. Wenn asiatische Frauen ihre eigene Schöpfungskraft fühlen und ihre eigenen Heilkräfte entwickeln, dann berühren sie die Quelle des Lebens – Gott. Mit ihrer Schöpfungskraft gebären, nähren und bebauen sie und schaffen auch Geschichte. Gott ist nicht der Ur-Beweger, der einst das Universum geschaffen hat, um sich dann nach der Schöpfung außerhalb des Universums zurückzulehnen. Die Schöpfung Gottes ist ein unaufhörlicher, fortlaufender Prozeß. Dieser Schöpfergott geht mit uns, wenn wir Geschichte schaffen, und es ist dieser »Gott der Geschichte, der die Unterdrückten in ihrem Kampf um Gerechtigkeit begleitet«.[45]

Wenn Frauen aus ihrer Unterdrückung herausfinden und alternative, für sie lebensfördernde Strukturen aufbauen, begegnen sie in diesem Befreiungsprozeß ihrem Gott. Sie wissen, daß der Gott der Geschichte auf ihrer Seite ist, wie es die Geschichte des Exodus, das Leben Jesu und viele unbezwingbare Volksbewegungen in Asien bezeugt haben. Die Kraft für ihren Kampf für Gerechtigkeit beziehen die Frauen aus ihrem Vertrauen in diesen Gott. Aus ihrem Glauben heraus wissen sie, daß sie eingeladen sind, Gottes Partnerinnen zu sein in dem Bund für »Gerechtigkeit, Frieden und die Bewahrung der Schöpfung«.[46]

Gott als lebenspendender Geist

Die neue Generation asiatischer Theologinnen betont, daß sie Gott als einem lebenspendenden Geist in sich selbst und in allem, was das Leben fördert, begegnen können. Dieser Schritt manifestiert einen theologischen Paradigmenwechsel, der sie von der älteren Generation unterscheidet. Bis vor kurzem bezogen sich asiatische Theologien noch sehr stark auf die neu-orthodoxe Theologie des Westens, die einen transzendenten, absoluten anderen Gott sowie eine christliche Offenbarungswahrheit vertritt, die der Wahrheit anderer Religionen übergeordnet ist. Die jüngeren Theologinnen heben in ihren Theologien die Immanenz Gottes hervor. Sie sehnen sich nach einem alles umfassenden Gottesbild: Gott als lebenspendender Geist, der überall gegenwärtig ist und sich überall bewegt, öffnet die Tür für ein neues Verständnis des Göttlichen. Die indische Tänzerin, Musikerin und Dichterin Susan Joseph bekennt, daß ihr Bild des Geistes ein Vogel sei. Sie sagt:

»Der Heilige Geist war mein Vogel. Meine Begegnung mit dem Geist wandelte mein Gottesbild in ein inklusiveres, uneingeschränktes Bild.«[47]

Lee Sun Ai spielt mit diesem inklusiven, uneingeschränkten Gottesbild, wenn sie schreibt:

»Gott ist Bewegung
Gott ist die zornige Brandung
Gott ist wie Mutter
Gott ist wie Vater
Gott ist wie Freunde
Gott ist die Kraft zu sein
Gott ist die Kraft zu leben
Gott ist die Kraft zu gebären.«[48]

Wenn Frauen Gott als eine alles einschließende Wirklichkeit in allem, vor allem aber in sich selbst sehen, dann fangen sie an, ihrer eigenen Kraft zu vertrauen. Astrid Lobo, eine indische Wissenschaftlerin und aktive Laien-Beauftragte in der katholischen Kirche, bezeugt, daß ihr wachsendes Selbstvertrauen unmittelbar mit ihrem neuen Gottesbild zusammenhängt. Sie sagt dazu:

»Für mich als Frau ist es wichtig, daß ich in Gott bin und Gott in mir. Ich sehe in Gott nicht länger einen Retter. Ich sehe das Göttliche mehr als Kraft und Stärke in mir.«[49]

Je mehr Erkenntnisse sie aus dem Hinduismus und der Universalität Gottes gewinnt, um so mehr entdeckt Lobo Gott innerhalb ihrer selbst als dem »wahren Zentrum«. Je mehr sie in sich selbst nach der Quelle ihrer Kraft schaut, desto mehr fängt sie an, ihrer eigenen Stärke zu vertrauen. Sie hört auf, Gott wie ein hilfloses Opfer anzubetteln, er möge sie retten. Dieses neue Verständnis führt Lobo weiter aus:

»Weil ich das Opfer-Retter-Spiel nicht länger gut finde, habe ich gelernt, die unnötige Abhängigkeit von Gott abzulegen. Zunehmend bin ich mir all der Gaben bewußt, die Gott mir gegeben hat. Ich spüre ganz deutlich die Notwendigkeit, diese Gaben zu entwickeln und auszubauen – als meine Antwort auf Gottes Liebe, die in meiner Erschaffung zum Ausdruck kam.«[50]

Gott als Mutter und Frau

Viele asiatische Frauen meinen, Gott als lebenspendende Kraft könne ganz natürlich als Mutter und Frau personifiziert werden, weil eine Frau Kinder gebiert und ihre Familie nährt. In vielen Schriften von Frauen wird Gott als Mutter und Frau porträtiert, und manche meinen, Frauen seien sensibler, Leben zu hegen und zu pflegen, als Männer, weil sie diese Erfahrung des Gebärens und Nährens haben. Beim Nachdenken über die Geburt von Mose und die Tötung aller männlichen Babies in der Exodus-Geschichte betonte eine Gruppe von Frauen:

»Jede Frau liebt ihr Kind und fühlt sich dem Leben verbunden. Frausein heißt leben und lieben. Die Tötung der männlichen Babies ist die Ironie des zweischneidigen

Schwertes innerhalb des Patriarchats, weil in männlicher Macht auch der Tod steckt.«[51]

Gott als Mutter und Frau stellt das alte Konzept in Frage, das, neben anderen Eigenschaften, Gott als unveränderlich und unwandelbar beschrieb. Der Körper einer Frau wächst und verändert sich durch Menstruation und Schwangerschaft viel stärker als der des Mannes. Gott als Mutter können wir uns besser und persönlicher nähern. Wenn Asiatinnen sich Gott als Frau und Mutter vorstellen, können sie auch ihren Körper und ihr ganzes Frausein in seiner Fülle akzeptieren. Die weibliche Gottheit akzeptiert uns eher so, wie wir sind, als der männliche, patriarchale Gott. Diese weibliche Gottheit ist verletzlich und bereit, sich zu verändern und in der Wechselwirkung mit den täglichen Lebenserfahrungen der Frauen sich zu wandeln. Diese Gottheit spricht zu den Frauen, hört ihre Geschichten an und weint mit ihnen. Sie kämpft mit den Frauen um ihre Machtansprüche in dieser Welt, wächst mit ihnen, verändert sich mit ihnen und begleitet sie.

Im Vertrauen auf diese Gottheit können die Frauen sich selbst vertrauen und hoffen inmitten von Hoffnungslosigkeit. Die Kraft Gottes ruft in den asiatischen Frauen eine andere Kraft hervor, die in der patriarchalen Religion und Gesellschaft verlorengegangen ist:

> »Die Kraft, die das Leben fördert
> und nicht den Tod,
> die Kraft, zusammenzuarbeiten,
> die Kraft, die eigenen Gefühle zu entdecken,
> die Kraft, andere anzuerkennen
> und sie zu befähigen,
> alle ihre Möglichkeiten als Menschen
> zu entfalten.«[52]

Mit dieser neuen Kraft ringen asiatische Frauen um die Kraft zur Selbstbestimmung. Sie träumen von einer neuen Welt, in der Frauen nicht der Mond sind, der sich nach der Sonne zu richten hat. Sie wollen lieber die Sonne werden, die in ihrem eigenen Licht erstrahlt und aus der brennenden Mitte des Lebens heraus alles Leben auf der Erde hegt und pflegt.

»Ursprünglich war die Frau die Sonne.
Sie war eine eigenständige Person.
Aber nun ist sie Mond.
Sie lebt in Abhängigkeit von einem anderen,
und sie scheint,
indem sie eines anderen Licht widerspiegelt.
Ihr Gesicht hat eine kränkliche Blässe.

Wir müssen sie jetzt zurückerobern,
unsere versteckte Sonne.
›Bringt sie ans Licht,
unsere verborgene Sonne!
Helft, unsere natürlichen Gaben zu entdecken.‹
Dies ist der endlose Schrei,
der sich Raum schafft in unseren Herzen.
Es ist unser ununterdrückbarer
und unstillbarer Wunsch.
Es ist unser letzter,
umfassender
und einziger Instinkt,
in dem unsere
verschiedenen, getrennten
Instinkte
vereint werden.«[53]

Aus der Sicht asiatischer Frauen führt die Kenntnis des Selbst zur Kenntnis Gottes. In ihrem Leiden finden sie Gott, der nach und nach offenbart, daß sie als volle und gleiche Teilhaberinnen mit den Männern nach seinem göttlichen Bild geschaffen wurden. Sich selbst zu kennen heißt für asiatische Christinnen Gott zu kennen. Ihr Wissen von Jesus Christus, dem Symbol wahren Menschseins, ist Inhalt des nächsten Kapitels.

3. Wer ist Jesus für asiatische Frauen?

Traditionelle Vorstellungen

Um ihre Erfahrungen mit Jesus auszudrücken, benutzen die meisten asiatischen Frauen die traditionellen Begriffe, die sie von den Missionaren übernommen haben. Da immer noch viele christliche Kirchen in Asien von westlichen Missionstheologien und androzentrischen Bibelauslegungen beherrscht werden, vermitteln die Theologien mancher Frauen zwar an der Oberfläche den Eindruck, sich kaum von westlicher Missionstheologie oder der asiatischer Männer zu unterscheiden. Wenn wir aber genauer hinsehen, wie Frauen mit den traditionellen Bezeichnungen für Jesus umgehen, können wir spüren, wie sich aus der alten Sprache heraus ein neues Verständnis entwickelt. Im folgenden gebe ich Beispiele ganz traditioneller Vorstellungen von Jesus, die aber durch die Erfahrungen asiatischer Frauen mit neuer Bedeutung gefüllt werden.

Jesus als leidender Gottesknecht

Die gängigste Vorstellung von Jesus ist die vom leidenden Gottesknecht. Asiatische Christinnen fühlen sich damit am wohlsten, egal, ob sie nun theologisch konservativ oder progressiv sind.

Auf der theologischen Konferenz asiatischer Frauen in

Singapur haben Christinnen aus vielen Ländern in einer zusammenfassenden Erklärung der christologischen Studiengruppe[1] Jesus als »prophetischen Messias« definiert, »der sich als der leidende Gottesknecht als Lösegeld für viele aufopfert und durch sein Leiden als Messias ein neues Menschsein schafft«.[2]

Bei dieser Konferenz haben die Frauen jene Bilder abgelehnt, die ihn als »triumphierenden König« oder »respekteinflößenden Hohenpriester« beschrieben.[3] Sie meinten, diese Bilder von Jesus hätten dazu gedient, das »patriarchale religiöse Bewußtsein in Kirche und Theologie zu stützen«.[4] Jesus wurde aber durch sein Leiden im Dienst für andere und nicht durch seine Beherrschung anderer zum Messias. Wie die koreanische Theologin Choi Ma Ja sehen viele Christinnen im »Leiden und Gehorsam« eine Verbindung zwischen ihrem eigenen Menschsein und dem Menschsein Jesu.[5] Weil ihre Lebenserfahrungen so sehr von »Leiden und Gehorsam« geprägt sind, erscheint es ganz natürlich, daß die Frauen Jesus durch die Erfahrung begegnen, die ihnen am vertrautesten ist.

Sie brauchen aber eine Sprache, in der sie die Bedeutung ihrer Erfahrungen auszudrücken vermögen. Die Vorstellung von einem leidenden Jesus hilft ihnen, in ihrem eigenen Leiden einen Sinn zu sehen. So wie Jesus für andere litt, so leiden auch asiatische Frauen für ihre Familien und andere Mitglieder ihrer Gemeinschaft. Und wie sein Leiden heilbringend war, beginnen die Frauen in ihrem Leiden auch etwas Erlösendes zu sehen. Durch die Geschichten von Jesu Leben und Tod bekommt ihr Leiden einen Sinn, und wie das Leiden Jesu anderen Leben brachte, liegt auch im Leiden asiatischer Frauen eine Kraftquelle für sie selbst und für andere, deren Lebenserfahrungen durch Unterdrückung gezeichnet sind.

Es kann aber auch sehr gefährlich sein, dem Leiden einen Sinn geben zu wollen, weil dies auf zweierlei Weise interpretiert werden kann – zum einen als Samenkorn zur Befreiung, aber eben auch als Opium zur Unterdrückung asiatischer Frauen. Deshalb spielen sich die Erfahrungen der Frauen mit Jesus zwischen diesen beiden entgegengesetzten Polen ab.

Trotz des sehr widersprüchlichen Erlebens in Familie, Kirche und Gesellschaft glauben die Frauen an diesen Jesus. Wenn sie Christinnen sein wollen, haben sie nur die Wahl, auch *trotz* großer Widersprüche zu glauben. Es ist zum Beispiel so, daß die Väter doch eigentlich die Beschützer sein sollten, die in einer unterdrückerischen Umgebung für Sicherheit, Essen, Wohnung und Kleidung sorgen. Aber zu oft werden die Frauen schon als Kinder geschlagen, viel zu früh verheiratet oder als Prostituierte verkauft. Ehemänner sollten doch ihre Frauen lieben, aber im Namen von Liebe und Harmonie werden Frauen häufig mißhandelt. Brüder sollten doch ihre Schwestern unterstützen und ermutigen, aber statt dessen benutzen sie sie stillschweigend, um in ihrer eigenen höheren Bildung weiterzukommen, und lassen ganz außer acht, daß die Schwestern ihre Körper verkaufen, um das Schulgeld für die Brüder aufzubringen. Die Versprechungen, für Sicherheit, Liebe und Nahrung zu sorgen, sind nicht immer erfüllt worden. Die Frauen haben ihren geliebten Männern vertraut, sind aber von diesen oft verraten worden. Trotzdem geben die Frauen weder die Hoffnung noch ihren Glauben auf: »Vielleicht wird mich eines Tages, irgendwo, irgend jemand lieben, mich so annehmen, wie ich bin, und für mich sorgen?« Ob Jesus dieser Jemand ist?

Einige Frauen haben es erfahren, daß Jesus sie wirklich liebt und als Menschen mit einer eigenen Würde anerkennt, während die anderen Männer in ihrem Leben sie verraten haben. Bei der Konferenz in Singapur sprach eine thailändische Christin, Komol Arayapraatep, davon, was Jesus für sie bedeutet:

»Wir Frauen sind Jesus, dem Christus, sehr dankbar. Durch ihn haben wir erfahren, daß Gottes Gnade auch uns Frauen gilt. Gott hat dafür gesorgt, daß im Leben Jesu, des Christus, Frauen eine ganz wesentliche Rolle gespielt haben, und zwar von seiner Geburt bis zu seinem Tod und seiner Auferstehung.«[6]

Die Lehren der Kirche über Jesus sind jedoch den Aussagen ihrer Väter, Ehemänner und Brüder viel ähnlicher als dem, was und wie Jesus selbst im Evangelium zu den Frauen redet. Die Kirche erzählt den Frauen:

»Seid gehorsam und geduldig, wie es Jesus seinem himmlischen Vater gegenüber war. Er hat das Leiden und den Tod am Kreuz ausgehalten, und so sollten sich auch gute Christinnen verhalten. Wenn ihr durch all das Leiden hindurchgeht, werdet auch ihr, so wie Jesus, eines Tages im Himmel auferstehen. Aber denkt daran, ohne das Kreuz gibt es keine Auferstehung, ohne Schmerzen keinen Gewinn. Zuerst müßt ihr sterben, um hernach zu leben.«[7]

Solche Ansichten sind schwer nachvollziehbar und bringen asiatische Frauen durcheinander. Sie fragen: »Warum müssen wir sterben, um Jesu Liebe zu gewinnen? Können wir Jesus nicht lieben, solange wir noch ganz lebendig sind?« Sowohl in der Kirche als auch in der Familie wird den Frauen immer Selbstverleugnung und Liebe gepredigt. Warum gilt diese Predigt nicht auch den Männern?

Der westliche Kolonialismus und Neo-Kolonialismus bildet eine zusätzliche Hürde für den Glauben asiatischer Frauen an Jesus. Als westliche Christen Jesus nach Asien brachten, hatten viele von ihnen auch Opium und Gewehre im Gepäck.[8] Sie predigten die Liebe Jesu, brachten aber den Menschen Asiens gleichzeitig den langsamen Tod durch Opium oder den schnellen Tod durch eine Kugel. Als die amerikanischen Soldaten vietnamesische Frauen vergewaltigten und viele Vietnamesen durch Agent Orange (ein Nervengift, d. Übers.), Gewehre und Bomben im Namen der Demokratie getötet wurden, sangen die Amerikaner immer noch »Gott segne Amerika«. Tod und Liebe liegen in missionarischen Taten sehr nah beieinander, seien sie nun religiös oder weltlich.[9]

Trotz dieser widersprüchlichen persönlichen und politischen Erfahrungen entscheiden sich immer noch Frauen für Jesus. Warum tun sie dies immer und immer wieder? Wo war denn Jesus, als die Körper asiatischer Frauen geschlagen, vergewaltigt und verbrannt wurden? Was hat er getan, um sie vor Leiden zu bewahren? Wer ist Jesus für diese Frauen? Ist er wie sein eigener Vater, der zugelassen hat, daß sein Sohn von der römischen Besatzungsmacht und religiösen Hierarchien getötet wurde, obwohl er um Hilfe schrie? (»Mein Gott, mein Gott, warum hast du mich verlassen?«) Oder ist Jesus wie einer dieser unverantwortlichen, frustrierten asiatischen Männer, die ihrer Geliebten und Frau Liebe und ein gutes Leben versprechen und dann, nachdem sie Herz und Körper der Frau gestohlen haben, sagen: »Ich komme bald wieder mit Geld und Geschenken, aber sorge bitte gut für *meine* Kinder und die alten Eltern, solange ich fort bin. Und sei bitte treu!« Natürlich kommen solche Männer fast nie zurück zu ihrer hoffnungslos wartenden Geliebten und Frau und überlassen ihr so die gesamte Last des Überlebens. Sind Asiatinnen im Teufelskreis der passiven Abhängigkeit geschlagener Frauen gefangen? Und wählen sie in Jesus nun wieder einen Mann, den sie trotzdem lieben, obwohl er sie verleugnet und verlassen hat, einfach weil sie keine andere Art von Beziehungen zu Männern kennen?

Einige mutige Frauen sagen ein klares Nein zu diesem endlosen, verwirrenden Liebesspiel des »trotzdem oder dennoch«. Sie betonen, daß sie Jesus lieben, *weil* er und nicht *obwohl* er der ist, der er ist. Sie weigern sich, die altbekannten Verhaltensweisen innerhalb der Familie anzuerkennen, die auf erzwungenen Opfern der Frauen beruhen. Statt dessen entscheiden sie sich für *Selbstrespekt*. Jesus ist für diese Frauen nur gut, wenn er sie bestätigt, respektiert und intensiv gegenwärtig ist auf ihrem langen und schweren Weg zur Befreiung und Ganzheit. Mit Leidenschaft und Mitgefühl spüren sie, daß Jesus sich in seiner Solidarität mit allen Unterdrückten gerade auch auf die Seite der zum Schweigen gebrachten Frauen stellt. Dieser Jesus ist der neue Geliebte, der Kamerad und der leidende Gottesknecht.

Ein Beispiel, sich für Jesus zu entscheiden, wird von der Philippina Lydia Lascano erzählt, die seit zehn Jahren in einem Slum Gemeinwesenarbeit organisiert und von ihren

Erfahrungen mit Jesus als leidendem Gottesknecht berichtet, wie die Menschen ihn dort in ihrem Leiden und Widerstand erleben.[10] Sie glaubt, im Leiden Jesu gebe es zwei Momente. Das eine ist »passiv«, das andere »aktiv«. Sie bringt das Leiden armer Philippinas unter Kolonialismus, Militärdiktatur und männlicher Dominanz mit dem Leiden Jesu zusammen und zitiert als Beispiel für das »passive« Moment in Jesu Leiden aus Jesaja:

»Er hatte keine schöne und edle Gestalt, so daß wir ihn anschauen mochten, er sah nicht so aus, daß wir Gefallen fanden an ihm. Er wurde verachtet und von den Menschen gemieden, ein Mann voller Schmerzen, mit Krankheit vertraut« (Jesaja 53, 2–3).

Für Lascano ist diese Demütigung und Entmenschlichung des leidenden Gottesknechtes der Grunderfahrung philippinischer Frauen vergleichbar. Viele Philippinas »leiden passiv, ohne die Hoffnung, sich selbst befreien zu können«, weil die Härte des täglichen Überlebenskampfes so erdrückend ist und sie sich der Ursachen der Unterdrükkung nicht bewußt sind.[11] Das Bild von Jesus als leidendem Gottesknecht drückt sehr deutlich die Realität aus, die Philippinas durchleben.[12] Für die armen Frauen ist das passive Moment in Jesu Leidensweg sehr wichtig, weil sie dadurch Jesus wirklich trauen können, denn er hat das Leiden durchlebt und nicht nur gelehrt und gepredigt, wie es die institutionalisierte Kirche tut. Nein, Jesus weiß um das Leiden der Frauen, weil er einst genauso hilflos gelitten hat wie sie.

Lydia Lascano arbeitet aber auch das aktive Moment im Leiden Jesu heraus, das sich vom passiven abhebt. Das aktive Moment drückt sich als Akt der Solidarität im »Tun« und im »Begleiten« aus. Für sie bedeutet dieses Begleiten, Menschen zur Seite zu stehen und mit ihnen zu gehen.[13] So ist Jesus aktiv gegenwärtig im Befreiungskampf, nicht als leidenschaftsloser Beobachter, sondern eher als aktiver Teilnehmer, der die Philippinas im Tun des Gerechten begleitet. Virginia Fabella erklärt diesen Aspekt so: »Weil er für alles, was er lehrte und tat, geradestand, hat er in seiner

Gefangenschaft das Leiden ganz konsequent ausgehalten und nicht aufgehört, sich mit dem Volk zu identifizieren, für das unter diesem System kein Ende des Elends in Sicht war.«[14]

Jesus ist für die Philippinas weder ein Masochist, dem das Leiden Spaß macht, noch ist er ein guter Junge, der blind das tut, was sein Vater anordnet. Er ist im Gegenteil ein mitfühlender Mensch von großer Integrität, der sich selbst mit den Unterdrückten identifizierte. Er »stand gerade für alles, was er lehrte und tat«, und trug die Verantwortung für die sich ergebenden Konsequenzen, selbst um den Preis des eigenen Lebens. Dieses Bild hilft den Frauen, das auferlegte Leiden durch einen Unterdrücker weise von dem Leiden zu unterscheiden, das als Konsequenz des Einstehens für Gerechtigkeit und Menschenwürde zu verstehen ist.

Die koreanische Theologin Choi Man Ja macht in ihrem Beitrag über feministische Christologie diesen befreienden Aspekt ganz klar. Sie fragt: »Wie können Frauen, die unter einer unterdrückerischen Macht leiden und ihr gehorchen, als leidende und gehorchende Dienerinnen Bedeutung gewinnen?«[15] Ihre Antwort ist:

»Leiden ist kein Selbstzweck ... es birgt bestimmte soziale Hinweise auf göttliches, erlösendes Handeln. Im Leiden wird das patriarchale Übel sichtbar. Jesus erduldet das Joch des Kreuzes gegen alle bösen Mächte dieser patriarchalen Welt. Dieser Gehorsam unterscheidet sich von einer bloßen Unterwerfung unter eine weltliche Autorität.«[16]

Park Soon Kyung, eine andere koreanische Theologin, entwickelte die Bedeutung von Jesu Dienen noch weiter und meint, dadurch habe sich bei den unterdrückten Menschen die Bedeutung der Versklavung verändert. Das Joch der Sklaverei sei ein Beweis für die Ungerechtigkeit und zugleich Zeugnis für den Wunsch nach Gottes Gerechtigkeit.[17] Deshalb ist so verstandenes Dienen nicht einfach Unterwerfung und Gehorsam, sondern ein starkes Zeugnis gegen das Böse und eine Herausforderung an alle Fürstentümer und Gewalten dieser Welt, vor allem an die männliche Vorherrschaft über Frauen. Dieser leidende Gottesknecht, der mit den machtlosen Frauen den passiven Leidensweg geht und sie in ihrem Befreiungskampf begleitet, ist der prophetische Messias, für den Befreiung nicht nur ein Wort, sondern ein Tun ist, das den Frauen zu einem neuen Menschsein verhilft. In Jesus Christus wird den asiatischen Frauen ein anderer Sinn ihres Leidens und Dienens offenbart, weil sie darin lebendigmachende Akzente sehen, die zu mehr Menschlichkeit beitragen.

Jesus als Herr

So wie das Bild vom leidenden Gottesknecht eine befreiende Dimension hat, die Frauen ermächtigt, Leiden als Konsequenz ihres eigenen Befreiungsweges zu akzeptieren, so befreit auch das Bild von Jesus, dem Herrn, Frauen von der falschen Autorität, die die Welt über sie hat, und befähigt sie, ihre wahre Autorität aus lebendigmachenden Erfahrungen zu beziehen.

Aber wie das Bild vom leidenden Gottesknecht ist auch das Bild von Jesus, dem Herrn, gegen die Frauen verwandt worden und hat ihren unterwürfigen, unterdrückten Status fortgeschrieben. In der patriarchalen Kultur und Tradition hatten die Frauen kein Anrecht auf sich selbst. Im ostasiatischen Kontext, unter der beherrschenden sozialen und religiösen Ideologie des Konfuzianismus, hatten die Frauen ihr ganzes Leben lang den Männern zu gehorchen: vor der Heirat ihren Vätern, während der Ehe ihren Männern und wenn sie Witwen wurden ihren Söhnen. Für die asiatische Frau war der Mann ihr Herr. Neben dem Konfuzianismus ließen auch der Feudalismus und die kaiserliche Herrschaft so gut wie keinen Raum für die Selbstbestimmung der Frauen. Obwohl sie am öffentlichen und politischen Leben nicht aktiv teilnehmen konnten, litten sie natürlich unter den Folgen des hierarchischen und sozialen Systems, konkret zum Beispiel an der Nahrungsmittelknappheit aufgrund der hohen Steuern.

Der westliche Kolonialismus mißbrauchte das Bild von Jesus als dem Herrn, um die politische und wirtschaftliche Dominanz über viele Länder Asiens zu rechtfertigen. Westliche Missionare versuchten, dem asiatischen Volk weiszumachen, der Herr Jesus der westlichen Kolonisatoren sei auch der Herr der asiatischen Völker, ja des ganzen Universums. Wer sich also zum Christentum bekennen wollte, mußte diesem Herrn Jesus und der Kolonialmacht, die ihn gebracht hatte, gehorchen.

In Ländern wie den Philippinen, die von Spanien kolonisiert wurden, war die Vorstellung von Jesus als Herr und Herrscher ganz besonders stark verbreitet. Die spanischen Eroberer setzten den Herrn Jesus über alle einheimischen Geister und ihren König über alle Stammesführer der philippinischen Völker. In jüngster Zeit haben philippinische Theologinnen in ihren Forschungsarbeiten diese Herrschaftsideologie des kolonialen Christentums und ihre Auswirkungen auf das Leben der Philippinas benannt.[18] Sie zeigen auf, wie dadurch das vorkoloniale, lebendige Selbstverständnis dieser Frauen und ihre Macht in der Gemeinschaft gezähmt wurden.[19] Vor der Ankunft der Spanier waren die Frauen mit gleicher oder manchmal sogar mehr Macht am häuslichen und öffentlichen Leben beteiligt. Philippinas waren aktive Mitglieder in der örtlichen Politik und Wirtschaft. Die Forschungen von Mary John Mananzan haben ergeben, daß der philippinischen Gesellschaft vor der Kolonisierung eine matriarchale Kultur zugrunde lag. Dem stimmen sogar einige männliche Wissenschaftler zu.[20] In dem Maße, wie sich das Christentum zusammen mit der feudalen Ideologie der Kolonialmacht weiter verbreitete, wurde dieses ganz aktive Bild von der Kraft philippinischer Frauen nach und nach immer schwächer und im Laufe der Zeit durch das Idealbild von Passivität, Unterordnung, Gehorsam und Keuschheit ersetzt.

Angesichts dieser historischen Realität wurde vielen Frauen, die Befreiung und Selbstbestimmung suchten, die Vorstellung von Jesus als dem Herrn suspekt. Gleichzeitig sehen sie aber die befreiende Kraft dieses Bildes für die

Armen. Park Soon Kyung aus Korea vermag dies am deutlichsten auszudrücken. Sie ist sich der Herrenideologie voll bewußt, die in dem Bild von Jesus, dem Herrn, steckt, aber sie sieht in dieser Herrschaft Jesu das genaue Gegenteil von patriarchaler Herrschaft.[21] Für sie bedeutet die Herrschaft Jesu eine Herrschaft der Gerechtigkeit, die »die böse Macht der Herrscher dieser Welt richtet«.[22] Während die patriarchale Herrschaft dieser Welt eine Macht darstellt, die Menschen unterdrückt, wird in der Herrschaft Jesu eine Kraft freigesetzt, die Menschen befreit. Das Konzept von Macht und Autorität der Herrschaft Jesu unterscheidet sich gänzlich vom Konzept patriarchaler Herrschaft. Jesu Herrschaft ist die Herrschaft des »Schöpfers und Retters von Natur und Menschen«.[23] Der Titel *Kyrios* (Herr), der in der hellenistischen Kultur den Herrscher bezeichnete, wandelte sich in seiner Bedeutung grundlegend, als damit die Macht und Kraft Jesu benannt wurde. Nach Park Soon Kyung begrenzt die von Gott kommende Herrschaft Jesu die Herrschaft aller Herrscher dieser Welt, weil durch Jesu Taten und seine eschatologische Vision die wahre Bedeutung von Herrschaft aufgezeigt wird. Alle Herrschaft dieser Welt »sollte an ihren Ursprung zurückkehren«, der in Gott liegt.[24] Deshalb muß sich alle Herrschaft in dieser Welt an der eschatologischen Vision Jesu messen lassen. Unter Herrschaft sollte in dieser Welt das verstanden werden, »was der Rettung der Menschheit und der Gerechtigkeit und Vorsehung Gottes dient«.[25] Park sagt dazu:

»Die Herrschaft Christi ist das genaue Gegenteil von patriarchaler Herrschaft. Eschatologisch stellt er das Herrschen der bösen Mächte dieser Welt unter Gottes Gericht. Indem er, als Mann, der Gerechtigkeit Gottes selbst bis zum Tod gehorsam war, hat Jesus der Macht patriarchaler Geschichte eine Frist gesetzt. Seine Herrschaft ist die Herrschaft der Gerechtigkeit Gottes, die durch sein Leiden und seinen Tod aufgerichtet wurde. Diese Herrschaft zerstört alle Fürstentümer und Gewalten dieser Welt und gibt alle Macht und Autorität Gott zurück.«[26]

Jesu Herrschaft bedeutet ein klares Nein zu patriarchaler

Dominanz, wodurch asiatische Frauen von falscher Autorität befreit und ermächtigt werden, nur Gott und nicht den Männern zu gehorchen.

Jesus als Immanuel (Gott-mit-uns)

Jesus, der durch sein Leiden und seine Hingabe für die Menschheit zum Herrn des Universums wurde, macht asiatischen Frauen seine Gegenwart deutlich. Vielen von ihnen ist das Geheimnis der Menschwerdung Gottes durch Jesu Person und Werk besonders kostbar. Dabei ist sowohl »die menschliche als die göttliche Natur Jesu« für das Selbstverständnis und den Auftrag der Frauen wesentlich.[27] Allerdings verstehen sie die Menschlichkeit und Göttlichkeit Jesu anders als die nizänisch-chalzedonensischen theologischen Erklärungen, die die Beziehung des Sohnes zum Vater und die zwei Naturen in seiner Person hervorheben. Das Interesse asiatischer Frauen an der Menschlichkeit und Göttlichkeit Jesu kommt aus ihrem Widerstand gegen die koloniale männliche Beherrschung in den Kirchen und Kulturen. Zwei namhafte Stimmen, die die Bedeutung der Inkarnation (das Wort ward Fleisch in Jesus) verständlich machen, kommen aus Indien und Korea. Die indische Theologin Monica Melanchton und die koreanische Theologin Lee Oo Chung sprechen über die Bedeutung der Menschwerdung und des Immanuel aus ihrem sozio-politischen und religiös-kulturellen Kontext heraus. Monica Melanchton macht die Göttlichkeit Jesu an seiner Sündlosigkeit, der Jungfrauengeburt, der Auferstehung und der »unglaublichen Autorität fest, die Jesus für sich in Anspruch nahm und ausübte«.[28] Über die göttliche Kraft Jesu sagt sie weiter:

»Was die Massen am meisten beeindruckte, war die innere Autorität der Verkündigung Jesu, die sich von der Lehre der Schriftgelehrten unterschied. Mit seiner Kraft trieb er Teufel aus, vergab er Sünden, heilte er Kranke und predigte mit Vollmacht. Daß irgend jemand solche Autorität für sich beanspruchen und sie auch noch mit Taten abdecken konnte, war nicht im entferntesten denkbar. Daher wird in allen Büchern des Neuen Testamentes Jesu Gottheit/Göttlichkeit entweder direkt oder indirekt bezeugt.«[29]

Aber dieser Jesus teilt auch alle menschlichen Begrenzungen mit uns, indem er »in der Krippe liegt, heranwächst, lernt, Gefühle und Schmerzen von Hunger, Durst, Angst, Zweifel und Kummer kennt und schließlich stirbt und begraben wird«.[30] Nach Melanchton ist Jesus ein »Repräsentant«[31] der Wirklichkeit des »Gott-mit-uns« (Immanuel). Sie meint jedoch, die institutionalisierte Kirche habe das Bild von Jesus entstellt, weil sie statt der Menschlichkeit die Männlichkeit hervorgehoben habe, die zu einem »konstitutiven Faktor wurde, um die Rolle und den Platz von Frauen festzulegen«.[32] Die Männlichkeit Jesu schloß Frauen von der aktiven Beteiligung in der Kirche aus. Melanchton betont, daß Jesus durch seine Menschwerdung gerade eine neue Menschheit repräsentiert, in der nicht nur Männer vorkommen, die nur die Hälfte der Menschheit ausmachen, sondern auch die Frauen. Sie warnt davor, die Männlichkeit Jesu hervorzuheben, weil dies ein gottloser Akt sei.

»Wenn wir Jesus Christus auf seine Männlichkeit festlegen, machen wir denselben Fehler, als wenn wir unserem Gott heidnisch/hinduistische Sexualvorstellungen zuschreiben, die dieser transzendiert. Die Kirche in Indien muß Jesus Christus als Person anerkennen und damit auch die Tatsache, daß er als Mensch alle Menschen vertritt, auch die indischen Frauen.«[33]

Die Menschlichkeit Jesu gilt allen Menschen. Der christliche Gott transzendiert Sexualität und befreit indische Frauen aus ihren stereotypen Rollen, die ihnen in ihrer Kultur zugeschrieben werden. Jesus als der Immanuel, Gott-mit-uns, verwandelt die hinduistische Kultur.

Anders als Melanchton beschreibt Lee Oo Chung, wie sich in der koreanischen Kultur die Bedeutung des Immanuel, der Inkarnation, sowie die Göttlichkeit und Menschlichkeit Jesu wandelt. Lee Oo Chung vertritt vom koreanischen Kontext her eine Christologie von unten. Ihr zufolge besagt die allgemeine traditionelle Vorstellung von koreanischen Gottheiten, daß »besondere Menschen, die in ihrem Leben besondere Dinge getan haben, nach dem Tod zu Gottheiten werden«.[34] Dafür gibt es ein gängiges Schema:

1. Herkunft aus einer adligen Familie,
2. Außergewöhnliche Geburt,
3. Außergewöhnliche Kindheit,
4. Verlust der Eltern in früher Kindheit oder andere Leiden,
5. Rettung und Überleben in dieser Situation durch Pflegeeltern,
6. Nochmalige Krise,
7. Durch Kampf und Ruhm zum Sieg gelangen.[35]

Diese Abfolge kennen wir aus vielen Sagen von Helden, die dann zu Göttern wurden. Interessanterweise ist es bei den Heldinnen etwas anders. Bis zum 6. Stadium sind die Geschichten zwar ähnlich, aber »am Ende gelangt sie nicht durch Kampf zum Sieg, sondern sie wird durch Leiden, Lieben, Geduldigsein und Opfern zur Göttin«.[36] »Von den vielen Gottheiten in Korea, die diese Vergöttlichung durch ihre Liebe, ihr Leiden und ihre Opfer erreicht haben, sind die meisten weiblich.«[37]

Vor diesem kulturellen Hintergrund ist eine Christologie von oben (Gott wird Mensch) für das gewöhnliche Volk (MINJUNG), vor allem die Arbeiterinnen und Arbeiter, schwer nachzuvollziehen. Begriffliche und abstrakte Gottesbilder in der christlichen Theologie wie »der ganz andere«, »der unbewegte Beweger«, »der unwandelbare, gefühllose, unveränderbare Gott« ergeben für Koreanerinnen und Koreaner keinen Sinn. Lee Oo Chung beschreibt, wie sie Jesus verstehen:

»Die Lehre, daß Gott Mensch wird, ist für die koreanischen Minjung eine schwierige Aussage, die sie kaum annehmen können. Dagegen können sie die Umkehrung ›ein Mensch wird Gott‹ leicht nachvollziehen. Deshalb kann Jesus Christus als Messias leichter im Bild des historischen

Jesus verstanden werden, der seine Nächsten mehr liebte als sich selbst und um dieser großen Liebe willen alle Leiden und Opfer auf sich nahm und zum Messias wurde, zum Retter der Menschheit. Die andere Theorie, Jesus war Gott und deshalb auch der Messias, ist weniger überzeugend.«[38]

Lee sieht für koreanische Christinnen eine radikale Befreiungsaufgabe: Um das Geheimnis der Lehre von der freiwilligen Menschwerdung wirklich erfahren zu können, müssen die Koreanerinnen die ihnen von Kirche und Gesellschaft auferlegte Rolle der Dienenden aufgeben. Dies wird dann möglich, wenn sie »ihr Selbstbewußtsein so hoch einschätzen, als wäre es im Bereich des Göttlichen«.[39] Diese Hebung des Selbstbewußtseins von Frauen wird ihre Kraft aus »der Erfahrung beziehen, daß die wahre Liebe Gottes unser ganzes Sein, also Körper, Geist und Seele, umfaßt, und zwar als Individuen wie auch als soziale Wesen«.[40]

Koreanische Frauen erfahren das Geheimnis der Menschwerdung und des Gott-mit-uns, indem sie wie Jesus werden. Viele Christinnen und Christen meinen, um wirklich christlich zu leben, müßten sie »kleine Jesusse« werden, weil Jesus für sie nicht das objektivierte, göttliche Wesen ist, das wir anbeten müssen, sondern eher der, den wir in unserem Leben nach-leben. In unserem Kampf um wahres Menschsein ist die Bedeutung des Immanuel durch mythologische Symbole und die koreanische Sprache vom Gott-*mit*-uns (God-with-us) zum Gott-*unter*-uns (God-among-us) und schließlich auch zum Gott-*ist*-wir (God-is-us) verändert worden.

Neu aufkommende Bilder

In den asiatischen Frauenbewegungen sind auch neue Vorstellungen von Jesus entstanden. Je freier sich die Frauen von den patriarchalen Autoritäten in Familie, Kirche und Gesellschaft fühlen, desto schöpferischer werden sie, um ihre Erfahrungen mit Jesus Christus zu benennen. Manchmal sind die Vorstellungen von Jesus so anders, daß sie den radikalen Bruch zwischen den Vorstellungen der jüdischen und christlichen Kultur und denen der asiatischen Frauenbewegungen deutlich machen. Einige Frauen haben genug Selbstvertrauen gewonnen, um die Gegenwart Jesu Christi in ihrer eigenen Kultur, in den einheimischen Religionen sowie in säkularen politischen Bewegungen zu benennen. Sie beschreiben eine christologische Identität, die nicht direkt im traditionellen Sinn mit dem Christentum verbunden ist. Um auszudrücken, was Jesus ihnen im heutigen Asien bedeutet, gebrauchen sie religiös-politische Symbole und Motive aus ihren Bewegungen. Dies ist eine *christologische Transformation,* die aus dem Ringen der Frauen um wahres Menschsein entstanden ist und aus diesen Erfahrungen schöpft. Die alten christologischen Paradigmen werden umgewandelt, neue Bedeutungen gefunden, und so kommen ganz andere, verschiedenartige Bilder von Jesus Christus ans Licht. Als Sinn-Geberinnen wagen asiatische Frauen einen Sprung in eine unbekannte, offene Zukunft und formen aus ihrem eigenen Erleben ein neues Christentum, das es so niemals zuvor in der Geschichte gegeben hat. Im folgenden gebe ich Beispiele von neuen sich entwickelnden Bildern von Jesus Christus, die von den geschichtlichen und gelebten Erfahrungen von Frauen hergeleitet sind, die daran stärker glauben als an aufgezwungene Autorität.

Jesus als Befreier, Revolutionär und politischer Märtyrer

In vielen Schriften von Frauen aus Indien, Indonesien, Korea, den Philippinen oder Sri Lanka wird Jesus Christus als Befreier geschildert. Es hat geschichtliche Gründe, daß asiatische Frauen vom Bild Jesu als Befreier am meisten angesprochen werden. Nach nichts streben die Menschen in Asien und eben auch die Frauen des 20. Jahrhunderts mehr als nach Befreiung vom Kolonialismus, von Neo-Kolonialismus und Armut, von Militärdiktatur und Patriarchat.

In einer EATWOT-Veröffentlichung »Frauen und das Christus-Ereignis« wird Jesus als der »Prototyp des wahren Befreiers« definiert.[41] Dort wird auch gesagt, »im Vergleich mit der Vorstellung von Befreiern in anderen nicht-christlichen Religionen und Bewegungen« biete sich die Vorstellung von Jesus als dem Befreier ganz von selber an.[42] Pauline Hensman, Theologin aus Sri Lanka und Teilnehmerin der Tagung, beschrieb Jesus Christus als den, der »den Armen, Unterdrückten und Benachteiligten die gute Nachricht brachte« und durch den die Menschheit von Knechtschaft und Entfremdung befreit wurde.[43] Bei derselben Tagung meinten Philippinas zum Christus-Ereignis, daß das Bild von Jesus Christus, dem Befreier, auch Züge des Revolutionärs und politischen Märtyrers trage. Lydia Lascano sagt über den Befreiungskampf der Philippinas: »In ihrem eigenen Leben durchleiden und durchleben sie das Christus-Ereignis – Jesu Leben, seine Passion, seinen Tod und seine Auferstehung – und drücken dadurch dem philippinischen Befreiungsplan, dem Plan Gottes, den Stempel ihres Frauseins auf.«[44]

Mehr als 300 Jahre haben Philippinas unter spanischem und amerikanischem Kolonialismus und Militärdiktaturen gelitten – und widerstanden, um zu überleben und ihre Menschenwürde als Volk zurückzugewinnen. Deshalb können sie Leiden, Tod und Auferstehung Christi in ihrem eigenen Leben nachvollziehen. Sie sehen das revolutionäre Handeln Christi in »den militanten Demonstrantinnen, die den Kampf für sich und die ganze Nation aufgenommen haben«.[45] Während ihrer Aktionen zur Befreiung sind Philippinas verhaftet, vergewaltigt, gefoltert, gefangengenommen und aus ihren Häusern verschleppt worden. Viele sind sogar im Kampf um die Selbstbestimmung ihres Volkes getötet worden. In den Protestbewegungen wird ihrer immer wieder gedacht. Einige Namen sollen hier genannt werden:

»*Lorena Barros,* eine Freiheitskämpferin; *Filomena Asuncion,* eine Diakonin, die ihr Leben für die Aufklärung der Bauern hingab; *Leticia Celestino,* eine Fabrikarbeiterin, die an der Streikfront erschossen wurde, als sie gerechte Löhne forderte; *Angelina Sayat,* eine Freiheitskämpferin, die im Gewahrsam des Militärs starb; *Puri Pedro,* eine Katechetin, die den Bauern half und während eines Krankenhausaufenthaltes gefoltert und getötet wurde.«[46]

Im Tod dieser politischen Märtyrerinnen sehen wir den Tod Jesu. Aber anders als zu Jesu Zeiten, als die Frauen in Jerusalem weinten, trösten die heutigen Frauen sich nicht nur gegenseitig oder weinen um Jesus auf seinem Weg zum Kreuz. Nein, die Philippinas vergießen ihr Blut um ihres Volkes willen. Schwester Lascano erklärt dieses politische Märtyrerinnentum so:

»Es gibt heute im philippinischen Volk Jüngerinnen, die Jesus tatsächlich nachfolgen, indem sie wie der leidende Christus mit dem Volk leben, nicht nur um es zu trösten und zu unterstützen, sondern auch mit ihm zu sterben. In ihrem leidenschaftlichen Eintreten für soziale Umwandlungen bekommt der Tod auf einer anderen Ebene einen Sinn ... Heute gehen viele Philippinas nicht nur als Zuschauerinnen mit Jesus nach Golgatha, sondern sie tragen mit ihm zusammen das Kreuz und durchleiden, in der Identifizierung mit seinem Leiden, seine Passion.«[47]

Die Auferstehung Jesu wird in der Auferstehung dieser Märtyrerinnen lebendig. Die Widerstandsbewegung hält den Geist und die Vision dieser Frauen durch ständige »geplante Aktionen« und »aktives Beobachten und Warten« bis zum erwarteten Sieg lebendig.[48] Wenn die armen Frauen erwachen und die Grundursachen ihres Leidens und der strukturellen Übel erkennen, dann fangen sie an, ihre Land- und Menschenrechte für sich in Anspruch zu nehmen. Sie bringen ihre Entdeckungen in dem Satz zum Ausdruck: »Auch wir werden unseren Exodus aus dem Land der Sklaverei haben!«[49] All dies setzen sie in politische Aktion um, weil diese Erkenntnis ihre Herzen mit Hoffnung erfüllt, glauben sie doch, daß der befreiende Gott des Exodus im auferstandenen Christus lebendig geworden ist und nun auch unter ihnen als der BAKONG KRISTO (der neue Christus) lebendig ist.«[50]

Jesus als Mutter, Frau und Schamanin

Viele Asiatinnen stellen Jesus im Bild einer Mutter dar. Sie sehen in Jesus einen Mitfühlenden, der das Leiden der Menschheit ganz tief mitempfindet und mit ihr weint. Weil sein Mitleiden so tief ist, fällt den Frauen kein angemesseneres Bild als das der Mutter ein, um auszudrücken, wie sie Jesu Mitgefühl erleben. Kwok Pui-lan, eine Theologin aus Hong Kong, erklärt dazu in ihrem Aufsatz »Gott weint mit unserem Schmerz«:

»Jesus weinte um Jerusalem. Sein Kummer war so groß, daß Matthäus eine ›weibliche Metapher‹ benutzen mußte, um zu beschreiben, was er wirklich fühlte: ›Wie oft wollte ich deine Kinder um mich sammeln, so wie eine Henne ihre Küken unter ihre Flügel nimmt‹ (Matth. 23,37).«[51]

Wie eine Mutter, die ihren toten Sohn beklagt, der in den Kriegen Indochinas umkam, wie viele koreanische Mütter, die um ihre Söhne und Töchter weinen, die von der Geheimpolizei verschleppt wurden, so schrie Jesus auf für den Schmerz der leidenden Menschheit. Die koreanische Theologin Lee Oo Chung fragt, warum Jesus vor seinem Tod so sehr gelitten hat, daß er sogar zu seinen Jüngern sagt: »Der Kummer in meinem Herzen ist so groß, daß er mich fast erdrückt. Bleibt bei mir und wachet mit mir!«[52] Jesus war nicht wie einer jener Heiligen und Helden, die ruhig und gelassen starben. »Er nahm im Gegensatz zu ihnen, die nur ihr eigenes Leiden trugen, den Schmerz und die Leiden aller seiner Nächsten, ja der ganzen Menschheit auf sich.«[53]

Wie einige von Jesu Jüngern konnten Leute, die nur an der Mehrung ihres eigenen Ruhmes, ihrer Ehre oder Macht interessiert waren (»Laß uns in deinem Reich einen von uns rechts und den anderen links neben dir sitzen!« – Mark. 10,37), weder den Schmerz der leidenden Armen noch die Gewalt und das Unrecht der Unterdrücker sehen.[54] Aber Jesus fühlte den Schmerz wie eine mitleidende Mutter. Lee hat das Bild von Jesus als mitfühlender Mutter, die den Schmerz ihres Kindes mitträgt, in der koreanischen Volkskunst wiedergefunden:

»Im Nationalmuseum in Kyungju, Korea, der Hauptstadt des alten Königreiches Silla, hängt eine schöne Glocke. Im Silla-Königreich herrschte damals Frieden, aber der König, ein frommer Buddhist, wollte trotzdem sein Volk vor einer ausländischen Invasion bewahren. Seine Berater schlugen vor, er solle eine große Tempelglocke bauen lassen, um Buddha die Ergebenheit des Volkes zu zeigen. Ein Spezialist der Glockengießerzunft wurde beauftragt. Aber trotz all seines Könnens und seiner Sorgfalt gelang es ihm nicht, eine Glocke mit einem schönen Klang herzustellen. Schließlich ging er zurück zum Rat der religiösen Führer. Nach langer Diskussion kamen sie zu dem Schluß, daß nur durch das Opfer eines unschuldigen jungen Mädchens ein schöner Glockenton erreicht werden könne. Soldaten wurden ausgeschickt, um ein junges Mädchen zu suchen und herzubringen. Als sie in einem kleinen Dorf einer armen Mutter mit ihrer kleinen Tochter begegneten, nahmen sie ihr das Kind weg, während sie erbärmlich schrie: ›Emille, Emille!‹ – ›Mutter! O Mutter!‹ Als das geschmolzene Blei und Eisen vorbereitet waren, wurde das kleine Mädchen hineingeworfen. Schließlich hatte der Glockengießer es geschafft. Die Glocke, die dann Emille-Glocke genannt wurde, hatte einen schöneren Klang als jede andere Glocke. Immer, wenn sie läutete, lobten die Leute die Kunst, die so einen wunderschönen Ton hervorgebracht hatte. Aber immer, wenn die Mutter, deren Kind geopfert worden war, die Glocke hörte, brach ihr das Herz von neuem.«[55]

Für Lee ist Jesus wie die Mutter des kleinen Mädchens. Jesu Herz bricht immer wieder, wenn er die Schreie der Menschheit hört. Menschen, die die Bedeutung des Opfers nicht kennen, freuen sich an den Errungenschaften, die auf den Opfern anderer Menschen beruhen. Aber Menschen, »die das Opfer verstehen, spüren den Schmerz«.[56] Dieses Bild von Jesus zeigt den Frauen, daß die Erlösung der Menschheit nicht durch jene kommt, die es sich wohl sein lassen und unbeteiligt sind, sondern nur durch den einen, der das Leiden aller Menschen geteilt hat.[57]

Dieses mitfühlende, sensible Mutterbild von Jesus wird auch von der indonesischen Theologin Marianne Katoppo geteilt. Sie erhellt dies, indem sie ein Gebet des heiligen Anselm und ein Gedicht der indischen Dichterin Narayan Vaman Tilak wiedergibt:

> »Und du, Jesus, liebster Herr,
> bist du nicht auch Mutter?
> Wahrlich, du bist eine Mutter,
> die Mutter aller Mütter.
> Du hast den Tod geschmeckt
> in deinem Wunsch,
> deinen Kindern Leben zu geben.«
> *Anselm*[58]

> »Zärtlichste Guru-Mutter mein,
> Retterin, wo gibt es die Liebe,
> die deiner gleicht?«
> *Narayan Vaman Tilak*[59]

Dieses Mutter-Bild von Jesus zerstört »die paternalistischen, autoritären und hierarchischen Muster« in unserem Leben und hilft, »mütterliche, mitfühlende, sensible, tragende und stärkende Beziehungen zwischen Menschen aufzubauen«.[60]

Einige Frauen sehen von ihrer spezifischen geschichtlichen Situation her Jesus Christus als eine weibliche Figur. In Korea gibt es zu dieser Sicht zwei klare Stimmen. Park

Soon Kyung beendete ihren christologischen Vortrag mit der Feststellung: »Obwohl Jesus von seiner physischen Gestalt her ein Mann war, ist er doch ›ein Symbol für das Weibliche und Unterdrückte‹, weil er sich mit dem, was am meisten schmerzt, identifiziert hat. Deshalb könnten wir Jesus auf einer symbolischen Ebene als den *›weiblichen Messias‹* bezeichnen, der die Unterdrückten befreit.«[61] Ihr Recht, Jesu Menschsein als weiblich zu bezeichnen, bezieht sie aus der augenblicklichen geschichtlichen Situation, weil auch die Christologie von der patriarchalen Kirchenstruktur befreit werden muß.

Choi Man Ja geht noch einen Schritt weiter, indem sie den geschichtlichen Befreiungskampf koreanischer Frauen mit »messianischem Wirken« gleichsetzt.[62] Sie sagt: »Auch wenn Frauen in Korea in den meisten Kirchen von der Ordination ausgeschlossen sind, sind sie es, die tatsächlich das Messias-Jesus-Zeugnis leben.«[63] Jesu messianisches Wirken entspringt seinem leidenden Dienen. Deshalb sieht sie die Umsetzung einer neuen Menschlichkeit am deutlichsten durch einen weiblichen Messias gegeben, der im Leiden und Ringen der Frauen da ist. Dieser weibliche Christus ist »das neue Menschsein, solidarisch mit den Unterdrückten, und die Frauen von ihrem Leiden erlösend«.[64]

Ein anderes weibliches Jesus-Bild kommt vom Bild der Schamanin. In ihrem Artikel »Asiatische Frauen und Christologie« berichtet Virginia Fabella, was sie von koreanischen Frauen gelernt hat.[65] Unter wirtschaftlicher und politischer Unterdrückung und den zusätzlichen Bürden eines konfuzianischen Systems der Ethik, in das die männliche Vorherrschaft eingepflanzt ist, kann man die Lebenswirklichkeit der Frauen nur als HAN bezeichnen. Der Groll, die Entrüstung, das Gefühl einer Niederlage, die Resignation, das Nichts in HAN macht viele Frauen physisch krank und bricht ihnen das Herz. Was kann ihnen Jesus Christus in dieser Lage bedeuten? Fabella zitiert die Antwort einer Koreanerin: »Wenn Jesus Christus uns etwas bedeuten soll, dann muß er für MINJUNG-Frauen ein Priester des HAN sein.«[66] Rettung und Erlösung bedeuten für MINJUNG-Frauen, daß sie von dem angehäuften HAN befreit werden und das vielschichtige HAN entwirrt wird. Da die einheimische Religion in Korea der Schamanismus ist, können die Frauen dort leicht den Jesus der synoptischen Evangelien akzeptieren, der, wie eine koreanische Schamanin, Kranke heilte und die Geister der Besessenen austrieb. So wie die Schamanin den Frauen eine Heilerin, Trösterin und Beraterin ist, so heilte und tröstete auch Jesus Christus durch sein Wirken viele Frauen.

Die meisten Schamanen in Korea sind Frauen. Unter den verschiedenen religiösen Traditionen Koreas ist der Schamanismus die einzige Religion, in der während seiner gesamten Entwicklung immer Frauen im Zentrum gestanden haben. Schamaninnen sind für viele benachteiligte MINJUNG-Frauen wie »große Schwestern«, die ihr HAN entwirrt haben und ihnen helfen, mit ihren Lebensproblemen fertig zu werden.[67] Wenn daher koreanische Frauen Jesus Christus als den Priester des HAN sehen, können sie mit dem weiblichen Bild von Jesus mehr verbinden als mit dem männlichen. Sie nehmen Jesus als eine große Schwester an, so wie sie auch die Schamanin als große Schwester in ihrer Gemeinschaft akzeptieren.

Das weibliche Bild von Jesus Christus ist auch sehr lebendig von Gabriele Dietrich, einer Theologin in Indien, ausgedrückt worden. Dietrich stellt eine Verbindung her zwischen der Menstruation der Frauen und Jesu Blutvergießen am Kreuz. In der monatlichen Blutung der Frau sieht sie die Bedeutung der Eucharistie und findet in ihrem Gedicht dafür sehr eindrückliche Worte:

> Ich bin eine Frau,
> und mein Blut
> schreit zum Himmel:
> Wer seid ihr,
> den Lebenspenderinnen
> das Leben vorzuenthalten?
> Jeder von euch
> kommt aus einem Schoß,

aber keiner von euch
kann eine Frau ertragen,
wenn sie stark,
fröhlich und kompetent ist.
Unsere Tränen wollt ihr,
die nach Schutz schreien.
Wer seid ihr,
uns zu beschützen
vor euch?

Ich bin eine Frau,
und meine monatlichen Blutungen
machen mir deutlich,
daß Blut Leben bedeutet.
Aber ihr seid es,
die die tödlichen Maschinen
erfunden haben,
die den Tod verbreiten;
dreitausend Tonnen Sprengstoff
für jeden Menschen
auf Erden.

Ich bin eine Frau,
und das Blut
meiner Abtreibungen
schreit zum Himmel.
Ich mußte mein Kind töten
wegen euch.
Weil ihr mir die Arbeit verweigert,
kann ich es nicht ernähren.
Ich mußte mein Kind töten,
weil ich nicht verheiratet bin
und ihr mich zu Tode hetzen würdet,
wenn ich euren Normen trotze.

Ich bin eine Frau,
und das Blut
meiner Vergewaltigung
schreit zum Himmel.
So haltet ihr euch an
der Macht.
So laßt ihr mich zittern,
wenn ich abends weggehe.
So haltet ihr mich zuhause in Schach,
wo ihr mich wieder vergewaltigt.
Ich ertrage dies nicht länger.

Ich bin eine Frau,
und das Blut
meiner Operationen
schreit zum Himmel.
Selbst wenn ich eine Nonne wäre,
würdet ihr meinen Körper noch benutzen,
um Geld zu machen,
indem ihr mir die Gebärmutter herausoperiert,
auch wenn das nicht nötig ist.
Mein Körper ist in den Klauen
von Ehemännern, Polizisten,
Ärzten, Kupplern.
Meine Entfremdung
nimmt kein Ende.

Ich bin eine Frau,
und das Blut
meiner Kämpfe
schreit zum Himmel.
Ja, meine Genossen,
ihr wollt uns
in der vordersten Reihe,
weil ihr gemerkt habt,
daß es ohne uns nicht geht.
Ihr braucht uns
im Klassenkampf.
Ihr braucht uns im Bett.
Wir sollen
euer Essen kochen,
eure Kinder gebären,
eure Wunden verbinden.
Den Frauentag feiert ihr
wie den Muttertag!
›Blumenketten
unseren Helferinnen!
Wo wären wir
ohne unsere Frauen?‹

Ich bin eine Frau,
und das Blut
meiner Aufopferung
schreit zum Himmel,
ja, zu dem, was ihr Himmel nennt.
Ich habe euch Priester satt.
Noch nie habt ihr geblutet
und sagt doch:

›Dies ist mein Leib,
für dich gegeben,
und mein Blut,
für dich vergossen.
Trink es.‹
Wessen Blut ist
für das Leben
seit Ewigkeiten
vergossen worden?
Ich habe euch Priester satt,
euch Verwalter der GARBAGRIHA*,
die ihr den Schoß
als Quelle des Lebens verehrt,
mich aber ausschließt,
weil mein Blut
verunreinigt.

Ich bin eine Frau,
und ich blute weiterhin
aus meinem Schoß,
aber auch aus meinem Herzen,
weil es schwer ist,
hassen zu lernen,
und helfen wird es auch nicht,
wenn ich euch hasse.

Immer noch liebe ich
meinen kleinen Sohn,
der seine Schwester quält.
Er hat es draußen gelernt.
Wie kann ich ihn davon abbringen?

Immer noch liebe ich
den Vater meiner Kinder,
weil er bei mir war,
als ich sie gebar.

Immer noch sehne ich mich
nach der Berührung meines Geliebten,
um die Mauer des Mißtrauens
zu überwinden,
die zwischen Frauen und Männern
gewachsen ist.

---

* Garbagriha ist ein Sanskrit-Wort. Es umschreibt das Allerheiligste im Tempel, ein weibliches Symbol (Anm. d. Ü.).

Immer noch liebe ich
meine bewaffneten Kameraden,
weil sie sich
für die Leidenden einsetzen.
Es gibt eine Hoffnung,
daß sie sich
im Kampf für das Leben hingeben
und nicht nur für die Macht.

Vor allem habe ich gelernt,
meine Schwestern zu lieben.
Wir haben gelernt,
einander zu lieben,
und wir haben auch gelernt,
uns selbst anzunehmen.

Ich bin eine Frau,
und mein Blut
schreit zum Himmel.
Wir sind Millionen,
die gemeinsam stark sind.
Hört lieber auf uns,
sonst seid ihr verloren.«[68]

Dietrich hinterfragt die Heuchelei der patriarchalen Kirche und Gesellschaft, die den »Lebenspenderinnen das Leben vorenthalten«, die »den Mutterleib als Lebensquelle bewundern«, Frauen aber von der vollen Teilhabe am Leben ausschließen. Der Schoß wird gepriesen, aber nicht jene, denen der Mutterschoß gehört. Die meisten der sogenannten höheren Weltreligionen verdammen die Menstruation der Frauen als schmutzig und verunreinigend. In vielen Religionen können die Frauen nicht an den Ritualen teilnehmen, weil ihr monatlicher Blutfluß die heiligen Altäre »verunreinigen« würde. Dietrich fragt die christlichen Priester, die das heilige Blutvergießen Jesu anbeten: »Wessen Blut ist seit Ewigkeiten für das Leben vergossen worden?« Dann sagt sie, Priester hätten im Gegensatz zu Frauen »noch nie geblutet und sagten trotzdem: ›Dies ist mein Leib, für dich gegeben, und mein Blut, für dich vergossen, trink es.‹« Jesus vergoß sein Blut am Kreuz aus Solidarität mit den Armen und Entfremdeten. Er blutete, damit andere das ewige Leben haben. Wie Jesu Blut ist auch das von Frauen seit Ewigkeiten vergossen worden. Die Menstruation der Frauen ist ein heiliges Sakrament, durch das die Erneuerung des Lebens möglich wird. Jesus vereint sich mit den Frauen und stiftet durch sein Blut neues Leben.[69]

Jesus als Arbeiter und Samenkorn

Weibliche Vorstellungen von Jesus Christus befähigen asiatische Frauen, sich Jesus auf der Erde vorzustellen. Die Offenbarung Gottes, die sie in der Kirche gehört haben, kommt meistens von oben. Eine Theologie, die auf dieser Offenbarung von oben aufbaut, verzerrt sich leicht zu einer Theologie der Beherrschung, weil diese Theologie auf dem abstrakten Denken des Kopfes aufbaut und nicht auf der konkreten Erfahrung des Körpers. Sie gründet auf einem distanzierten (meist männlichen) Intellektualismus und nicht auf der alltäglich erfahrenen Wirklichkeit. Manche Frauen finden Jesus im ganz alltäglichen Leben. Sie sehen die Offenbarung Gottes von unten, vom Grund, von der Erde. Sie lehnen jegliches Heldentum ab und suchen nicht nach großen Frauen und Männern, die sie anbeten können, sondern nach der rettenden Gegenwart Gottes in ihrem Alltag. Das Glaubenszeugnis einer koreanischen Fabrikarbeiterin zeigt, was Jesus Christus den kleinen, armen Leuten bedeutet:

»Ich weiß nicht, wie ich ein Christus-ähnliches Leben führen kann, aber so nach und nach erwache ich und entdecke etwas von seiner Bedeutung in meinem Alltag. Es geht ganz vorsichtig und geheimnisvoll vor sich. Um diesen Punkt zu erklären, möchte ich von meiner Mutter erzählen. Sie ist eine Frau, voll von HAN, und beschreibt sich auch selbst so. Mit 17 Jahren wurde sie verheiratet und hat dann nacheinander drei Kinder geboren. Noch bevor sie 30 Jahre alt war, starb ihr Mann. Meine Mutter steht jetzt jeden Morgen um 4.30 Uhr auf und geht zum Marktplatz. Dort sind so viele Menschen, daß man sich kaum bewegen kann, aber dieser Platz ist wirklich der Ort, an dem sich unser Leben abspielt.

Vom frühen Morgen an trägt meine Mutter schwere Bündel und verteilt auf dem ganzen Platz Plastiktaschen zum Einpacken an Buden und Läden. Erst später bekommt sie das Geld dafür. Diese Arbeit ist viel zu anstrengend für eine Frau in ihrem Alter und mit der körperlichen Verfassung meiner Mutter. Und darum wird sie meistens, wenn sie mal einen Tag frei hat, wie zum Beispiel am Vollmondfest, krank und muß sich ins Bett legen. Ihre Schultern sind verrenkt, und ihr Rücken ist gekrümmt. Ihre Wangen werden von der Kälte rot, weil sie auch im strengen Winter draußen arbeiten muß. Ihr Leben scheint nichts als hart, ermüdend und unbedeutend zu sein.

Aber immer, wenn ich meine Mutter sehe, erinnert mich ihr Gesicht an die müden Gesichter meiner Freundinnen und Freunde in der Fabrik, die stundenlang ohne jede Gesichtsregung arbeiten. Diese Frauen und Männer hören auch nicht auf zu arbeiten, wenn Verzweiflung und Abscheu sie überkommen, und haben trotzdem noch die Kraft, andere Menschen zu lieben. Da sie die Verzweiflung erfahren, von den Reichen gedemütigt zu werden und miserabelste Bedingungen aushalten zu müssen, wissen sie, daß man die verzweifelten Menschen unter allen Umständen liebhaben muß – obwohl wir ja die ganze Zeit verzweifelt sind. Aus diesen Herzen ist die Welt gemacht.

Wenn ich Arbeiterinnen und Arbeiter sehe, fühle ich den Atem und den Herzschlag der Geschichte und die Bedeutung wahren Menschseins und Christus in all dem. Ich denke, daß wir ohne die Arbeiterinnen und Arbeiter nicht gerettet werden können, weil vor allem sie es sind, die die liebende Kraft und eine unüberbietbare Ausdauer haben. Ich frage mich, wie Jesus, der Christus, wohl aussehen wird, wenn er wiederkommt. Als ich jung war, träumte ich von einem Jesus, der silberne Kleider trug und von vielen Engeln in hellem Licht und großartiger Musik umgeben war. Aber jetzt weiß ich nicht so recht. Wenn Jesus wiederkommt, kommt er vielleicht in abgerissenen Kleidern zu uns und gibt meiner müden Mutter, die im Stehen einschläft, eine Flasche BAKAS[70], oder er kommt zu mir, die ich gedankenlos in der lauten Fabrik arbeite, und hilft mir in seiner öligen Arbeiteruniform ganz ruhig bei der Arbeit. Ich denke, *unser Christus ist der Grund unseres Lebens, und mein Glaube ist mittendrin in diesem Arbeitsleben und bei den Arbeiterinnen und Arbeitern.*«[71]

Diese Fabrikarbeiterin sieht ihren Christus in den Arbeiterinnen und Arbeitern und ihrem harten Überlebenskampf. Sie glaubt nicht länger an das Bild eines auffallenden Jesus, der wie die reichen und berühmten Leute ihrer Kindheit aussieht. Jetzt erkennt sie Jesus in ihren Kameradinnen, die Verzweiflung, Demütigung und harte Arbeit aushalten und dennoch ihre Liebe und ihre Kraft mit anderen Arbeiterinnen teilen. Jesus Christus steigt nicht herab von einem herrlich aussehenden Himmel, sondern er wird sichtbar in den Erfahrungen des gebrochenen Körpers von Arbeiterinnen und Arbeitern, wenn sie trotz allem das Leben bejahen und ihre Mitmenschen in aller Gebrochenheit lieben. Sie werden sich gegenseitig zum Christus, wenn sie ihre Wunden berühren und sich Heilung schenken im Teilen von Essen, Arbeit und Hoffnung.

Ein anderes Bild Jesu Christi, das aus der Erde entspringt, finden wir im Gedicht einer indischen Frau. Sie begegnet ihrem Jesus Christus, wenn sie in einem von Hungersnot betroffenen Gebiet 200 g Haferbrei bekommt. Für sie ist Christus, Gottes geliebter Sohn, Nahrung für die Hungrigen.

»Jeden Tag um zwölf
in der Mittagshitze
kommt Gott zu mir
in Gestalt von
zweihundert Gramm Haferbrei.

Ich spüre ihn in jedem Korn,
ich schmecke ihn in jedem Löffel voll.
Ich halte sein Mahl mit ihm
wenn ich schlucke,

denn er hält mich am Leben
mit zweihundert Gramm Haferbrei.

Ich warte auf den nächsten Mittag
und weiß, daß er kommt:
So kann ich hoffen,
einen weiteren Tag zu leben,
denn du hast Gott zu mir
kommen lassen
in zweihundert Gramm Haferbrei.

Jetzt weiß ich,
daß Gott mich liebt –
und das verdanke ich nur dir.
Jetzt weiß ich, was du meinst,
wenn du sagst,
daß Gott diese Welt so liebt,
daß er seinen geliebten Sohn gibt,
jeden Tag durch dich.«[72]

Ohne Essen gibt es kein Leben. Wenn hungernde Menschen etwas essen, dann spüren sie Gott »in jedem Korn«. Beim Kauen eines jeden Kornes »erkennen« und »schmekken« sie Gott. Die Nahrung macht sie lebendig. Die Liebe Gottes erweist sich für Hungernde am umfassendsten, wenn sie zu essen haben. Wenn das Korn aus der Erde sie am Leben erhält, dann wissen sie plötzlich, was es heißt: »Also hat Gott die Welt geliebt, daß er seinen geliebten Sohn gab.« Wenn Gott ihnen durch andere mitfühlende Menschen zu essen gibt, dann gibt er ihnen seinen »geliebten Sohn«, Jesus Christus.

Zusammenfassend möchte ich nochmals an die traditionellen Bilder von Jesus erinnern, die auf neue, schöpferische Weise von Frauen interpretiert werden. Wir haben aber auch neuere Bilder von Jesus kennengelernt, die eine echte Herausforderung für die traditionellen Christologien darstellen. Weil Jesus aber ein Mann war, meinen manche Frauen, es gebe eine Grenze, wie weit er verwandelt werden könne, um den Bedürfnissen asiatischer Frauen entgegenzukommen. Dies ist der Hauptgrund, warum Theologinnen in neueren Schriften die Wichtigkeit der Maria betont haben, der ich mich jetzt zuwenden will.

4. Wer ist Maria für asiatische Frauen heute?

»Was habt ihr mir angetan?
Was habt ihr aus mir gemacht?
In der Frau, die ihr haben wollt,
finde ich mich selbst nicht wieder …
Heilig, einsam … Marmor und Stein:
Abgeschirmte, sanftmütige, Heilige Maria.

Meine Schwestern, schaut mich doch an!
Wendet euch doch nicht ab im Schmerz.
Euer Leben und meins sind verbunden
in Wut und Todesqualen …
Zum Schweigen gebracht, verleugnet, oder geheiligt …
Abgeschirmte, sanftmütige Heilige Maria.

Aber mein Lied ist Revolution!
MAGNIFICAT verkündet es!
Wir wagen jetzt,
sein Versprechen in Anspruch zu nehmen!
In unserer Schwachheit sind wir stark
und weise geworden in allem Schmerz
und Kummer und Unrecht …
Gebende, liebende, zornige Frauen.

Nur wenn ihr mich feiert,
werden es auch die Generationen tun.
Lebe freudig die Wahrheit,
die du gefunden hast, Frau,
sprich sie aus und nenn mich:
Leidende, stolze, prophetische, ungebeugte …
ganze, lachende Tochter – Maria:
wirkliche, warme, lebendige Frau – Maria:
DANN werde ich die ganze Maria sein!«[1]

So wie Jesus, ein jüdischer Mann, zum Symbol neuen Menschseins wurde, weil er geschichtliche, geographische und geschlechtsspezifische Grenzen durchbrach, so wurde auch Maria, eine jüdische Frau, durch ihre Worte und Taten zu einer Symbolfigur für asiatische Frauen. Jesus und Maria sind zwei wirklich befreite Menschen, deren Vorbild Christinnen in Asien als Quelle der Kraft und Inspiration dient. Doch weil Maria eine Frau ist, fühlen sich viele Frauen stärker zu ihr hingezogen als zu Jesus. In vielen Kirchen, in denen die Männlichkeit Jesu gegen die Frauen benutzt wurde, um die sexistische Ideologie weiblicher Minderwertigkeit zu legitimieren, haben Frauen in der Gegenwart Marias, dieser für das Heil der Menschen außerordentlich wichtigen Frau, Trost und ihr Selbstwertgefühl gefunden. Aber nicht immer war die Gegenwart Marias für die Frauen ermutigend und stärkend. Bis vor kurzem, bevor die Frauen mit vereinten Kräften ihre Macht und Würde in Anspruch zu nehmen begannen, wurde Maria gegen sie ausgespielt. In einigen Fällen wurden von der patriarchalen Kirche verschiedene negative Marienvorstellungen benutzt, um die Unterordnung der Frauen unter die Männer zu rechtfertigen. In anderen Fällen wurde Maria ganz aus der Kirche verbannt, damit die Frauen kein Vorbild einer wirklich befreiten Frau hätten.

Nach Ansicht asiatischer Frauen ist in der protestantischen Tradition die Stellung Marias und ihre mangelnde Beachtung in einer reinen Männertheologie ein Beweis für »die Weigerung der Kirche, Frauen den ihnen gebührenden Platz zuzugestehen«.[2] Diese Haltung der Kirche hat die Frauen gezwungen, sich »Jesus, der Christologie aus männlicher Sicht« als dem einzigen Modell wahren Menschseins anzupassen.[3] Deshalb ist in der protestantischen Kirche der Frau ihr rechtmäßiger Platz vorenthalten worden.

Während es der protestantischen Kirche gelungen ist, durch den Ausschluß der Maria die Frauen zu unterdrükken, hat die katholische Kirche durch die Zähmung der Maria die Kontrolle über die Frauen behalten. Einerseits wird Maria als die »geliebte Jungfrau« und »Mutter Gottes«

gepriesen, obwohl Jungfrauengeburt eine »biologische Unmöglichkeit« darstellt.[4] Aber dadurch, daß Maria zur »jungfräulichen Mutter« gemacht wurde, hat die Kirche sie zu einer so außergewöhnlichen Frau hochstilisiert, daß keine normale Frau sich mehr mit ihr identifizieren konnte. In der »jungfräulichen Mutter« wird die »Angst vor Geburt und die Degradierung weiblicher Sexualität«[5] durch die männlich dominierte Kirche deutlich.

Andererseits wird Maria zur passiven, gehorsamen Ja-Sagerin gezähmt oder zu einer einfachen Magd, die alles tut, was Männer wünschen. Sie ist »zuckersüß und gebrechlich, die Augen entweder bescheiden zu Boden geschlagen oder himmelwärts gerichtet – jedenfalls nicht ganz da!«[6] Und wenn sie sagt: »Ich bin die Magd des Herrn, mir geschehe, wie du gesagt hast«, dann zeigt dieser Satz letztendlich katholische Männerphantasien von »Weiblichkeit« oder was sie sich unter »idealen Frauen« vorstellen. Diese Maria ist das Symbol einer Frau, die von den Männern domestiziert wurde. Sie ist kein menschliches Wesen mit eigenem Recht, sondern ihr Menschsein wird von den Bedürfnissen der Männer bestimmt.[7] Aus diesem Grund wird die ritualisierte Verehrung der Maria in der katholischen Kirche durch Attribute wie »Tochter des Vaters, Mutter von Jesus, Vermählte des Heiligen Geistes« zum Ausdruck gebracht.[8] Durch dieses Bild der Maria wurden Frauen gezwungen, den Bedürfnissen der Männer im Kolonialismus und Kapitalismus zu entsprechen. Sie wurden »programmiert, den Männern zu vergeben oder in Fällen von Gewalt sich selbst die Schuld zuzusprechen und ja nie zornig zu werden oder zurückzuschlagen«.[9]

Diese von Männern definierte Maria war den Frauen von Anfang an eine *vertraute Fremde*. Zwar ist ihre Lebensgeschichte, ihr Leiden, ihre Liebe zu ihrem Sohn den Frauen schon »vertraut«. Aber sie hat auch etwas »Fremdes« an sich, weil sie entweder zu rein, zu hoch, zu heilig oder aber zu süß, zu passiv, zu vergebend ist, als daß Asiatinnen zu ihr *als Frau* eine wirkliche Beziehung entwickeln könnten. Diese Maria steht außerhalb der körperlichen Erfahrungen der Frauen. Sie ist »geheiligt und einsam, aus Marmor und Stein«[10] und hilft lediglich noch die Wunde der Schizophrenie zu vertiefen, die patriarchale Dominanz verursacht hat. Paradoxerweise schämen sich die Frauen, weil sie nicht so rein und jungfräulich keusch sind wie Maria, oder sie fühlen sich schuldig, weil sie an die Güte der Maria nicht heranreichen. Und doch fühlen sie sich gezwungen, Maria nachzuahmen, weil sie das verkörpert, »was angemessen weiblich ist«.[11] Wenn aber diese Maria, die so ganz außerhalb aller täglichen, konkreten, körperlichen Erfahrungen der Frauen steht, zur Norm für »ideales Frausein« wird, dann trägt ein solches Bild zur Schwächung der Frauen bei. Eine junge indische Christin spricht über ihre Frustration mit dem traditionellen Marienbild:

»Lange Zeit waren Maria und ich uns fremd. Ich achtete sie zwar als Mutter Jesu, aber ich konnte mich einfach nicht mit der passiven, farblosen Jungfrau identifizieren, zu der sie gemacht wurde. Als Mensch, der ständig mit schwierigen Entscheidungen zu kämpfen hat, konnte ich bei dieser unterwürfigen Maria, die immer nur ›Ja‹ sagte zu Gott, keinerlei Trost finden. Ich war als junge Frau vor die Aufgabe gestellt, meine rechtmäßige Rolle in der Gesellschaft zu übernehmen, und konnte deshalb diese Maria, die in ihren vier Wänden blieb, nicht verstehen. Sie war die ›reinste aller Jungfrauen‹, mit der ich niemals die Begeisterung über meine aufblühende Sexualität hätte teilen können. Was konnte diese sündlose Frau schon von meinen Schwächen und meinem Versagen verstehen?«[12]

Weil sie die Frustrationen dieser jungen Frau nachempfinden können, möchten asiatische Frauen aber auch ihr Recht und ihre Verantwortung in Anspruch nehmen, Maria als Befreierin zu entdecken. Im »Schlußdokument über Mariologie« einer theologischen Konsultation 1987 in Singapur definierten die Frauen die zweifache Aufgabe einer feministischen Mariologie:

»1. Wir müssen die destruktiven Anstrengungen einer 2000jährigen männlichen Marien-Interpretation beim Namen nennen und uns selbst davon befreien.

2. Wir müssen als Frauen die Bibel von unseren eigenen kulturellen Kontexten her lesen, um die Maria wiederzuentdecken, die befreit und auch Befreierin ist.«[13]

Durch feministische Perspektiven und durch ihren Zorn und ihr revolutionäres Handeln erlösen die Frauen die zum Schweigen gebrachte, verleugnete, geheiligte, abgeschirmte, sanftmütige Maria aus ihrem Gefängnis aus Marmor und Stein.[14] Dieses Bild einer befreiten und befreienden Maria, das aus dem im Innersten empfundenen Leiden und der Weisheit asiatischer Frauen entstanden ist, wollen wir uns jetzt näher ansehen.

Maria als Vorbild für ganzes Frausein und befreites Menschsein

Maria als Jungfrau: Eine Frau, die sich selbst bestimmt

Langsam fangen asiatische Frauen an, die Jungfräulichkeit von Maria nicht als biologische Realität, sondern als eine Beziehungs-Wirklichkeit zu verstehen. Marianne Katoppo beschreibt das so:

»Die Jungfräulichkeit Marias will besagen, daß Maria eine befreite Frau ist, die – weil sie keinem anderen Menschen gehört – frei ist, Gott zu dienen.«[15] Die Jungfräulichkeit drückt sich in ihrer wahren Verbundenheit mit sich selbst und mit Gott aus. Dies ist »eine innere Haltung und keine psychologische oder äußerliche Tatsache«.[16] Wenn eine Frau selber definiert, wer sie nach ihrem eigenen Verständnis – und nicht nach den Regeln und Normen des Patriarchats – ist und was ihre Bestimmung in dieser Welt sein kann, dann ist sie eine Jungfrau. Deshalb besteht die Jungfräulichkeit »trotz sexueller Erfahrungen, Geburt und zunehmendem Alter« weiter.[17] Es ist sogar so, daß sich ihre Jungfräulichkeit, ihre Fähigkeit, eine selbstbestimmte Frau zu sein, durch die Fülle ihrer Lebenserfahrungen noch weiter entfaltet. Der Begriff Jungfrau ist »ein Symbol für die Selbständigkeit von Frauen«.[18] Eine Jungfrau zu sein bedeutet nicht in erster Linie, »auf jeglichen Geschlechtsverkehr« zu verzichten, sondern eine Frau zu sein, die ihr Leben nicht mehr nur als »Tochter/Ehefrau/Mutter« von Männern begreift[19], sondern reif wird zu einer Ganzheit in sich selbst. »Es bedeutet, eine vollkommene Person zu sein, die offen ist für andere.«[20]

Han Kuk Yum, eine koreanische Theologin, geht in der Bedeutung der Jungfräulichkeit noch einen Schritt weiter. Sich auf Park Soon Kyung beziehend, sagt sie, die Jungfrauengeburt Jesu bedeute, daß »das Männliche von diesem wichtigen Ereignis der Geburt eines neuen Menschseins ausgeschlossen sei ... Die Tatsache, daß in Jesu Geburt das Männliche ausgeschlossen ist, weist darauf hin, daß ein neues Menschenbild und die Rettung der Welt nicht länger durch die patriarchale Ordnung aufrechterhalten werden konnten. Der Messias, der die Menschheit erlöst, hat nichts mit den patriarchalen Werten und ihrer Ordnung zu tun, sondern verkörpert umfassend die Geburt eines neuen Menschenbildes.«[21]

So ist die Jungfrauengeburt der Anfang vom Ende der patriarchalen Ordnung. Sie ist Symbol für Gottes Gericht über die Sünde, die Frauen von Männern angetan wurde. Im Ereignis dieser Geburt macht Gott den Männern deutlich, daß sie Frauen nicht bevormunden und unterdrücken können, und die Frauen erfahren darin, daß die Rettung auch ohne Männer möglich ist. Die Betonung der Kirche, die Jungfrauengeburt sei eine übernatürliche, reine Geburt, die nicht durch menschliche Sexualität »verunreinigt« wurde, zeigt deshalb nur, wie krank und sexuell neurotisch sie ist.[22] Han Kuk Yum meint, wenn die übernatürliche Jungfrauengeburt der patriarchalen Kirche so wichtig sei, wäre es überzeugender, sie bestünde darauf, daß Jesus aus einem Ei, nicht aus dem Schoß einer Frau geboren wurde.[23] Für viele Frauen ist die Jungfräulichkeit Marias ein aktives Symbol des Widerstandes gegen die patriarchale Ordnung. Maria als Jungfrau ist eine eigenständige, vollkommene Person, die in sich selbst ruht und ihr Leben, ihr inneres Sein, ihren Glauben an Gott selbst bestimmt und dadurch zum Vorbild wahren Frauseins und befreiten Menschseins wird.

Maria als Mutter, die Gott und einem neuen Menschsein Leben schenkt

Da Maria eine Jungfrau ist, die nicht durch die patriarchale Ordnung gezähmt wurde, kann sie Gott und einem neuen Menschsein Leben schenken. Die neue Ordnung Gottes, die neue versöhnte Menschheit, kann nicht durch die alte patriarchale Ordnung, die auf dem Prinzip der Herrschaft aufbaut, in die Welt gebracht werden. Durch ihre Entscheidung, der alten Ordnung zu trotzen und ein uneheliches Kind zu haben, wie auch durch ihren Glauben an Gott und sich selbst ermöglicht sie es Gott, daß er durch ihren Körper geboren werden kann. »Dadurch und durch ihre Offenheit für eine unbekannte Zukunft wird sie reif zu ganzheitlichem Leben, ist sie *fruchtbar, bringt sie Leben für Gott hervor.*«[24]

Mit Marias Ja zu Gottes Plan zur Rettung einer gebrochenen Menschheit beginnt beides, die Geburt des Messias und die Geburt eines neuen Menschseins. Dies ist nicht nur Gehorsam und Unterordnung unter einen männlichen Gott, sondern ihre eigene Wahl, die auf ihrem geschichtlichen Bewußtsein beruht, von dem sie »als junges, jüdisches Mädchen, eingebunden in die Traditionen Israels und den Kampf seines Volkes«, durchdrungen war.[25] Von der Vision einer erlösten Menschheit getragen, nimmt sie mit Furcht und Zittern das Risiko auf sich, an Gottes Plan mitzuarbeiten. Sie tut dies nicht als heroische Superfrau, sondern sie öffnet sich als ganz normale Frau dem Ruf Gottes, der sie aus ihrer eigenen privaten Sicherheit herausreißt. Maria weiß genau, welche Konsequenzen ihre Wahl haben wird: soziale Ächtung, verbunden mit der Möglichkeit, nach jüdischem Brauch zu Tode gesteinigt zu werden, aber sie entscheidet sich trotzdem dafür, den Messias zu gebären, und ermöglicht dadurch die Befreiung ihres Volkes. Diese mutige Tat und ihre Bereitschaft, sich auf das Risiko dieser lebenermöglichenden Wirklichkeit einzulassen, sind der Anfang ihres Weges, eine »reife, engagierte Frau, mit wachsendem Glauben an Gott und den Sohn, zu werden«.[26]

Die indische Theologin Astrid Lobo, die als asiatische Frau ihre eigene Wahl in ihrem Leben treffen möchte, versucht sich in die Gefühle Marias bei der Verkündigung hineinzuversetzen:

»Ich kann ihre Angst richtig spüren. Ihre kleine Welt ist plötzlich auf den Kopf gestellt. Gott bittet sie, den Sohn auszutragen … und Maria sagt einfach ›Ja‹. Es ist dieses ›Ja‹, das wie ein Echo durch ihr ganzes Leben klingt, wenn sie immer und immer wieder geprüft wird. Als sie sich entscheidet, steht zunächst einmal alles gegen sie. Es muß ihr klar gewesen sein, daß sie möglicherweise Joseph verlieren würde und daß sie, sobald man ihre Schwangerschaft wahrnehmen konnte, damit rechnen mußte, zu Tode gesteinigt zu werden. Wir hätten vielleicht an ihrer Stelle unsere Vernunft siegen lassen und gesagt: ›Es tut mir leid. Such dir eine andere.‹ Wir würden dabei aber das eine außer acht lassen, was Maria eben nie vergessen hat: daß es Gott ist, der fragt. Und deshalb ist sie bereit, den Preis zu zahlen. Doch die Welt versteht es nicht, auch Joseph nicht. Und deshalb muß Maria bereit sein, alleine zu gehen.«[27]

Jesus ist aus dem Leib dieser Frau geboren worden, »einer befreiten, reifen Frau, die einen eigenen Willen hatte und mit Entschlossenheit und Hartnäckigkeit ihre Entscheidungen durchsetzte«.[28]

Jesus wuchs aber nicht im luftleeren Raum auf, sondern wurde von einer Mutter genährt und gelehrt, die die Befreiungsbestrebungen seines Volkes verkörperte. Maria hat in ihrem Magnificat kundgetan, »welche Art von Messias ihr Sohn sein würde«[29], und hat ihn durch ihr Leben und ihre Vision inspiriert. Marias Handeln bei der Hochzeit zu Kana (Joh. 2) zeigt, wie sie »mit mitfühlender Sensibilität die Bedürfnisse anderer Menschen wahrnimmt, eine Eigenschaft, die Männern, vor allem denen an der Macht, oft abgeht«.[30] Maria hat beispielhaft gelebt und muß Jesus in den entscheidenden Jahren seines Heranwachsens ihre Menschlichkeit gezeigt haben. Er war von diesen »mütterlichen Erfahrungen aus erster Hand«[31], von ihrem Glauben an Gott, ihrem geschichtlichen Bewußtsein und ihrer Zuwendung zu ihrem Volk berührt. Was Maria Jesus vorgelebt und ihn gelehrt hat, bezeichnen asiatische Frauen als »mitfühlende Gerechtigkeit«:

»Es war ihre (Marias) Offenheit und Empfänglichkeit, die bei Jesus zum Ausdruck kam, als er Blinde sehend machte, Kranke heilte und mit den Sündern zu Tische saß. Es war ihre eindeutige Solidarität mit den Armen, die er ausübte und zeigte, als er deren bescheidenes und unterdrücktes Los teilte. In seiner *mitfühlenden Gerechtigkeit* hat er das Gute im Menschen über die Tyrannei der pervertierten Gesetze gestellt, genauso wie sie sich um die gekümmert hat, die sich selbst nicht helfen konnten. In seiner Treue, dem Willen des Vaters zu entsprechen, hat Jesus die Konsequenzen des Kreuzes auf sich genommen (Joh. 2,1–12), genauso wie sie in den dunkelsten Stunden ihres Lebens mit ihm ausgehalten hat. Wenn also das biblische Bild Christus als Vorbild neuen Menschseins zeigt, dann ist es vielleicht gar nicht so falsch, zu sagen, daß Maria sein Vorbild war.[32]

Maria hat aber ihren Sohn auch nicht immer verstanden, denn er hat sie auch manchmal zurückgewiesen. Als Jesus zwölf Jahre alt war, sagte er ganz schroff zu seiner Mutter, die ihn verzweifelt gesucht hatte: »Warum hast du mich gesucht? Wußtest du nicht, daß ich den Aufgaben meines Vaters nachgehen mußte?« Als Erwachsener setzte er sich sogar öffentlich von seiner Mutter ab: »Wer ist meine Mutter?« Maria war dadurch sicher verletzt und gedemütigt. »Dennoch gibt sie ihm die Freiheit, er selber zu sein.«[33] Durch ihre Wahl, den Messias zu gebären, hat Maria die meiste Zeit ihres Lebens gelitten. Während ihrer Schwangerschaft war sie geächtet und hatte das Exil und schließlich den Tod ihres eigenen Sohnes auszuhalten. Als er gekreuzigt wurde, war sie bei ihm. Viele asiatische Frauen erkennen Maria in den heutigen Müttern wieder, die leiden, weil ihre Kinder ermordet oder als politische Gefangene verhaftet werden, nur weil sie sich für Gerechtigkeit und Liebe eingesetzt haben.[34]

Aber weder Marias Geist noch ihr Glaube an Gott konnten durch die Schmerzen und Leiden in ihrem Leben gebrochen werden. Sie ließ sich nicht zum Opfer machen. Auch nach dem Tod ihres Sohnes blieb Maria als ältere Frau bei den Jüngern und Nachfolgerinnen Jesu, um sie zu trösten und ihre zerbrochenen Träume am Leben zu halten. Asiatische Frauen nennen sie »Mutter der Kirche«, einer Kirche, die nicht auf hierarchischer Dominanz, sondern auf gerechten Beziehungen gründet.[35] Sie stellen die alte Maria als eine weise und starke Frau dar:

»Die Frau (Maria), die mit anderen Frauen unter dem Kreuz steht und die in der Gemeinschaft an Pfingsten dabei ist, sehen wir als ältere Frau von großer Weisheit und Kraft, die, mit Gott, den Verlust ihres Sohnes beklagt – als Konsequenz des Engagements, für Veränderung zu leben. Sie, die mit Hilfe des Geistes den Messias gebar, ermöglicht es nun dem Geist, die Kirche ins Leben zu rufen. Im Haus von Maria, der Mutter von Johannes Markus, wird sie zur Mutter einer neuen Gemeinschaft.«[36]

Ihre persönliche Entscheidung, Mutter Jesu zu sein, war auch eine politische Entscheidung, die mit der Gründung einer befreienden, ganzheitlichen Gemeinschaft verbunden war. Ihre »persönliche« Mutterschaft wurde durch ihr Leiden, ihr Hoffen und ihr revolutionäres Handeln zu einer »sozialen« Mutterschaft erweitert.

Maria als Schwester: Eine Frau in Solidarität mit anderen Frauen und den Unterdrückten

In vielen Schriften asiatischer Theologinnen wird Marias Solidarität mit anderen Frauen hervorgehoben. Bei ihrem Besuch bei Elisabeth wird etwas von dieser Solidarität spürbar, die Frauen in gleicher Lage sich zu geben vermögen, woraus sich dann Neues entwickeln kann. Elisabeths Schwangerschaft ist nämlich ähnlich skandalös, weil sie schwanger wurde, nachdem ihre biologisch fruchtbaren Jahre längst vorüber waren. Maria und Elisabeth verstehen sich gegenseitig, denn beide sind mutige Frauen Israels, die sich mit ihrem ganzen Wesen dem Wirken des Geistes geöffnet haben. Sie sind zwei Schwestern, die zusammen neue Wege gehen und, aus Verpflichtung für die Rettung Israels, die Sicherheit ihres normalen Lebens aufs Spiel setzen.

Maria sucht im Haus von Elisabeth Schutz, »wo sie sich gegenseitig eine Quelle des Trostes und der Erleuchtung im Glauben sind«.[37] Wenn gläubige und engagierte Frauen Neuland betreten und in schwesterlicher Begegnung ihre jeweiligen Aufgaben erkennen, dann können sie die Angst vor Ächtung oder Untergang überwinden und durch die gegenseitige Unterstützung noch mehr wagen. Ihre Herzen werden solidarisch mit allen Menschen, die darum kämpfen, ihre Würde und Macht wiederzuerlangen. Han Kuk Yum aus Korea beschreibt dies in narrativer Form:

»Ich (Maria) hatte Angst, den Leuten und auch Joseph unter die Augen zu treten. Aber in dem Augenblick, als ich Elisabeth traf, war meine Angst plötzlich verschwunden. Als wir uns gegenüberstanden, rief Elisabeth laut: ›Wer bin ich, daß die Mutter meines Herrn zu mir kommt? Glücklich bist du, weil du geglaubt hast, daß sich erfüllt, was der Herr dir sagen ließ.‹ Man wird sagen, dies sei spirituelle Kommunikation. Aber diese Worte von Elisabeth haben mich zutiefst berührt. Mir wurde deutlich, welche große Kraft aus dem Verständnis und der Ermutigung einer Person erwachsen kann, die auf demselben Weg ist. Ich denke, das könnte Schwesterlichkeit genannt werden.

Diese Schwesterlichkeit, dieses gegenseitige Sorgen und Unterstützen ist sehr wichtig, um die sozialen und institutionellen Veränderungen, die Gott im Sinn hat, zu ermöglichen. Um bestimmte Aufgaben zu vollbringen, brauchen wir eine Solidarität von Gleichgesinnten, wie die zwischen Elisabeth und mir. Solidarität ist also ein wichtiger Faktor in einer sich bildenden und sich bereichernden Gemeinschaft. Aber weder Solidarität noch Schwesterlichkeit entstehen von ganz allein. So wie Elisabeth, vom Geist inspiriert, meine Lage erkannte, so erwächst auch die Schwesterlichkeit aus dem Wirken des Geistes. So wie Elisabeth durch Gottes Gnade empfangen hat, so könnten und sollten Menschen in vergleichbaren Situationen durch ein Band der Sympathie verbunden werden. In diesem Sinne möchte ich mit allen Menschen, und vor allem mit Frauen, solidarisch sein, die sich von neuen Möglichkeiten herausfordern lassen, weil sie das Leiden und die Schmerzen von Frauen kennen.«[38]

Durch die Bestätigung ihrer Schwester überwindet Maria ihre Angst und gewinnt die Kraft zurück, die Wahrheit zu sagen. Maria singt ein revolutionäres Lied, das Magnifikat. Ihrer Sehnsucht nach Befreiung aller Unterdrückten gibt sie mit den Worten Hannas, einer gleichfalls starken Frau Israels, Ausdruck. Maria läßt die vergessene Kraft ihrer Vormutter, Hanna, lebendig werden, indem sie handelt und das Wirken des Geistes in ihrer Schwangerschaft annimmt, aber auch mit Hannas Worten »den vollständigen Wechsel in der gegenwärtigen patriarchalen Ordnung vorhersagt«.[39] Maria stellt vertikale und horizontale Verbindungen her, indem sie ihre Vormutter entdeckt und in ihrer eigenen Zeit den Unterdrückten Gerechtigkeit zusagt. Das Magnifikat der Maria ist zunächst an Elisabeth gerichtet, »eine ältere Frau, die ebenso wie Hanna erst nach Jahren der Unfruchtbarkeit schwanger wurde«.[40] Daß Elisabeth die erste Hörerin des Magnifikats ist, offenbart eine wichtige Wahrheit: Frauen brauchen die Gegenwart und Bestätigung anderer Frauen, um den Traum der Revolution zu wagen und ihre Lebenskraft zu feiern.

Maria als Vorbild wahrer Nachfolge

Durch Maria verstehen asiatische Frauen die Bedeutung der Nachfolge. Virginia Fabella behauptet, »Maria sei viel zu lange nur als ›Jungfrau‹ und ›Mutter‹ dargestellt worden – und kaum je als ›Jüngerin‹«.[41] Sie betont, die Größe Marias könne nicht auf die Mutterschaft begrenzt werden. Wenn »Jüngerschaft als Akzeptanz und Weitergabe der Lehren anderer« definiert wird, dann sollte Maria auf Grund ihres Tuns und ihres Glaubens an Gott als erste und beispielhafte Jüngerin bezeichnet werden. Diese Maria, die als junges Mädchen »in der Verkündigung des Engels die Herausforderung des Heiligen Geistes annimmt« und »Gottes Wort in ihrem Herzen bewegt und mit Mut und Entschlossenheit antwortet«, diese Maria ist auch »immer bereit, ihren Nächsten zu dienen« und »voll des Geistes der Prophetie und Gerechtigkeit, den sie betend mit den Jüngerinnen und Jüngern an Pfingsten teilt«.[42] Von daher ist Maria mehr als nur die biologische Mutter Jesu. Sie ist auch ein Vorbild wahrer Nachfolge, weil sie ihr Leben aus dem Glauben heraus gelebt und die erste Glaubensgemeinschaft, die erste christliche Kirche gegründet hat. Maria hat diese Stellung als Mutter einer neuen glaubenden Gemeinschaft dadurch erreicht, daß sie »als Frau das Wort Gottes gehört und in die Tat umgesetzt hat«.[43] Die Anerkennung durch die Gemeinschaft erfährt sie nicht, weil sie die Mutter eines berühmten Mannes ist, sondern weil sie weiß, was es heißt, »als Antwort des Glaubens und in der Nachfolge Unsicherheit und Einsamkeit auszuhalten«. Aber dadurch hat sie die priesterliche Kraft, die anderen Gläubigen in ihrer Verzweiflung zu trösten und die Gemeinschaft durch geistige Erbauung weiterzubilden.

Als Jesus in seinen letzten Stunden zu seinem Jünger sagt: »Dies ist deine Mutter«, will er Maria damit nicht einfach seiner Sorge anvertrauen. Diese Worte können nur im Kontext seiner Lehre verstanden werden: »Hier sind meine

Mutter und meine Brüder. Alle, die den Willen meines Vaters im Himmel tun, sind mein Bruder, meine Schwester und meine Mutter« (Matth. 12,49–50). Damit bestätigt Jesus die Macht und Fähigkeit Marias, der Gemeinschaft von Jüngerinnen und Jüngern vorzustehen.

Marias Stärke als Jüngerin liegt in ihrem aufgeschlossenen und unbezwingbaren Geist, der sie feinfühlig macht für das, was Gott und die unterdrückten Menschen brauchen, und sie jede Schikane zurückweisen läßt. Ihre Empfänglichkeit für Gottes Geist »drückt weder Ohnmacht noch einfach Passivität aus, sondern vielmehr die schöpferische Demut einer wirklich befreiten Frau, die keinen anderen Menschen oder Gesetzen unterliegt und so ganz frei ist, Gott zu dienen«.[44] Durch diese Aufgeschlossenheit öffnet sie ihr ganzes Leben der prophetischen Vision und dem revolutionären Handeln Gottes. Sie ist »mitfühlend und frei«, den Schmerz der Unterdrückten ihrer Zeit zu spüren und etwas daran zu ändern.[45] Maria verkörpert die Bedeutung wahren Dienens.[46] Sie weiß, was es heißt, für Gott und die Menschen da zu sein, und dieses Verständnis wird zu einem Grundstein der christlichen Kirche. Asiatische Frauen betonen allerdings, daß Maria »nicht dem Patriarchat, sondern Gott gedient hat«.[47] Sie verstand ihren Dienst nicht als passiven Gehorsam den Mächtigen gegenüber, sondern als radikale Nachfolge, voller Scharfsicht, Risiko und Widerstand um der Befreiung willen. In der »Volksbewegung« auf den Philippinen, die 1987 das Marcos-Regime zu Fall brachte, ist diese Maria bezeugt worden. Schwester Loretto-Eugenia Mapa hat erlebt, wie die Menschen bei ihren Demonstrationen große Bilder und Marienstatuen mittrugen, um sich von ihrer Kraft und ihrem Glauben stärken zu lassen.[48] Die koreanische Theologin Han Kuk Yum sieht auch in ihrem Land eine Analogie zwischen dem Kampf der koreanischen Mütter um Basisdemokratie und der Rolle Marias als starker Jüngerin und Begründerin der ersten christlichen Gemeinde.[49] Viele koreanische Mütter hatten sich von Anfang an der Demokratiebewegung angeschlossen, weil sie ihre Kinder, die verhaftet, gefangengenommen und gefoltert wurden, schützen wollten. Dabei wurden sie sich der noch größeren Ungerechtigkeiten und Übel der Militärdiktatur und der amerikanischen Außenpolitik bewußt. Sie realisierten, daß eine gerechte und sichere Gesellschaft nur durch die Demokratisierung und Wiedervereinigung Koreas erreicht werden könne. Die Mütter schlossen sich diesem Kampf für die Wiedervereinigung nicht nur um der Sicherheit ihrer Kinder willen an, sondern auch aus dem Bewußtsein, für das Schicksal ihres Landes mitverantwortlich zu sein.

Maria hat, wie diese Mütter, andere durch ihre Schmerzen am Leben erhalten, genährt und eine Gemeinde gegründet, in der Gleichheit, Gerechtigkeit und Friede wohnen, und ist damit für Christen aller Zeiten zum Vorbild wirklicher Nachfolge geworden.

Maria als Mit-Erlöserin der Menschheit

Manche Asiatinnen denken, von der christlichen Tradition her müsse Maria bei der Rettung der Menschheit als Mit-Erlöserin neben Jesus Christus gesehen werden. Für diese Behauptung gibt es zwei wichtige Argumente. Einige vertreten die Ansicht, Maria werde durch ihre Rolle als Vorbild für die Befreiung und das Heil der Menschheit zur Mit-Erlöserin. Andere sehen in Maria eine Helferin und Mittlerin für die Erlösung der Menschheit.

Erstere Meinung wird von Emily Mei Ling Cheng vertreten, die sagt, Maria sei durch eigene Entscheidung zur Mit-Erlöserin geworden. Dadurch, daß Maria Gottes Ruf angenommen hat, »Mitarbeiterin« in der Geschichte der Erlösung zu werden, ist sie selbst zuerst erlöst worden. Danach wurde sie, indem sie uns unsere eigene Verantwortung für unsere Mitarbeit bei unserer Erlösung zeigte, für uns zum »Prototyp und Vorbild« für Erlösung.[50] Um gerettet zu werden, müssen wir, wie Maria, unsere Erlösung aus freien Stücken annehmen. Maria macht uns deutlich, daß die Erlösung der Menschheit ohne unsere Mitarbeit nicht möglich ist.

Die zweite Position wird von Loretto-Eugenia Mapa von den Philippinen vorgetragen. Mapa behauptet, »die Spiritualität philippinischer Frauen drehe sich so sehr um Maria, daß sogar Jesus Christus in den Schatten gestellt werde«.[51] Philippinas denken, Jesus könne die Welt nicht ohne Maria retten, »weil er seine Mutter brauche«.[52] Die Herkunft einer solchen Haltung führt Mapa auf die vorchristliche, matriarchale, einheimische Kultur auf den Philippinen zurück. Damals, in der vorkolonialen Kultur, seien Mütter und Großmütter von Frauen wie Männern sehr geachtet worden. Dies ist bis heute der Fall. Selbst erwachsene Männer bitten ihre Mütter um Rat und Hilfe, wenn sie wichtige Entscheidungen zu fällen haben. Deshalb wird Maria bei den Philippinas als Mutter dargestellt, die ihnen auf dem

Weg zur Erlösung helfen kann. Auf den Philippinen wird vor allem die »Schwarze Madonna« angebetet. Mapa folgert, die tiefe Verehrung der dunkelhäutigen Madonna sei als die Aneignung und Übertragung der kolonialen, weißen Madonna in ihre eigene Situation zu verstehen – als unbewußter Widerstand gegen den Kolonialismus und Bestätigung ihrer eigenen Würde als Philippinas. Maria wurde zur Mutter der Armen, die mit ihnen zusammenarbeitet und sie in ihrem Befreiungskampf führt. Sie ist eine biblische ANAWIM[53]-Figur. Die heilige Liebe Frau kommt vom Sockel herunter, trägt schmutzige Kleider und ermächtigt die Armen als eine von ihnen. Mapa meint, philippinische Spiritualität könne als Vereinigung des Herzens Jesu mit dem Herzen Marias charakterisiert werden. Maria und Jesus helfen gemeinsam mit, die Philippinen zu befreien und zu erlösen.

Maria symbolisiert die Geburt einer neuen Menschheit in den Gemeinden und zeigt den Frauen Gottes Gegenwart. Was dies für ihr spirituelles Leben bedeutet, soll im nächsten Kapitel behandelt werden.

5. Die neue Spiritualität asiatischer Frauen

»Niemand in dieser Welt ist ohne Begabung, und es gibt niemanden, der nicht das Recht hätte, ›die Welt gewinnen zu wollen‹. Wenn Frauen also Gleichheit erreichen wollen, müssen sie sich erst selbst als Individuen stärken...

Erstens, paßt auf euch auf, damit ihr nicht krank werdet. Das allerwichtigste ist eine gute Gesundheit. Sorgt gut für euer Wohlbefinden und geht zärtlich mit euch selber um.

Zweitens, bleibt fröhlich... Wir sollten jeden Tag etwas Sinnvolles arbeiten, studieren oder etwas von uns selbst mit anderen teilen. Wenn wir nur herumtrödeln, bleibt unser Leben leer, müde und öde.

Drittens, gewöhnt euch an, euren Verstand zu gebrauchen. Legt eure Aversion ab, auch mal tiefer nachzudenken, und auch eure Neigung, immer der Masse folgen zu wollen. Überlegt euch gut, was ihr sagt und tut...

Viertens, seid entschlossen, etwas ganz bis zum Ende durchzuführen... Wenn ihr euch nicht anstrengt, ist es fast nicht möglich, dem Neid zu widerstehen oder zu verhindern, daß ihr Opfer der Bequemlichkeit werdet. Nur die, welche die ganze Menschheit im Blick haben und nicht nur sich selbst, haben eine solche Ausdauer.«[1]

Was ist die neue Spiritualität asiatischer Frauen? Aus ihrem täglichen Kampf heraus haben sie eine »Spiritualität geformt, die wirklich frauengemäß und spezifisch asiatisch ist«.[2] Bei der Konferenz 1987 in Singapur beschrieben sie Spiritualität als:

»... eine auf Überzeugungen und Vertrauen beruhende Glaubenserfahrung, durch die unser Denken und unser Verhalten in den Beziehungen zu Gott und unseren Nächsten motiviert werden. Spiritualität ist die integrierte Ganzheit einer Person, die ihren Glauben durch ihre täglichen Lebenserfahrungen konkretisiert. In dieser Spiritualität erkennt die Seele der asiatischen Frau ihre konkrete historische Wirklichkeit – nämlich Armut, Unterdrückung und Leiden. Aber diese Seele gibt Antwort und verpflichtet sich, weil sie vom Geist erfüllt ist, für menschliche Würde und Freiheit und ein neues Leben voller Liebe einzutreten.«[3]

Indem sie ihr eigenes Verständnis von Spiritualität definieren, stellen asiatische Frauen alte Vorstellungen von Spiritualität, die sie von der institutionalisierten Kirche und den konventionellen Religionen geerbt hatten, in Frage. Sie behaupten, traditionelle Spiritualität sei »individualistisch und weltfremd«.[4] Sie sei zu besorgt um das »Innenleben des Menschen, der nur nach Vollkommenheit strebe, um gerettet zu werden«.[5] Diese Art von Spiritualität bleibe auf das »ganz persönliche Leben eines Menschen in Gebet und Askese« beschränkt.[6] Sie sei »weltfremd« und so ausgerichtet, daß sie von »Mystikern, Mönchen, Priestern und Ordensleuten praktiziert werde, die fern von dieser Welt und ihren Anliegen sind«.[7] Asiatische Frauen glauben, daß diese eher elitäre Annäherung an Spiritualität, die auf der Annahme basiert, daß nur ganz besondere, von Gott auserwählte Menschen, die sich ein ruhiges Leben mit Gebet und Meditation leisten können, Zugang zum Geist haben, dazu geführt hat, daß ganz normale Menschen in ihrer eigenen Suche nach Spiritualität eher passiv geblieben sind.

Diese alten Vorstellungen wollen Frauen durch ein neues Verständnis von Spiritualität ersetzen, das sie ermächtigt und das sie als »integriert, nach außen gewandt, gemeinschaftsorientiert, handelnd, ganzheitlich und alle umfassend« umschreiben.[8] Diese Spiritualität hat ihren Ursprung in den konkreten Lebenserfahrungen. Mary John Mananzan umschreibt sie als »Erfahrungen aus dem Bauch«.[9] Sie meint damit, daß diese Spiritualität aus dem »Innersten«, dem »Zentrum« und dem »Herzen« der Frauen kommt.[10] Mananzan sagt, »Frauen könnten viele Dinge erleben, aber nichts berühre sie auf der persönlichen und sozialen Ebene mehr als die Erfahrungen, die sie von ihrem Frausein her machen«.[11] Wir können in dieser spirituellen Ausformung drei verschiedene Momente beobachten, die aber nicht drei linearen Entwicklungsstadien entsprechen, die aufeinanderfolgend vorkommen. Viel eher sind sie wie drei Rhythmen zu verstehen, die in einem spiralförmigen Tanz zu einer spirituellen Formation verschmelzen, zu einer lebendigen Spiritualität als einem fortlaufenden Prozeß von Geburt, Tod und Wiedergeburt. Alle drei Rhythmen dieses spirituellen Wachstums sollen nun noch gründlicher untersucht werden.

Die Entstehung einer asiatischen Frauenspiritualität

Ausweglosigkeit: Lebend und doch tot

Am Anfang sind asiatische Frauen in ihrer Spiritualität mit Ausweglosigkeit konfrontiert, die ihren Grund in der Erfahrung von wirtschaftlicher, politischer, kultureller und psychologischer Unterdrückung hat[12], die Mananzan so beschreibt:

»Als Frauen erleben wir die tägliche, regelmäßige Diskriminierung in den eingeschränkten Möglichkeiten von Hausfrauen, die ans Haus gefesselt sind, weil die Gesellschaft es vorschreibt; in der Verzweiflung von Frauen, die geschlagen werden und sich ›wegen der Kinder‹ nicht von ihren Männern trennen können, weil sie sonst sozial geächtet würden, oder die emotional und psychisch von ihren Männern abhängig sind; in der Ausbeutung unserer Schwestern auf dem Land, die unsichtbar zur Agrarproduktion beitragen; in der sexuellen Belästigung, der die Fabrikarbeiterinnen in der Stadt ausgesetzt sind. Wir wissen auch alle, wie unser Frauenbild in den Massenmedien und in der Werbung beleidigt wird, aber am offensichtlichsten ist die Ausbeutung unserer Schwestern durch Prostitution, Heiratsvermittlungen etc.«[13]

In diesen Situationen kommen die Frauen nicht weiter. Ihr Leben kann sich nicht zu einem vollen Menschsein entwickeln, auch wenn sie es noch so sehr wollen. Dieses Gefühl der Ausweglosigkeit bringt Frauen dazu, daß sie sich selbst hassen und sich schämen. Durch die sozialen Normen und Machtstrukturen ihrer jeweiligen Kulturen und Gesellschaften fühlen sie sich wie Tiere im Käfig. Dies führt zu einer tiefen Hoffnungslosigkeit, weil sie keinen Ort kennen, wo sie Hilfe oder Sicherheit finden könnten. Fortdauernde Armut, politische Repression, Kriege und Frauenfeindlichkeit bringen die Frauen in tiefe Verzweiflung.

Zusätzlich zu diesen Sackgassen erleben asiatische Frauen auch manchmal ein Chaos in ihrem Innenleben. Mananzan nennt dies die »private Hölle«, die sich an kritischen Punkten im Leben der Frauen noch verstärkt. Fast jedes Frauenleben kennt diese privaten Höllen mit all ihrer »Intensität und ihrem Schmerz«, aus denen wir entweder »befreit und triumphierend herauskommen, oder aber mit Bitternis und Groll, geschlagen und tödlich verwundet in den Tiefen unseres Seins«.[14]

Aber einige Frauen erheben auch ihre Stimme und kämpfen, um ein Tor zu finden, das sie in die Welt der Freiheit und Ganzheit führt. Sie haben gemerkt, daß sie ihre eigene Gewalt gegen sich selbst, die Gewalt des Schweigens, beenden müssen, damit sie ihr wahres Selbst entfalten und verantwortlich mithelfen können, das Gewaltsystem zu überwinden. Sie sind nicht mehr länger bereit zu schweigen.

Wählt das Leben: Entdeckt das wahre Selbst

Wie ein fließender Strom sich seinen Weg von der Quelle zum Meer bahnt, so finden asiatische Frauen aus ihren Sackgassen heraus, indem sie das Leben wählen. Zu diesem Prozeß gehört es, die Verantwortung für und die Kontrolle über unser Leben ehrlich anzunehmen. Asiatische Frauen glauben, daß Adam und Eva gemeinsam für den Sündenfall verantwortlich waren und Eva, genauso wie Adam, »Buße und Bekehrung nötig hat, um im Reich Gottes angenommen zu werden«.[15] Besonders kritisch sind sie, wenn »Frauen durch andere Frauen unterdrückt werden«, was in Asien durch das Kasten- und Klassensystem gefördert wird, wenn zum Beispiel Frauen als Hausangestellte benutzt werden. Sie sind auch über die Versuchung besorgt, Alibifunktionen anzunehmen, die rein gar nichts zur Frauenbefreiung beitragen.

»Manche Frauen werden gleichberechtigt behandelt oder genießen Privilegien, damit man eine Ausrede hat, um die gängigen Strukturen und Gesellschaftsmuster aufrechtzuerhalten. ›Alibifrauen‹ orientieren sich meist nicht an der neuen Vision menschlicher Beziehungen in der Gemeinschaft, wie sie die alternative feministische Ideologie anbietet: Deshalb sind sie am Werk der Erneuerung kaum interessiert, sondern ahmen die alten Muster des Individualismus nach oder beteiligen sich an harten Konkurrenzkämpfen, um Karriere zu machen.«[16]

Sobald sich Frauen aber der »falschen Sicherheit« bewußt werden, die ihnen von einem Sozialsystem angeboten wird, das sie gleichzeitig in einer sozial niedrigeren Position einstuft, fangen sie an, ihre eigene Identität und Kraft zu entdecken. Sie geben ehrlich zu, daß sie »die Verantwortung für die Sünde teilen, aber ihre Hoffnung und ihr Glaube an die Gnade Gottes, die Wunder wirkt und die neue Schöpfung bringt, sind die Ecksteine ihrer neuen Spiritualität, die ihr Handeln und Denken bestimmt«.[17]

Verantwortung für sich selbst zu übernehmen und ihre eigene Identität zu leben bedeutet, wirklich erwachsen zu werden. Mary Dunn, eine Burmesin, beschreibt ihr eigenes Erwachen zu einem würdigen Frausein so:

»Früher hat man sich nie um uns bemüht und uns unterdrückt, aber inzwischen fühlen wir uns mit unseren Schwestern zusammen als Individuen, die ihre eigene Würde haben. Dabei denke ich zuerst daran, daß wir geistlich wachsen müssen, um nicht länger wie Fußabstreifer behandelt und geknechtet zu werden.«[18]

Dunn erzählt, daß in der kulturellen Tradition Burmas, die vom Buddhismus geprägt ist, der Ehemann AING-U-NAT ist, was soviel wie »Haupt-Geist« des Hauses bedeutet.[19] Zweimal täglich müssen Frau und Kinder sich vor ihm verneigen – wenn er zur Arbeit und wenn er zu Bett geht. Burmesinnen müssen ihren Ehemann, auch wenn er grausam ist, achten. Trotz dieser kulturellen Normen hat Mary Dunn nach 20 Jahren Ehe gemerkt, daß »die Erziehung der Kinder und ein perfekter Haushalt nicht alles sind«. Sie meint, »Frauen müßten in die Gestaltung der Geschichte miteinbezogen werden« und ihre Unreife durch Selbstbewußtsein überwinden. Erwachsene Frauen könnten heute, »weil sie ihre Identität gefunden haben, sagen, wer sie sind, und beweisen, was sie können«.[20]

Die Entwicklung von Selbsterkenntnis und Selbstwertgefühl befreit sie von den inneren und äußeren Versklavungen[21] und läßt sie im Widerstand und im Aufbau einer ganzheitlichen Gemeinschaft die Befreiung schmecken.[22]

Geht auf andere zu: Baut eine Gemeinschaft

Frauen mit »Selbsterkenntnis, Selbstachtung und einem Selbstwertgefühl« haben auch die Kraft, auf andere Menschen in ausweglosen Situationen zuzugehen. Die Spiritualität asiatischer Frauen ist eine »gelebte Theologie, eine Theologie im Kontext«, die das ganz konkrete Leben der Menschen berührt.[23] Sie ist »keine Vorstellung, sondern das Leben selbst«. Männer haben im Laufe der Geschichte über die wahre Bedeutung der Spiritualität meist nur *kluge Gedanken gewälzt,* aber Frauen haben sie *gelebt* als Erfahrungen in Küchen, Wäschereien, Fabriken und auf Feldern, die sich sehr von den abstrakten Konzepten in Studierstuben unterschieden, weil sie »das Erleben des Göttlichen an der Basis waren und sind«.[24]

Weil Frauen ihre Spiritualität tagtäglich *leben,* können sie sich auch »in andere hineinversetzen und für die Bedürftigen eintreten«.[25] Sie sprechen von einer »mitfühlenden Spiritualität«,[26] die aus ihren »Erfahrungen als gebärende, nährende, sorgende Frauen« erwächst.[27] Frauen verschenken sich selbst, »um Leben weiterzugeben und für andere zu sorgen, damit alle überleben können«.[28] Sie haben eine kritische Einstellung zum sehr »extremen Individualismus«, den sie in der westlichen Gesellschaft sehen. Im Kontext einer asiatischen Spiritualität sind »das Selbst und die Gemeinschaft ein und dasselbe«.[29]

Die spirituelle Reise einer indischen, katholischen Laiin zeigt ganz lebendig, wie Frauen ihre Spiritualität inmitten ihres Kampfes um ganzes Menschsein entwickeln. Mercy

Mathew ist Sozialarbeiterin, die in Dörfern mit den Leuten an der Basis arbeitet. Als überzeugte Christin wollte Mathew schon seit ihrer Kindheit eine Missionarin für die Armen sein. Aber bald nachdem sie ihre Missionarsausbildung angefangen hatte, kam die Desillusionierung. Sie empfand eine große Kluft zwischen ihren Vorstellungen eines Missionarslebens und dem, was wirklich praktiziert wurde. Deshalb verließ sie den Konvent wieder und begann ihre eigene spirituelle Reise. Sie beschreibt, was ihr widerfuhr, als sie, nicht länger von Autorität und Normen einer religiösen Institution abhängig, sich allein auf den Weg machte:

»Ich fühlte einen starken Drang, zu den ganz Armen zu gehen, aber gleichzeitig war ich verwirrt und zweifelnd, weil es kein Vorbild für mich gab. Es gab keine Klarheit und keine Richtung ... Damit fing ein neues Kapitel in meinem Leben an. Eines war mir ganz klar: Ich ging nicht nach Hause, um einen anderen attraktiven Job oder eine Karriere zu suchen. Ich wollte unbedingt in irgendeiner humanitären Arbeit mit den weniger Privilegierten zusammen sein. Aber wo? Mit wem? Was tun? Ich wußte es nicht und war unsicher und einsam. Während dieser Zeit fühlte ich mich zurückgewiesen und isoliert, an vielen Kreuzungen stehend und nicht wissend, wie und wo es weitergehen sollte.«[30]

Mathew sagt, dies sei eine »intensive Zeit einer Seelen-Suche« gewesen. Sie besuchte viele Orte und Organisationen, um den Platz zu finden, an dem sie ihre Überzeugungen leben konnte. Schließlich fand sie diesen Ort für ihren Seelenfrieden: ein Flüchtlingslager. Die Erfahrungen dort gaben ihr Klarheit über die Richtung ihres Lebens:

»Die zwei Jahre, die ich in Flüchtlingslagern in Indien und Bangladesh zubrachte, waren die reichsten meines bisherigen Lebens. Mein Selbstbewußtsein wuchs, ich begann klarer zu sehen, was ich wollte, und entschied mich, Sozialarbeiterin zu werden.«[31]

Mit wachsendem Selbstbewußtsein sah Mathew auch die Richtung ihres Lebens klarer, weil dieses Bild von innen kam und nicht von außerhalb ihrer selbst. Und wie ihre Vision wuchs auch ihre Kraft, auf andere zuzugehen und mit den Unterdrückten ihres Landes zu arbeiten. Das spirituelle Wachstum, das mit ihrer Arbeit einherging, kam in drei Phasen, die sie »Eintauchen, Handeln und Weitergeben« nennt.

Mathew sagt ganz klar, daß es unmöglich sei, authentisch mit den Armen zu arbeiten, wenn dies mit der herablassenden Haltung einer übergeordneten Person geschehe, die barmherzig sein wolle. Sich intensiv mit dem Leben der Menschen zu befassen bedeute aber auch nicht, mit ihnen zu leben, sondern vielmehr, sich selbst »herabzustufen« (declassing). Mathew mußte vielen Versuchungen widerstehen, die Menschen, mit denen sie arbeitete, von oben herab erziehen zu wollen. Als Alternative dazu »suchte sie bei ihnen um Hilfe« und ging in sich, um die »falsche Autorität«, die sie von ihrer intellektuellen Ausbildung her mitgebracht hatte, abzulegen. Was sie mit dem Begriff »Eintauchen« meint, wird in den folgenden Sätzen deutlich:

»Von meinem Hintergrund und meinen Erfahrungen her bestand immer eine Tendenz, jede Situation mit intellektueller Überlegenheit anzupacken. Es gab auch Versuchungen, Dinge deshalb anzufangen, weil sie sichtbare und schnelle Ergebnisse bringen würden. Dieses Eintauchen in die Welt des Lagers bedeutete auch, in ein anderes kulturelles Leben einzutreten.

Ich fing bei mir selbst an und ging in mich, kritisch überlegend, analysierend, suchend, hörend und entdeckend. Ich mußte mich ständig selbst daran erinnern, daß ich kein Recht hatte, mit einem Überlegenheitsgefühl und guten Ratschlägen, was sie tun und lassen sollten, zu ihnen zu gehen, sondern bereit sein mußte, ihnen zuzuhören und sie zu verstehen. Dies bedeutete, in ihren Kampf hineingezogen zu werden und auf schmerzliche Weise mit einigen Traditionen brechen zu müssen, die ich übernommen hatte.«[32]

Als Mathew die Kraft aus der Kultur und Geschichte der Menschen kennengelernt hatte, wurde sie aktiv und organisierte mit den Dorfbewohnern eine Kampagne für ihre Rechte als Waldarbeiter gegen die Ausbeutung durch die Regierung. Es gab viele Drohungen von den Behörden und auch Intrigen, aber die Leute ließen nicht locker. Mathew bekennt, daß sie die Schwierigkeiten in der zweiten Phase ihres spirituellen Wachstums nur überleben konnte, weil sie einen »starken Glauben in die Kraft der Leute« hatte. Dabei spürte sie auch, wie die Menschen durch ihre Aktionen mehr Vertrauen und mehr Mut bekamen; und als die Dorfbewohner ihren Kampf gegen die Regierung gewonnen hatten, kamen die Menschen aus den umliegenden Dörfern, um sich Rat zu holen, auch in juristischen Fragen, oder einfach nur zu reden.

Nachdem Mathews Aktivitäten einen Höhepunkt erreicht hatten, merkte sie, daß »die Bewegung sich fast zu schnell entwickelt« und sie darin »eine zu aktive Rolle« gespielt hatte. Deshalb entschied sie sich, wieder in den Hintergrund zu treten. Anstatt selbst eine aktive Führungsrolle zu spielen, »multiplizierte sie sich selbst«. Dies war die dritte Phase ihres spirituellen Wachstums. Indem sie die Menschen vom Dorf mit unterschiedlichen Bildungsmöglichkeiten vertraut machte, schuf sie einen Rahmen, in dem Selbstvertrauen und Fähigkeiten erworben werden konnten, die die Gemeinschaft stärkten. Sie selbst fand sich in ständig sich verändernden Rollen, je nachdem, was die Gemeinschaft gerade brauchte. Inzwischen arbeitet sie mit verschiedenen Volksbewegungen zusammen und beschreibt ihr gegenwärtiges Leben als Freude: »Das Leben lohnt sich, und ich lebe es in Fülle.«[33]

Ihr Leben überdenkend und sich fragend, was ihr die Kraft gab, nennt sie als Grund ihren Glauben an Christus. Jesu Leben mit den Armen und Unterdrückten war für sie eine fortdauernde Quelle der Inspiration. Immer wenn sie mit diesen Mißhandelten zusammen war, begegnete sie Christus, sowohl in sich selbst als auch in den Menschen. Mathew zeigt uns in ihrer Spiritualität, wie sehr wir diese »innere Arbeit« brauchen, um wirklich effektiv sein zu können.

»Mein Ausgangspunkt ist, was hier und jetzt gebraucht wird. Ich möchte *relevant* und *authentisch* leben. Wenn ich davon spreche, wie ich lebe, dann betone ich *leben und sein.* Um dorthin zu kommen, braucht es eine Menge ernsthafter Arbeit am inneren Menschen. Die Tat folgt danach als Erneuerung, als Prozeß, als Weiterentwicklung. Ich habe auf meiner Reise auch gelernt, daß wertvolle Dinge ihren Preis haben und daß wir diesen Preis bezahlen müssen.«[34]

In Mathews Suche nach einem Leben in Fülle liegt die Weisheit von Frauenspiritualität. Sie hat ihre eigene Ausweglosigkeit durch das Vertrauen, das sie in ihrer Arbeit mit den Armen gewonnen hat, überwunden. Dann nährte und stärkte sie die Gemeinschaft dadurch, daß alle die Chance bekamen, Vertrauen, ihre Rechte und ihre Würde wiederzugewinnen.

Die besonderen Merkmale asiatischer Frauenspiritualität

Es gibt bestimmte Merkmale, die asiatische Frauen mit ihrer neuen Spiritualität verbinden. Die wichtigsten, die auch spezifisch »asiatisch« und »frauenbezogen« sind, seien hier genannt.

Konkret und umfassend

In ihrer Spiritualität spielt die ganz konkrete Wirklichkeit ihres Beziehungsgeflechtes eine Rolle. Sowohl die politische und wirtschaftliche Situation der Frauen als auch ihre kulturelle und psychische Befindlichkeit werden ernst genommen. Es ist nicht nur eine »vertikale, sondern eine ganzheitliche Beziehung zu Gott«. Diese Spiritualität formt sich »nicht nur im Gebet, sondern durch die Erfahrung in Beziehungen und im Kampf – im persönlichen, zwischenmenschlichen, gesellschaftlichen Bereich«.[35] Sie gründet – wie im Exodus – auf der umfassenden und konkreten Befreiung der Menschen, die sich in ihrem Leben auf den »Gott der Geschichte« eingelassen haben. Sie ist umfassend, weil sie »den ganzen Menschen mit Leib und Seele im Kontext der sozialen Umgebung angeht«, und konkret im Sinne der Befreiung von ganz konkreten Übeln wie Ungerechtigkeit, Sklaverei, Ausbeutung, aber auch der positiven Aussicht auf ganz konkrete Segnungen wie Land, kommende Generationen etc.[36] In dieser Spiritualität gibt es keinen Dualismus zwischen Leib und Seele, weil sie aus den täglichen, profanen Körpererfahrungen von Frauen kommt.

Kreativ und flexibel

Asiatische Frauen meinen, ihre Spiritualität müsse »kreativ und flexibel« sein, um die patriarchalen Strukturen in Kirche und Gesellschaft durchbrechen zu können.[37] Aus den erdrückenden Sackgassen ihres Lebens brechen sie mit Kreativität aus, bahnen sich einen Weg in der Wildnis und reißen Mauern nieder, wo es keinen Ausweg gibt. Sie haben in ihrem Leben durch äußere soziale Mächte so viele Benachteiligungen erlitten, daß es viel innerer Kraft bedarf, um dennoch einen Ausweg zu finden, selbst wenn er noch nicht sichtbar ist.

Flexibel ist diese Spiritualität, weil die Betroffenen nur durch Flexibilität die Härte der Taktiken ihrer Unterdrücker überleben können. In dieser flexiblen Spiritualität ist »der Glaube keine Sicherheit, gerettet zu werden, weil man den Gesetzen gehorcht, sondern die begeisternde Dimension radikaler Offenheit«.[38] Asiatische Frauen übernehmen die Lehren der Kirche nicht blind, sondern sagen sich davon los, wenn ihr Leben dadurch in Zwängen gehalten wird. Ein Beispiel dafür ist der Gebrauch von Verhütungsmitteln. So hinterfragen Philippinas die Interpretationen der Ermahnungen von Paulus: »Frauen, gehorcht euren Männern!«, wenn ihre Körper durch zu viele Schwangerschaften mißbraucht werden oder sie sich ihren Männern hingeben sollen, wann immer diese sich ihr »eheliches Recht« nehmen. Mananzan und Lee berichten vom heimlichen Gebrauch von Verhütungsmitteln: »Obwohl die katholische Kirche weiterhin auf der natürlichen Methode der Geburtenkontrolle besteht, hintergehen etwa 90% der Katholikinnen auf den Philippinen diese Vorschrift und gebrauchen andere Verhütungsmittel. Nicht wenige haben sich nach dem dritten oder vierten Kind sterilisieren lassen.«[39]

Durch ein klareres Bild von sich selbst und einen inneren Befreiungsprozeß, der ihnen die Schuldgefühle abbauen hilft, die eine rigide Doktrin und Moral der Kirche verursacht haben, werden Frauen schöpferischer und beweglicher, die religiösen Lehren in ihrem Alltag umzusetzen.

Prophetisch und historisch

Asiatische Frauenspiritualität ist insofern prophetisch, als sie Gerechtigkeit und Frieden für alle unterdrückten und ausgebeuteten Menschen sucht. Durch das ganz normale Leben der Armen »bricht sie in die Geschichte ein« und möchte »Veränderungen in dieser Welt«. Maria, die das revolutionäre Magnifikat sang, wurde zu einem authentischen Symbol solcher Spiritualität und Freiheit.[40]

Diese prophetische Vision unterscheidet sich von der asiatischer Männer, weil Frauen eine radikale feministische Vision in ihre Spiritualität einbringen, nämlich die radikale Gleichheit aller Menschen. Der Rahmen, in dem Frauen Befreiung verstehen, bringt eine »qualitativ andere Vision zwischenmenschlicher Beziehung als traditionell männliche Konzepte vom Leben in Gemeinschaft«.[41] Das befreiende Gerüst des Feminismus hat stärker sorgende, nährende und zusammenhaltende als beherrschende, erobernde oder konkurrierende Züge.

Gemeinschaftsorientiert

Die Spiritualität asiatischer Frauen trägt keine individualistischen Züge, sondern ist fest in der Gemeinschaft verankert. Mananzan und Lee betonen, daß in Ländern der Dritten Welt die Probleme von Frauen keineswegs durch die Beschäftigung mit reinen Frauenthemen gelöst werden können, weil asiatische Frauen zugleich »die kombinierte politisch-ökonomische und religiös-kulturelle Unterdrückung überwinden müssen, die der patriarchalen Dominanz zugrunde liegt«.[42]

Um ihre Befreiung zu erreichen, müssen Frauen gegen verschiedene Formen der Unterdrückung kämpfen, wozu auch die nationalen Kämpfe gegen Kolonialismus und Militärdiktaturen gehören, aber diese Kämpfe schließen Frauen, Männer und Kinder und alle ein, für die Erlösung etwas »Gemeinschaftliches« und nicht etwas »Privates« ist.[43] Der

Aufbau einer Gemeinschaft für alle, in der ein Leben in Fülle und Harmonie möglich ist, bleibt das Ziel dieser Spiritualität.

Für das Leben[44]

Ein anderer Aspekt ist in der »Lebensart und Erfahrung von Frauen zu sehen, die ganz konkret lebensbejahend sind«.[45] Unabhängig von ihrem rassischen, ideologischen oder religiösen Hintergrund waren Frauen nie dazu bereit, für die Verteidigung bestimmter Ismen das Leben ihrer Kinder zu zerstören. Männer dagegen haben aus sehr abstrakten Gründen heraus in Kriegen ihre eigenen und anderer Leute Kinder getötet. In einer männlich-dominierten Gesellschaft wird die lebensbejahende Spiritualität von Frauen oft als feige, kurzsichtig und als mangelndes geschichtliches Bewußtsein trivialisiert. Frauen glauben aber, »daß die zerstörerische Dimension der patriarchalen Kultur sich gerade dadurch verrät, daß sie diese Frauenspiritualität, die sich an der Erhaltung eines Lebens in Liebe orientiert, gering schätzt, ignoriert und verachtet«.[46]

Ein starkes Beispiel solcher lebensbejahender Spiritualität, das die Rigidität der Ismen transzendiert, kommt aus Sri Lanka. Die christliche Aktivistin Anita Nesiah beschreibt den gewaltlosen Widerstand von Frauen gegen Rassismus und Militarisierung in ihrem Land. In den letzten zehn Jahren seien unzählige Versuche unternommen worden, um den gewaltsamen Konflikt zwischen der von Singhalesen beherrschten nationalen Regierung und der tamilischen Minderheit zu beenden. Obwohl es »Absprachen zwischen politischen Führern, Mehr-Parteien-Konferenzen, eine präsidiale Kommission, Gesetzesänderungen, eine internationale Friedens-Übereinkunft und verschiedene Militär-Aktionen gab«, konnte der Frieden in Sri Lanka bisher nicht wiederhergestellt werden.[47] Nesiah meint, da die Männer in ihrem Land nicht in der Lage waren, den Frieden zu erhalten, müsse ein alternatives Modell gefunden werden. Sie schlägt vor, daß Frauen beider Seiten eine gemeinsame Front gegen Gewalt bilden, »indem sie die gewaltfreien Methoden Mahatma Gandhis, SATYAGRAHA (Kraft der Wahrheit) und AHIMSA (Liebe) anwenden«.[48]

Nach Nesiah »gibt es eine bestechende Ähnlichkeit zwischen der militärischen und der patriarchalen Familie«. Beide beruhen auf der Voraussetzung des *Gehorsams:* die niedrigeren Grade müssen in der Hierarchie den höheren gehorchen. Der Kommandant ist gleichbedeutend mit der Vaterfigur. Deshalb »ist das Image des idealen Soldaten dem der idealen Mutter fast vergleichbar«. Beide haben sich »der Struktur, in der sie leben«, zu opfern. Der einzige Unterschied zwischen Soldat und Mutter ist, daß ersterer sein Leben opfert, um einem anderen Menschen das Leben zu nehmen, während letztere sich aufopfert, um anderen Leben zu schenken.[49]

Nesiah glaubt an die Fähigkeit von Frauen, SATYAGRAHA und AHIMSA zu praktizieren, weil sie wissen, was es heißt, anderen Leben zu schenken, und deshalb das Leben auch wertzuschätzen. Sie beschreibt, wie in Sri Lanka Tamilinnen aus dem Norden und Singhalesinnen aus dem Süden sich in ihrem gewaltlosen Widerstand gegenseitig unterstützten. Mütter von beiden Seiten kamen zusammen, um zu beten, zu fasten und zu handeln. »Vielleicht«, meint sie, »ist Gewaltlosigkeit nicht praktisch, aber sie ist auf jeden Fall prophetisch«.[50] Sie gibt den Glauben nicht auf, daß die Ausdauer von Frauen, ihre Tränen und gewaltfreien Aktionen dazu beitragen werden, den Friedensteppich in ihrem Land zu weben.

Ökumenisch, alle einschließend

In Asien, wo weniger als 3% der Bevölkerung sich zum Christentum bekennen, ist »der interreligiöse Dialog ein ganz wesentlicher Bereich in der Diskussion über neue Spiritualität«.[51] Asiatische Frauen weisen den christlichen Triumphalismus zurück, »weil er die Spiritualität des Kolonialismus und Neo-Kolonialismus ist«.[52] Statt dessen suchen sie nach einer ökumenischen Spiritualität, »die in Demut und aus Achtung vor dem Leben und allen Glaubensrichtungen nach der Einheit der Menschheit trachtet«.[53] Eine ökumenische Spiritualität legt keinen Wert auf doktrinären Austausch, sondern beruht auf »radikal neuen Werten, die sich an den Menschen, am Leben und an einer wirklichen Gemeinschaft ausrichten«.[54] Asiatische Frauen bestehen darauf, daß »das Zentrum ihrer Spiritualität in der Suche nach der Ganzheit des Lebens liegt«.[55] In der gemeinsamen Suche nach dieser Ganzheit treffen sich unterschiedliche Religionen.

Viele Frauen haben eine solche *ökumenische Spiritualität* gelebt, schon lange bevor die Wissenschaftler sie so benannt haben. Philippinas beten zum Beispiel INA in Gestalt der Jungfrau Maria an, was in Tagalog »göttliche Mutter« bedeutet. Wenn sie zu Maria, der Mutter Jesu, beten, nennen sie sie INA. Ursprünglich war INA in den philippinischen Volksreligionen zuhause. INA war die Quelle des Lebens, eine zutiefst verehrte Göttin. Als die spanischen Kolonisatoren die Menschen auf den Philippinen zum katholischen Glauben bekehrten, verwandelten diese die Maria ihrer Kolonisatoren einfach in eine einheimische INA.[56] Auf den Philippinen und auch sonst in Asien haben Frauen sich lebenspendende religiöse Symbole gewählt, die über die engen Doktrinen und Normen der institutionalisierten Kirche hinausreichen. Je ärmer und deshalb näher Frauen an der Kultur der Basis sind, desto freier scheinen sie zu sein, die religiösen Symbole der herrschenden Gruppe für ihre eigenen Bedürfnisse zu verändern.

Ein anderes Beispiel einer wirklich ökumenischen Spiritualität erzählt von einer koreanischen Mutter, die mit ihrer spirituellen Weisheit gegen die Mächtigen kämpfte und gewann. Dem Bericht nach hatte ein Politiker einen Jungen überfahren und tödlich verletzt. Die Schuld war eindeutig dem Politiker zuzuschreiben, aber dieser weigerte sich, die Verantwortung zu übernehmen. Und da er einflußreich war und die Polizei bestechen konnte, wurde er nicht zur Rechenschaft gezogen.

Einige Zeit später kandidierte dieser Mann für den Kongreß. Die Großmutter des getöteten Jungen war darüber so verärgert, daß sie Flugblätter herstellte und sie bei einer Wahlversammlung verteilte. Der Politiker reagierte mit einer Verleumdungsklage gegen die machtlose Großmutter, die daraufhin den Prozeß verlor und ins Gefängnis kam.

Aus Zorn und Verzweiflung antwortete die Mutter des Jungen darauf mit einem eigenen Racheakt. Sie zeichnete Porträts des Politikers, des Polizeichefs, des Richters und des Verteidigers. Jeden Morgen betete sie vor einer Schüssel voll klaren Wassers für Gerechtigkeit, indem sie alle Gottheiten, die sie kannte, anrief: HA-NEU-NIM, KWAN-WOON-CHANG-NIM und YE-SU-NIM (Jesus).[57] Nach dem Gebet schoß die Mutter des Jungen mit Pfeil und Bogen auf jedes Porträt. Das Gerücht über ihr Gebet und ihre Tat verbreitete sich in der ganzen Stadt, so daß die Männer, die ihr Leid zugefügt hatten, sich plötzlich sehr fürchteten; denn nach schamanistischer Tradition mußte das Ritual der Mutter zum Tod der Männer führen. Um diese spirituelle Energie, die gegen sie gerichtet war, zu stoppen, entließen die Männer die Großmutter aus dem Gefängnis und bezahlten der Familie für den Tod des Jungen eine Entschädigung.[58]

In der Geschichte dieser machtlosen Frau läßt sich ein Hauch dieser ökumenischen Spiritualität entdecken. In ihrer Hilflosigkeit und ihrem tiefen Zorn hat sie alle verfügbaren Überlebenskräfte um sich herum mobilisiert. Sie hat sowohl den höchsten koreanischen Gott wie auch einen Gott aus der schamanistischen Tradition und Jesus um Hilfe angerufen. Doktrinäre Reinheit oder religiöse Grenzen haben für sie keine Rolle gespielt. Ihr war lediglich die lebenspendende Kraft der Gerechtigkeit wichtig, in welcher Form auch immer sie zu erreichen war. Wirkliche Ökumene wird dann möglich, wenn jede Religion die Unterdrückten aus ihren Fesseln befreit.

Kosmisch und schöpfungszentriert

Asiatische Frauen betonen in ihrer Spiritualität auch die kosmische Dimension[59], weil sie nicht auf Menschen begrenzt ist, sondern den ganzen Kosmos umfaßt: Tiere, Pflanzen, Wasser, Erde, Luft und den Rest des Universums. Ihre neue Spiritualität »bezieht ihre Lebendigkeit aus der Schöpfung, ganz im Gegensatz zur traditionellen Spiritualität, die sich um den Sündenfall und die Erlösung dreht«.[60] Es ist eine schöpfungszentrierte Spiritualität, die das Leben und die Güte der Schöpfung feiert. Diese Spiritualität ist »eher fröhlich als streng, eher aktiv als passiv, eher sich ausbreitend als begrenzend«.[61]

In dieser Spiritualität erscheint Gott nicht als der grausame Richter. Statt dessen ist Gott der, »der vereint«, der beides, »männlich und weiblich«, und beides, »östlich und westlich«, ist. Auch Jesus hat ein befreiendes Gesicht, indem er als »ein Prophet und ein Künstler« gesehen wird. Und das menschliche Individuum hat »die dualistische Beziehung von Körper und Seele transzendiert und eine optimistische Sicht der Möglichkeiten, die im Menschen liegen, angenommen«.[62]

In der Religiosität Asiens und in vielen Volksreligionen finden wir eine kosmische, schöpfungszentrierte Spiritualität. Ein gutes Beispiel dafür ist die Anbetung der göttlichen Mutter (INA) auf den Philippinen.[63] Consolacion Alaras sagt, ein wichtiges Charakteristikum des Bundes sei »das Bild der Mutter als göttlicher Schoß – als Quelle allen Lebens und aller Nahrung –, der alles schützt und nur nach dem trachtet, was das Leben erzeugt und in allen seinen Teilen erhält«, wozu Männer, Frauen, Tiere, die Erde und alle anderen Lebewesen gehören.[64] Die Göttliche Mutter ist nicht »die Herrscherin der Welt«, sondern »die Welt selbst«. Sie ist die »Große Göttin«, die der Natur immanent ist. Wenn die Welt selbst zur Göttin wird, »dann folgt ganz automatisch der Respekt für die Heiligkeit alles Lebendigen«.[65]

Frauen-Spiritualität in der Praxis

Asiatische Frauen begegnen den Ausweglosigkeiten ihres Lebens mit einer Spiritualität, in der sie trotz aller vielschichtigen Probleme die Güte des Lebens betonen. Ihr täglicher Überlebenskampf ist der stärkste Ausdruck dafür. Dabei ist es wichtig, auch die gemeinschaftliche Dimension dieser Spiritualität wahrzunehmen, um die Anstrengungen würdigen zu können, mit denen Frauen alle Energien für einen sozialen Wandel bündeln.

Für diesen gemeinschaftlichen Ausdruck von Frauenspiritualität gibt es drei maßgebende Merkmale:

1. Das Aufblühen von Frauengruppen, die das Bewußtsein wecken wollen;
2. Die wachsende Frauenbewegung innerhalb der Befreiungsbewegung;
3. Die Schärfung intellektueller Reflexion von Frauen im asiatischen Kontext.

In vielen Ländern haben sich Frauen in kleinen Gruppen zusammengefunden, um auf sehr persönliche Weise ihre Lebensgeschichten miteinander zu teilen. Es gibt auch Gruppen von Künstlerinnen, Dichterinnen, spirituellen Tänzerinnen, sowie Frauen, die sich in Gesundheits- oder Familienplanungsfragen engagieren[66], oder Frauengruppen der Gewerkschaften, in denen sich Arbeiterinnen, Bäuerinnen oder Frauen aus den Slums zusammenschließen. Diese kleinen Gruppen helfen den Frauen, die Wahrheit über ihr Leben zu sagen. Durch die Unterstützung der anderen Frauen ermächtigen sie sich gegenseitig, geben ihren Selbsthaß und ihre Schuld- und Schamgefühle auf und erreichen so ein klareres Verständnis ihres authentischen Selbst, das so lange vom Patriarchat verhüllt war. Diese Frauen bilden auch ein »gemeinschaftliches Bewußtsein«, das ihnen hilft, gegen Ausbeutung und Diskriminierung zu kämpfen. Manchmal lernen geschiedene oder alleinlebende Mütter dadurch, »ihr Leben alleine anzunehmen, weil sie ihre emotionale und psychische Abhängigkeit überwinden und auch ohne ihre entfremdeten Partner einen neuen Lebenssinn finden«.[67] Oder »Frauen unter den städtischen Armen oder in Gewerkschaften erleben das Gefühl schwesterlicher Solidarität«, das sie auf ihrem Weg der Gerechtigkeit stärkt.[68]

Ein anderes kraftvolles Merkmal von Frauenspiritualität sind die starken Frauenbewegungen in Asien. Frauen sagen, »Jesus nachzufolgen ist nicht nur eine Privatsache, sondern ein Gemeinschaftsunternehmen«[69], und verbünden sich in Solidarität innerhalb des größeren Rahmens der Volksbewegungen, die um ihre Überlebensrechte kämpfen.

Durch die Schärfung ihres intellektuellen Bewußtseins werden Frauen zu radikaler Kritik der religiösen, kulturellen, politischen und ökonomischen Lehren und Theorien in den sie jeweils beherrschenden Kulturen fähig. Dabei entdecken sie, daß sie »sehr oft sogar in der Ideologie von Ganzheit und holistischer Erlösung ausgeschlossen sind«.[70] Sie sind deshalb überzeugt davon, daß »das Patriarchat nie ganzheitlich sein kann«.[71]

»Das Patriarchat ist grundsätzlich androzentrisch und kann deshalb im Zentrum seiner Welt auch niemals Frauen und Kinder als Gleiche einschließen. Selbst die Liebe zu Frauen und Kindern hat mit den eigensüchtigen Bedürfnissen der Männer zu tun. Dies ist der Grund dafür, daß Frauen und Kinder andauernd an den Rand gedrängt werden, auch wenn sie in ihrer emotionalen und finanziellen Abhängigkeit manchmal vom Gegenteil überzeugt werden sollen.«[72]

Asiatinnen in religiösen Kreisen denken, es sei nicht länger hinnehmbar, daß Frauen aus Respekt vor den traditionellen Kulturen und Religionen, wie schön und bedeutsam sie auch gewesen sein mögen, diskriminiert werden.

So sind sie einerseits dabei, »ihre Geschichte wiederzuentdecken und ihre führenden Frauen, Heldinnen und Heiligen aus den verschiedenen Traditionen als Quellen der

Zusammenarbeit und Kraft auferstehen zu lassen«[73] – Beispiele dafür sind die Schreine von Prinzessin Urduja und Gabriela Silang* auf den Philippinen und die Verehrung von Mira Bai und Panditta Rama Bai** in Indien. Frauen suchen nach weiblichen Gestalten, deren kraftspendende Energie sie »in ihren eigenen Traditionen, Mythen und Legenden« würdigen können, um »zur vollen Blüte ihres Frauseins« zu gelangen.[74]

Andererseits unternehmen Frauen den Versuch einer Kritik von Kultur und Religion. Sie beteiligen sich am interreligiösen Dialog, »um herauszufinden, welches die wirklich befreienden und welches die unterdrückenden Elemente darin sind«.[75]Auf Grund der scharfen kulturellen und religiösen Analyse suchen die Frauen entweder nach Alternativen oder nach einer neuen Synthese des religiöskulturellen Verständnisses, in der das Leben der Frauen gewürdigt wird. So gesehen ist asiatische Frauentheologie eines der wichtigsten Merkmale ihrer neuen Spiritualität.

Die neue Spiritualität asiatischer Frauen kann nicht schöner beschrieben werden, als Mananzan und Lee es tun:

»Sie feiert lieber, als daß sie fastet, sie beugt sich lieber, als daß sie kontrolliert. Es ist eher eine Oster- denn eine Karfreitags-Spiritualität. Sie ist eher schöpferisch als konservativ ... Spiritualität ist ein Prozeß. Sie ist nie ein für allemal erreicht. Sie erstarrt auch nicht. Es gibt aber auch kein fließendes, kontinuierliches Wachstum. Auch Rückentwicklung und Quantensprünge sind denkbar. Es gibt Höhen und Tiefen, Todeskämpfe und Ekstasen. Die neue Spiritualität von Frauen verspricht vibrierend, befreiend und farbenfroh zu werden. Ihre Richtungen und Tendenzen scheinen größere Lebensmöglichkeiten und Freiheiten zu eröffnen und dadurch mehr und mehr Gelegenheiten zu bieten, wirklich, intensiv und ganz lebendig zu sein!«[76]

---

* Mystikerinnen aus dem 2. und 3. Jahrhundert n. Chr.

** Frauen, die im Unabhängigkeitskampf in den 40er Jahren des 20. Jahrhunderts führend waren.

6. Selbstverständnis und Zukunft asiatischer Frauentheologie

In den vorangegangenen Kapiteln habe ich gezeigt, in welchem historischen Kontext sich asiatische Frauentheologie entwickelt, und über Menschsein, Spiritualität und die Rolle von Jesus und Maria nachgedacht. Das letzte Kapitel soll nun zusammenfassend deutlich machen, was asiatische Frauentheologie im Kampf der Frauen für Selbstbestimmung und wirkliches Menschsein in Asien beizutragen hat, und mit einigen Anmerkungen zur Zukunft asiatischer Frauentheologie schließen.

Schwerpunkte asiatischer Frauentheologie

Obwohl asiatische Frauen seit ewigen Zeiten Erfahrungen des Göttlichen gemacht haben, ist ihre Forderung, christliche Theologie müsse *Dritte-Welt-bezogen, asiatisch* und *frauen-bezogen* sein, doch neu. Ihr Aufbruch, neue Namen für Gott zu finden, hat gerade erst begonnen, und so verschieden die Wege sind, auf die asiatische Frauen sich aufmachen, so unterschiedlich sind auch ihre Aufbruchserfahrungen. Gott hat viele Namen, und die Frauen geben dem in vielen Formen und Farben Ausdruck. Dabei gibt es vier Vorstellungen von Theologie, die sich unter asiatischen Christinnen weiterverbreiten.

Theologie als »Schrei, inständige Bitte und Anrufung«

Asiatische Frauentheologie ist »ein Schreien, ein inständiges Bitten und ein Anrufen« Gottes. Sie ist der Klang von HAN, der sich aus der Verzweiflung und Ausweglosigkeit der Frauen Bahn bricht. Sie ist ihr tränenreiches Sehnen nach Gottes Gerechtigkeit, wo es im Leben der Frauen keine Gerechtigkeit gibt. Sie ist ihr Gebet um Gottes heilende Gegenwart in einer kriegführenden, menschentötenden und naturzerstörenden Welt. Asiatische Frauentheologie hat vielleicht nicht die angemessene systematische Struktur oder die richtige akademische Terminologie im traditionellen Sinn, denn sie hat ihre Wurzeln in der Erfahrung von Frauen, die Gott in ihrem Körper erfahren, Gott in ihrem Herzen spüren und in ihrer Seele mit Gott reden. Kwok Pui-lan aus Hong Kong drückt das folgendermaßen aus:

»Du fragst mich, wie sich feministische Theologie in Asien wohl entwickeln wird? Wird sie anfangen mit ›jenseits Gott, dem Vater‹ und aufhören mit dem ›Anfang am anderen Ende‹? Wird sie gefärbt sein von der Rhetorik der Mittelschicht-Eliten oder überfrachtet mit sozialistischer Terminologie? Wird sie eine systematische Analyse der Lebenssituation der Frauen in Asien leisten oder lediglich ein emotionaler Ausbruch, dem einer Wahnsinnigen vergleichbar, sein?

Ich habe auf diese Fragen keine Antwort. Ich weiß nur, daß feministische Theologie in Asien ein Schrei sein wird, eine inständige Bitte und eine Anrufung. Sie entspringt aus den schmerzenden Wunden, den bleibenden Narben und den nicht endenden Geschichten von Unterdrückung und Leid. Feministische Theologie wird in Asien nicht mit der Feder geschrieben. Sie ist in die Herzen derer eingebrannt, die den Schmerz spüren und dennoch zu hoffen wagen.«[1]

Wenn dies so ist, dann darf Theologie nicht länger in den Händen einiger intellektueller Eliten bleiben, die eine akademische Ausbildung in traditioneller Theologie hatten, sondern muß demokratisiert werden. Da alle bewußte Erfahrung schon interpretierte Erfahrung ist, hat auch die Erfahrung des Göttlichen, wie asiatische Frauen es erleben, schon ihre eigene theologische Bedeutung. Ihr Schreien, Bitten und Anrufen Gottes ist ein starker Hinweis auf die Gegenwart Gottes in ihrer Mitte. Diese demokratisierte Theologie ist eine Theologie der Leute, eine populäre Volkstheologie, die im täglichen Leben der Menschen wirkt.

Theologie als »Gott-Praxis«

Asiatische Frauentheologie ist lebenspendende Theologie, die von Gott nicht nur redet und denkt, sondern die Befreiung und Ganzheit hier und jetzt lebt. Elizabeth Tapia sagt, »nicht die Rede von Gott sei das grundlegende Zentrum der Theologie, sondern die menschliche Befreiung«.[2] Sie gibt dieser neuen Theologie neue Namen und spricht nicht so sehr von »Rede von Gott« als vielmehr von »Gott-Praxis«.

»Theologie ist nicht nur eine theoretische Übung, sondern Verpflichtung zur Teilnahme am Kampf des Volkes um wahres Menschsein und Wahrnehmung des erlösenden Handelns Gottes in der Geschichte. Es ist Theologie-in-Aktion.»[3]

Tapias Definition von Theologie als »Gott-Praxis« unterscheidet sich von männlicher Befreiungstheologie, deren Vertreter dafür plädieren, die Definition der Theologie als »zweiten Schritt« zu sehen.[4] In Tapias Definition gibt es keinen Dualismus oder eine aufeinanderfolgende Ordnung zwischen Aktion und Reflexion. Die »Verpflichtung zur Teilnahme am Kampf des Volkes um wahres Menschsein« und die »Wahrnehmung des erlösenden Handelns Gottes in der Geschichte« sind ein integriertes Ganzes. Keines ist wichtiger als das andere. Das Leben selbst, das überlegte Handeln der Frauen und die engagierte Reflexion zusammen sind »Gott-Praxis«, lebendige Theologie in Asien.

Theologie als verkörperte kritische Reflexion

Die Betonung der Bereicherung der Theologie durch Menschen mit unterschiedlichen Lebenserfahrungen bedeutet nicht, daß asiatische Frauen in ihrem Theologisieren die Notwendigkeit kritischer Reflexion nicht ernst nähmen. Ihnen ist klar, daß sie ein gut entwickeltes analytisches Gerüst brauchen, mit dessen Hilfe sie die Art der Verknüpfungen der vielen verschiedenen Unterdrückungsmechanismen um sie herum wahrnehmen können. In den letzten Jahren haben theologisch ausgebildete Frauen alle Kraft darauf verwandt, das Wesen des asiatischen Patriarchats deutlich zu machen und hermeneutische Grundsätze herauszuarbeiten.[5]

Asiatische Theologinnen sahen die Notwendigkeit, in der Auseinandersetzung mit der traditionellen Theologie ihrer Unterdrücker ihre eigene Theologie zu definieren, um dadurch so klar wie möglich das Böse in deren Theologie benennen zu können, aber auch ihr Recht auf wahres Menschsein in Anspruch zu nehmen, wie es im Evangelium von Jesus Cristus seinen Ausdruck findet. Durch formale und informelle theologische Ausbildung, durch Bibelstudien, Frauenkonferenzen und die Teilnahme an Frauen- und Volksbewegungen haben sie ihre Fähigkeit zu kritischer Reflexion entwickelt und weitergebildet. Sie lernen soziale und biblische Analysen mit ihrer Unterdrückung in der Gesellschaft und ihren religiösen Erfahrungen in Verbindung zu setzen. Ihre Analysen und kritischen Reflexionen gründen auf einer »gelebten Welt-Erfahrung« und vermeiden deshalb die »Gewalt der Abstraktion«.[6]

Theologie als Suche nach einer Vision[7]

Asiatische Frauentheologie ist auch die Suche nach einer Vision. Frauen sehnen sich nach einer »Gemeinschaft harmonischen Lebens«, wo Menschen »Gott wieder erkennen werden« und wo »Tiere und Menschen in Harmonie miteinander leben«[8] und sie »weder verletzt noch zerstört werden« (Jes. 11,6–9).

Für asiatische Frauen ist Theologie eine Sprache der Hoffnung, der Träume und der Poesie. Sie ist fest gegründet auf konkreter, geschichtlicher Wirklichkeit, enthält aber auch Visionen für die Zukunft und weiß um die Geheimnisse der Ursache allen Lebens. Die Kraft dieser Vision und dieses Geheimnisses trägt sie durch ihr HAN und ihre Ausweglosigkeit und befähigt sie, in Bewegung zu bleiben und mit dem Rhythmus des Universums zu schwingen, selbst dann, wenn der Herzschlag dieses Universums durch menschliche Gier und Haß zerstört zu werden droht. Theologie als eine Sprache der Hoffnung, der Träume und der Poesie ist für diese Frauen kein Luxus, sondern eine aktive, heilende Kraft inmitten von Verzweiflung. Für die Unterdrückten ist sie kein Opium, das sie aus der Welt aussteigen und diese vergessen ließe, sondern sie erinnert an die Ganzheit der Schöpfung und motiviert zum Handeln, weil sie die Gefahren der Zukunft benennt.

Ein neues Verständnis der Identität von Theologinnen

Wer sind die Theologinnen dieser neuen asiatischen Frauentheologie? Wenn es stimmt, daß diese Theologie eine Theologie des Volkes ist, dann ist jede asiatische Frau, die sich Gedanken macht über die Bedeutung der guten Schöpfung, über die radikale Erkenntnis, daß wir bei Jesus Christus alle gleich sind, und über das Kommen von Gottes Gerechtigkeit zu uns – jede Frau also, die dies glaubt und diesen Glauben zu leben versucht, ist eine Theologin. Diese Frauen geben ihrer Theologie in Gebeten, Liedern, Tänzen, Andachtsritualen, Zeichnungen und mit ihrer Art, in Gemeinschaft zu leben, Ausdruck. Sie sind Theologinnen, die mit ihrer Körpersprache sowohl gesprochene und erzählte wie nonverbale Theologie betreiben. Die meisten dieser Frauen haben keine formale theologische Ausbildung an traditionellen Institutionen erhalten.

Nur wenige asiatische Theologinnen haben ihre Theologie niedergeschrieben, und dies auch erst in den letzten zehn Jahren. Sie stammen meist aus der Mittelschicht, genossen eine traditionelle theologische Ausbildung und sind auch mit westlicher feministischer Theologie vertraut. Fast alle in diesem Buch erwähnten Theologien kommen von solchen Frauen und sind in der Regel in Englisch geschrieben worden. Einige der wichtigsten seien noch einmal genannt:

Kwok Pui-lan, Dozentin für Kirche und Gesellschaft an der chinesischen Universität in Hong Kong, vollendete ihre Dissertation an der Harvard Divinity School zum Thema »Chinesische Frauen und das Christentum 1860–1929«. Kwoks Studien beleuchten die Wirkung, die das Christentum auf das Leben der Chinesinnen und das wachsende feministische Bewußtsein asiatischer Frauen hatte. Sie hat eine Fülle von Texten aus China und von ausländischen Missionsgesellschaften ausgewertet und das theologische

Verständnis von Gott, Christus und Maria sowie andere Themen aus der Sicht chinesischer Frauen dargestellt. Ihre Arbeit ist vor allem eine geschichtliche Studie, die den Versuch unternimmt, chinesische Frauengeschichte um die Jahrhundertwende zu rekonstruieren.

Elizabeth Tapia, Professorin für Sozialethik am Harris Memorial College in Manila, hat an der Graduate School in Claremont ihre Dissertation zum Thema »Der Beitrag philippinischer Christinnen zu einer asiatischen Frauentheologie« fertiggestellt. Während ihrer Nachforschungen interviewte Tapia 15 Philippinas von ganz unterschiedlicher sozialer Herkunft und erstellte eine theologische Analyse über die Bedeutung wahren Menschseins und die Relevanz philippinischer Frauentheologie. Sie untersuchte auch die Entstehung vieler theologischer Frauenorganisationen und deren Einfluß auf die Entwicklung einer asiatischen Frauentheologie.

Marianne Katoppos »Compassionate and free«[9] (Mitfühlend und frei) ist das erste Buch, das über asiatische Frauentheologie veröffentlicht wurde. Katoppo ist eine mehrfach ausgezeichnete Autorin und Theologin aus Indonesien. In ihrem Buch untersucht sie in Fallstudien die Situation asiatischer Frauen und gibt eine theologische Reflexion über deren Lebenswirklichkeit. Sie betont das Recht der Frauen, gegenüber männlicher Dominanz und westlichem Imperialismus »anders« zu sein, und sucht nach einer von Frauen definierten Identität, die sich vom Image der Idealfrau in der herrschenden Kultur deutlich unterscheidet.

Die systematische Theologin *Park Soon Kyung* aus Korea, eine frühere Professorin an der Ewha Frauenuniversität in Seoul, veröffentlichte zwei Bücher über die Beziehung zwischen dem Kampf koreanischer Frauen und dem anderer Dritte-Welt-Völker. Fest auf neo-orthodoxem theologischem Boden stehend, erklärt sie die Bedeutung der Begriffe Christus, Kirche, Humanität, Schöpfung und auch eine neue theologische Methodik aus der Perspektive koreanischer Frauen. Die Titel ihrer beiden Bücher sind *Minjok Tongil Kwa Keedokyo*[10] (Vereinigung von Nation und

Christentum) und *Hankook Minjok Kwa Yeosung Shinhak eu Kwajae*[11] (Die koreanische Nation und die Aufgabe der Frauentheologie).

Diese gebildeten, englischsprechenden Mittelschicht-Frauen sprechen über den Schmerz asiatischer Frauen – über Armut, physische und psychische Schläge, Prostitution usw. Sie sprechen über das Leiden armer Frauen in Asien. Aber welches Recht haben sie, über den Kampf der Armen zu sprechen? Wie können sie authentisch vom Glauben der armen Frauen sprechen, wenn sie die Sprache der Kolonisatoren benutzen, die die armen Frauen in den jeweiligen Ländern nicht einmal verstehen? Was für eine Beziehung haben diese gebildeten Mittelschicht-Theologinnen, die Theologie *»aufschreiben,«* zu den armen, des Lesens und Schreibens unkundigen Theologinnen, die Theologie in ihrem täglichen Leben *»leben«*?

Diese Frage ist asiatischen Theologinnen ein wirkliches Problem. Sie wird sehr oft diskutiert, weil diese Frauen die Trennung von den armen Schwestern überwinden möchten. Aber die Entfremdung sitzt tief. Vielleicht ist es eine lebenslange Anstrengung. Es ist jedoch wichtig, anzuerkennen, daß asiatische, im Westen ausgebildete Frauen dieses Problem klar sehen und darum kämpfen, die Kluft zwischen sich und den Schwestern zu überbrücken. Asiatische Mittelschicht-Frauen haben die Solidarität mit den armen Frauen als Ziel ihres Kampfes definiert.

Viele gebildete Theologinnen wissen, daß sie nicht Theologie *für* die armen Frauen betreiben, sondern sie wollen damit den Befreiungsprozeß in den gebrochenen Gemeinschaften fördern helfen und eine gemeinsame Zukunft suchen. Sie betreiben Theologie als einen Akt der Buße und Selbstkritik und werden sich dadurch ihrer Privilegien und ihrer Verantwortung stärker bewußt. In diesem gemeinsamen Prozeß des Zusammenarbeitens und Theologie-Tuns liegt die Chance, durch die Weisheit der Armen verändert zu werden. Asiatische Theologinnen wissen, daß dieser Prozeß der METANOIA armen Frauen gegenüber der einzige Weg ist, ihre Ganzheit wiederzuerlangen.

Elizabeth Tapia beschreibt, was es bedeutet, eine westlich-gebildete, philippinische Theologieprofessorin zu sein, die dem Befreiungskampf armer Philippinas um ihr volles Menschsein Rechenschaft schuldet. Tapia ist sich der Widersprüche voll bewußt, »eine asiatische Studentin im Westen gewesen zu sein, mit allen Problemen und Privilegien«, und nun Professorin in einem Land, dessen Interventions-Politik ihr Volk schmerzt. (Als Elizabeth Tapia dies schrieb, lebte sie in den USA. Heute lehrt sie auf den Philippinen. Anm. d. Übersetzerin.) Ihre Absicht, Theologie zu betreiben, beschreibt sie so:

»Ich arbeite an dieser Studie (einer Forschungsarbeit über philippinische Frauentheologie) aus der Perspektive einer philippinischen Christin, die sich der Förderung des Kampfes von Menschen in der Dritten Welt für Gerechtigkeit und wahres Menschsein verpflichtet fühlt ... Ich möchte mit den Armen arbeiten, von ihnen lernen und von ihrem Leben betroffen sein. Auf die Frage, ob ich eine Theologie für arme asiatische Frauen schreibe, antworte ich mit Nein. Aber ich möchte mit ihnen, während ich von ihnen lerne, im Dialog sein, wie ich es in der Vergangenheit auch war, und, wo es angebracht ist, ihre Anliegen vorbringen und ihren Stimmen ein Echo sein.«[12]

Tapia möchte also, daß ihre Theologie zum Echo wird für die Belange der Frauen. Sie hofft, daß die zum Schweigen gebrachten Stimmen armer Philippinas dadurch wieder gehört werden, daß sie zum Echo ihrer Schreie wird. Ihr Anteil am Kampf ist es, daß sie diese Schreie als Echo vernehmbar macht. Echos verändern den ursprünglichen Ton nicht, sondern geben ihn unverändert wieder. In diesem Sinne sind Echos die ehrlichsten und stärksten Zeugnisse, um der Stimme der Wahrheit von armen Frauen Gehör zu verschaffen, vor allem dann, wenn die »Kultur des Schweigens« die Wahrheit unterdrückt und jeglichen zusammenhängenden Ton von Frauen zunichte macht. Dieses Bild des Echos wird so lange ein lebendiges Beispiel dafür sein, wie gebildete Frauen in Solidarität mit den armen Frauen Asiens Theologie tun, bis der Zeitpunkt kommt, wo das

Echo sich in eine Symphonie verwandelt, in der jede Frau unabhängig von ihrem Hintergrund mit der Fülle ihres Menschseins ihrem eigenen Ton der Wahrheit Gehör verschaffen wird.[13]

Wo Menschen zum Echo werden, wo es ein echtes Teilen, Hören und Benennen dessen gibt, was das Überleben und die Befreiung einer Gemeinschaft ausmacht, dort *übernimmt die Gemeinschaft die Rolle der Theologen.* Asiatische Frauen leben diese Gott-Praxis und helfen mit, gerechte und harmonische Gemeinschaften zu bauen, in denen Frauen, Männer und Kinder zu Hause sind.

Die neue Methode der Theologie

Der Ansatz asiatischer Frauen, Theologie zu betreiben, ist, wie bei allen anderen Formen von Befreiungstheologie, induktiv, aus Erfahrung und Engagement geboren. Er ist kollektiv und in seinen Perspektiven und Zielen inklusiv.[14]

Diese induktive, kollektive und inklusive Methodik bringt ein ganz besonderes Aroma in diese Frauentheologie. In den letzten zehn Jahren haben Frauen in verschiedenen asiatischen Ländern theologische Konsultationen durchgeführt, die der vom Frauenkomitee der EATWOT vorgeschlagenen Methodik folgten. Dabei wird in kreisförmigen Schritten vorgegangen: Anhören der individuellen Situation, soziale Analyse und danach die theologische Analyse.

Es beginnt mit dem Geschichtenerzählen. Frauen mit ganz unterschiedlichem Hintergrund sitzen zusammen und erzählen sich ihre Schicksale. Gebildete Mittelschicht-Theologinnen haben arme Bäuerinnen, Fabrikarbeiterinnen, Frauen in Slums, Opfer von Brautpreisskandalen oder Prostituierte eingeladen oder besucht und ihren Lebensgeschichten zugehört. Das Geschichtenerzählen war für Frauen lange Zeit die einzige Möglichkeit, die Wahrheit weiterzugeben, denn in vielen Ländern war das geschriebene, literarische Wort privilegierten Männern vorbehalten. Bis zur Jahrhundertwende hatten die meisten Mädchen kaum eine Chance, lesen oder schreiben zu lernen. Frauen erhielten sich ihre Wahrheit, die durch die Definition der männlichen literarischen Welt oft genug entstellt wurde, durch mündliches Weitererzählen. Die Kraft des Geschichtenerzählens liegt in ihrer personifizierten Wahrheit, denn die Frauen sprechen nicht über abstrakte metaphysische Konzepte, sondern über ihre konkreten, geschichtlichen Lebenserfahrungen. Die Wahrheit wird durch die *Erkenntnis des gebrochenen Körpers* weitergegeben, weil er der sensibelste Empfänger der historischen Wirklichkeit ist. Ihre Körper zeigen an, was ihnen in ihrem

Leben widerfahren ist, und ihre Körper (bodies) erinnern daran, was es heißt, *Niemand* (no-body) oder *Jemand* (some-body) zu sein.

Der koreanische MINJUNG-Theologe Kim Young Bok, der als Mann eine tiefe Solidarität mit dem Kampf der Frauen in Korea empfindet, hat vorgeschlagen, für HAN-geplagte Koreanerinnen und andere unterdrückte Menschen eine theologische Methodik zu entwickeln, die auf dem Geschichtenerzählen aufbaut. Koreanische Theologinnen wollen mit ihm zusammen Brücken bauen zwischen der MINJUNG- und koreanischer Frauentheologie. Kim nennt diese Methodik des Geschichtenerzählens »Sozio-Biographie«.[15] Darin zeigt sich ein Geschichtsverständnis, das so durch die sogenannte objektive soziale Analyse bisher nicht wahrgenommen werden kann. Die Sozio-Biographie von Frauen bringt die »verborgene Wirklichkeit« ans Licht, die hinter den offiziellen soziologischen und historischen Dokumenten steht. Menschen, die eine Sozio-Biographie hören, vernehmen nicht einfach kalte Daten, sondern das Leiden, Schreien und Sehnen wirklicher Menschen. Diese Begegnung durch Geschichten mit Vormüttern und heutigen Schwestern berührt die Herzen asiatischer Frauen und motiviert sie, am Befreiungskampf teilzunehmen, weil sie spüren, daß es in den Geschichten um wirkliche Menschen geht, die vor Furcht zittern und sich danach sehnen, von ihren Liebsten berührt zu werden.

Wenn koreanische Theologinnen zum Beispiel die Lebensgeschichte einer alten, armen Frau hören, dann hören sie die jüngste Geschichte Koreas. Durch ihre Geschichte erfahren sie, was es heißt, von den Japanern kolonisiert und sexuell mißbraucht worden zu sein, oder was es bedeutet, seinen Ehemann im koreanischen Krieg verloren zu haben, einem Krieg, der durch grausame internationale Machtkämpfe ausgelöst wurde. Oder sie verstehen plötzlich die komplexe politische, wirtschaftliche, soziale und kulturelle Geschichte ihres Landes, wenn die alte Frau in ihrer Geschichte fortfährt und von ihrem Sohn erzählt, der als armer Bauer von einer diktatorischen Regierung ausgebeutet wird, oder von ihrem Enkel, der für einen Niedriglohn in einer Fabrik arbeitet, die einem amerikanisch-japanischen Multi gehört, oder von ihrer Enkelin, die ihren Körper an die Ausländer verkauft, um finanziell überleben zu können. Es ist eine personifizierte Lebensgeschichte, »ganzheitlich, vielschichtig und komplex«[16], weil sie den ganzen Menschen betrifft und nicht nur einzelne Aspekte der Persönlichkeit. Sie ist auch mehr als ein unbeteiligtes Zeugnis gegen Sexismus, weil sie den Kolonialismus ebenso wie den kulturellen Imperialismus, den Rassismus und die Übel des Patriarchats mit einschließt.

Wenn Frauen sich gegenseitig ihre Lebensgeschichten erzählen, weinen sie auch miteinander, oder sie machen ihrem Ärger Luft und trösten sich gegenseitig. Dabei verwischen sich die Grenzen zwischen Erzählenden und Zuhörenden, weil letztere den Schmerz der unterdrückten Frauen tief mitempfinden können. In diesem Prozeß werden Herzen berührt und verwandelt, weil andere Herzen sich zuwenden und auf politischer und persönlicher Ebene nach Heilung suchen.

Ich hatte das Glück, solche Lebensgeschichten zu hören, und habe dabei Augenblicke tiefer Verbundenheit empfunden, als ich 1985 in Manila an einer EATWOT-Frauenkonsultation teilnahm. Wir besuchten Gruppen von Bauern und Fischern und auch Arbeiterinnen, die gerade Streikposten standen. Ihre Geschichten von Schmerz, Mut und Entschlossenheit bestärkten uns in unserem Engagement für Gerechtigkeit für unser eigenes Volk. Die schmerzlichste Erfahrung für zwei andere Theologinnen und mich war der Besuch bei einigen Prostituierten in einem der berüchtigten Rotlichtviertel von Manila. Da wir die kostbare Zeit der jungen Frauen nicht in Anspruch nehmen wollten, bezahlten wir die üblichen Gebühren, Getränke und Plätze, wie es auch Männer tun, wenn sie solche Hostessen engagieren.[17] So saßen wir mit drei Prostituierten in der Ecke einer Bar und hörten ihnen zu: warum und wie sie hierhergekommen waren, wie sich ihr Tagesablauf gestaltet, was ihre Kämpfe und Hoffnungen sind.

Zwei der jungen Frauen sagten, es sei ihre erste Nacht. Sie waren nervös und fürchteten sich vor dem, was ihnen geschehen würde. Die dritte, die schon seit einigen Monaten in dieser Bar arbeitete, drückte den Neuen ihr Mitgefühl aus und tröstete sie.

Alle drei Frauen kamen aus armen Bauernfamilien und hatten zunächst versucht, als Fabrikarbeiterinnen und Hausmädchen unterzukommen. Wegen der hohen Arbeitslosigkeit auf den Philippinen war es ihnen aber nicht möglich, solche Arbeit zu finden, und andere Jobs gab es einfach nicht. Sie teilten mit uns ihre Schuldgefühle und ihre Scham und Wut über ihre Situation und eine Gesellschaft, die zuläßt, daß Männern und Frauen solches geschieht. Als Katholikinnen wollten sie lieber heute als morgen etwas anderes tun, aber sie wußten nicht, wohin sie gehen oder wie sie überleben sollten ohne Prostitution. Die Frauen erzählten uns auch, was sie über Kirche und Christentum dachten. Sie kannten unsere Arbeit und wußten, warum wir uns für sie interessierten. Sie bekannten, daß sie sich ihrer täglichen Sünden sehr schämten, aber nie mit Priestern in der Beichte über ihren Schmerz und ihre Schuldgefühle sprechen könnten, weil sie von vornherein wüßten, daß die Priester ihre Todsünden verdammen und sie zum sofortigen Ausstieg aus der Prostitution auffordern würden, aber keinerlei Überlebensalternativen anböten. Nachdem wir die Aussagen unserer Schwestern gehört hatten, kam in uns Ärger hoch über die Heuchelei der Kirche. Wir spürten in unserem Innern, daß dasselbe System, das unsere Schwestern in die Prostitution zwang, alle asiatischen Schwestern in der Möglichkeit eines ähnlichen Schicksals verbindet. Der Anblick und die Geschichten dieser jungen Frauen, die ihrer Menschenwürde und ihres Frauseins beraubt wurden, brachte uns zum Weinen. Obwohl es auch uns nicht möglich war, ihnen eine Alternative zur Prostitution zu bieten, wurden wir durch die Begegnung noch entschlossener, eine Theologie zu schaffen, die dem Leben dieser Frauen Rechnung trägt.

Diese Methode aktiven Zuhörens bringt Theologinnen zu

einer *kritischen sozialen Analyse,* die auch die politische, ökonomische und religiös-kulturelle Analyse miteinschließt und ihnen hilft, die Verflechtungen der Strukturen zu erkennen. Wo sie selbst nicht weiterkommen, bitten sie Fachfrauen um Rat.

Mit den Fragen und dem Bewußtsein aus diesen Analysen wenden sie sich dann der *theologischen Reflexion* zu. Als Teil ihrer theologischen Analyse nehmen sie sich die Bibel vor, fragen aber nicht danach, wie Menschen und Gesellschaft beschaffen sein sollten, um der biblischen Wirklichkeit gerecht zu werden, sondern sie setzen bei ihrer eigenen geschichtlichen Situation an und fragen, welche relevanten Antworten die Bibel auf ihre Probleme, wie zum Beispiel Landreform, Privateigentum, Bedeutung von Arbeit, Armut oder sexuelle Ausbeutung, hat. Sie wissen, daß »die Bibel ihre Probleme nicht konkret lösen kann«[18], weil die historische und kulturelle Kluft zwischen der Zeit, in der die Bibel geschrieben wurde, und unserer heutigen Wirklichkeit sehr groß ist. Sie benutzen die Bibel als Ratgeber und Richtschnur, von deren Weisheit her sie ihr eigenes Leben zu begreifen suchen – nicht als eine absolute und unabänderliche Wahrheit von Gott.

Kwok Pui-lan vertritt die Ansicht vieler Theologinnen zur Bibel. Sie weiß um die Rolle, die die Bibel spielte, als es darum ging, »westliche Vorherrschaft« und »kulturellen Imperialismus« in Asien aufrechtzuerhalten.[19] Sie behauptet, Missionare hätten, indem sie die absolute Wahrheit der Bibel über die asiatische Kultur setzten, dadurch der Wahrheit aus der asiatischen religiös-kulturellen Tradition eine geringere Stellung zugemessen als der Wahrheit des Christentums. Dieser Sicht der Missionare widerspricht Kwok heftig. Sie lehnt auch die Meinung ab, daß »die Heiligkeit des Textes und der Kanon Garanten der Wahrheit seien«, und glaubt nicht, daß die Bibel in und von sich aus eine Deutung anbieten könne. Sie erklärt auch, warum solch eine »mystifizierte« Sicht der Bibel für unterdrückte Menschen gefährlich ist, und ermutigt zu einem neuen Verständnis der Bibel:

»Lange Zeit hat diese ›mystifizierte‹ Lehre den Frauen, Armen und Machtlosen alle Kraft genommen, weil sie die Vorstellung aufrechterhält, die ›göttliche Gegenwart‹ sei anderswo angesiedelt und nicht in uns selbst. Wir müssen heute die Kraft zurückgewinnen, die Bibel mit unseren eigenen Augen zu lesen und zu betonen, daß die göttliche Immanenz in uns lebendig und nicht etwas Abgeriegeltes, vor 2000 Jahren Verabreichtes ist.«[20]

Kwok schlägt als Alternative eine »dialogische Imagination« vor, um die biblische Wahrheit aus der Sicht asiatischer Frauen zu übersetzen. Sie soll dialogisch sein, weil »Christinnen und Christen in Asien sowohl Erben der biblischen Geschichte als auch ihrer eigenen Geschichte als Völker Asiens sind und es uns deshalb ein Anliegen ist, beides ins Gespräch miteinander zu bringen«.[21] Und diese Sicht ist imaginativ, weil sie »die Bibel mit unserer eigenen asiatischen Wirklichkeit verbindet und dadurch die bisherige Ordnung und Reihenfolge der Dinge herausfordert«.[22]

Durch solche dialogische Phantasie entdecken asiatische Frauen sowohl in den biblischen wie in ihren eigenen Geschichten die Weisheit, die sie für ihr eigenes Überleben und ihre Befreiung brauchen. Es ist ein kritischer Prozeß, der die Frauen befähigt, eher die guten als die schlechten Botschaften aus der Bibel herauszulesen. Außerdem wollen sie die Auslegung der Bibel aus der jahrhundertealten Gefangenschaft durch das Patriarchat, den Kolonialismus und westlichen Kulturimperialismus befreien. Mit all ihrem Wissen, das sie aus den Geschichten der Frauen, aus sozialer Analyse und biblischer Reflexion zusammengetragen haben, überprüfen Theologinnen nun kritisch und aus eigener Perspektive die traditionellen Lehren christlicher Theologie in der Anthropologie, Christologie, Mariologie, Ekklesiologie und Pneumatologie. Sie reflektieren auch die theologische Bedeutung so wichtiger Themen wie zum Beispiel Sextourismus. Diesen letzten Teil ihrer Methodik nennen koreanische Theologinnen HYUN-JANG-Theologie.

HYUN JANG heißt übersetzt »der Ort, an dem sich Historisches ereignet«. HYUN-JANG-Theologie entwickelt sich um ganz konkrete Themen herum, mit denen Koreanerinnen in ihrem Alltag konfrontiert sind. Nach ihrer zweiten Konsultation über feministische Theologie in Asien im Oktober 1984 organisierte die koreanische Vereinigung von Theologinnen (KAWT) eine HYUN-JANG-Gruppe.

Bei dieser Tagung wurde zum ersten Mal die eben vorgestellte EATWOT-Methode angewandt. Viele Teilnehmerinnen waren tief bewegt von den Geschichten und hinterfragten ihre Theologie im Licht dessen, was sie von diesen armen Frauen gehört hatten. Sie bekannten, bis dahin nicht viel Solidarität mit den armen Koreanerinnen empfunden zu haben, und bereuten in ihrem Schlußdokument die Sünde ihrer Unwissenheit:

»Bis jetzt waren wir nicht betroffen und haben nichts gewußt von unseren Nächsten, die am Rande der Gesellschaft leiden. Wir bekennen deshalb, daß am Anfang all unserer Theologie die Reue stehen muß.«[23]

Mitglieder der KAWT waren entschlossen, an einer Theologie zu arbeiten, die in direktem Zusammenhang mit dem alltäglichen Lebenskampf der Armen stand. Sie engagierten sich im Kampf der Arbeiterinnen gegen die ausbeuterischen Fabrikbesitzer der Sung Do Corporation; bei der Frauenbewegung gegen die Politik des Frühruhestandes in vielen Firmen[24]; gegen Folterungen von College-Studentinnen durch Polizisten.[25] Als Konsequenz der Beteiligung an einem Streik wurde die Generalsekretärin von KAWT, Ahn Sang Nim, von der Polizei verhaftet und in Gewahrsam genommen.[26] In ihrer Solidarität mit anderen Frauen lernen die HYUN-JANG-Theologinnen, wie hoch die Kosten der Nachfolge sein können.

Nach der neuen Methodik ist die »gelebte Welterfahrung« die wichtigste Quelle ihres Theologisierens. Es ist eine frauenspezifische Erfahrung, die nicht in der Weise verallgemeinert werden kann, wie traditionelle, bürgerliche, europäische Theologen allgemeine menschliche Erfahrungen standardisieren. Die besondere geschichtliche Erfahrung von Frauen kommt in ihrem Kampf als Opfer und als treibende Kraft der Befreiung zum Ausdruck. Sie benutzen auch ihre religiös-kulturellen und sozio-politischen Traditionen, um zu theologisieren, und nehmen ihre Identität als Asiatinnen und Christinnen in Anspruch. Sie nehmen sich selber ernst und haben angefangen, die lebenspendenden, lebendigen Traditionen in ihre Theologie zu integrieren. Vor einiger Zeit haben asiatische Theologinnen damit begonnen, als theologische Verständnishilfen auch asiatische Mythen, Märchen, Lieder, Gedichte, Sprichwörter sowie die religiösen Lehren des Hinduismus, Buddhismus, Islam, Taoismus, Schamanismus, Konfuzianismus, der Stammesreligionen und des Christentums heranzuziehen. Sie haben auch die Werke von Revolutionärinnen, Freiheitskämpferinnen und radikalen Denkerinnen ihrer geschichtlichen Vergangenheit wiederentdeckt. Die Frauen lassen sich vom Mut und der Weisheit sowie den politischen Ideologien und alternativen Visionen ihrer Vormütter für eine neue Gesellschaft inspirieren. Auch die Schriften des Alten und Neuen Testamentes sind theologische Quellen, die sie zusammen mit anderen Lehren traditioneller asiatischer Religionen benutzen. Im Lichte ihres HYUN JANG wählen sie bewußt befreiende Botschaften, erläutern aber auch die unterdrückerischen Botschaften der Texte. So lernen sie von den Texten, gehen aber auch über sie hinaus, um die Gemeinschaft im Blick zu haben, und befreien in diesem Sinne die Texte.

Alle Quellen werden mit kritischem Bewußtsein gebraucht. Ein kritisches Bewußtsein unterscheidet sich vom sogenannten neutralen, unbeteiligten und objektiven Denken. Kritisches Bewußtsein ist eine engagierte, subjektive Art zu denken, die Partei ergreift. Kritisches Bewußtsein ist eine Kraft zu denken, die die Ideologie von Herrschaft aufdeckt.

In diesem ganzen Umwandlungsprozeß, neue Namen für Gott zu finden, haben asiatische Frauen eine Norm formuliert, die sie zum Kern der Wahrheit führt. Lee Oo Chung nimmt die Stimmen vieler Frauen auf, wenn sie sagt:

»Was ist die Norm für eine Frauentheologie? Es muß etwas sein, das dazu beiträgt, daß Frauen und andere unterdrückte Menschen ihr wahres Menschsein wiederfinden und ermächtigt werden, wieder eigenständig als liebe und werte Kinder Gottes dazustehen.«[27]

Die Zukunft asiatischer Frauentheologie

Dieser letzte Abschnitt beschreibt die Richtung, in die sich asiatische Frauentheologie bewegen könnte, und faßt noch einmal zusammen, wie wir diese Aufbrüche verstehen. Meine Überzeugungen vertrete ich als eine *Befreiungstheologin der zweiten Generation,* die ihre Theologie auf den Grundlagen der ersten Generation entwickelt hat, danach aber noch weitergegangen ist. Die erste Generation widersetzte sich in erster Linie dem kolonialen Erbe. Die zweite Generation vermochte über die bloße Reaktion hinauszugehen, um ihre eigene, positive theologische Wirklichkeit zu gestalten.

Viele Lehrerinnen und Lehrer meiner Generation hatten ihre Ausbildung in Europa und Nordamerika erhalten und verwandten fast alle Kraft darauf, die spirituelle Wirklichkeit unserer Völker durch westliche theologische Konzepte und Symbole zu verstehen, von denen unsere Herzen aber in keiner Weise berührt wurden. Einige der westlich orientierten asiatischen Theologen bezeichneten sich als Befreiungstheologen. Bis heute benutzen manche von ihnen immer noch westliche theologische Begriffe, die sie aus der Missionstradition übernommen haben, um sich gegen kolonialistische Tendenzen in westlichen Theologien zu wehren. Sie machen auf den Kulturimperialismus westlicher Theologien aufmerksam und vertreten die Ansicht, daß nur ein radikaler Bruch mit dem Westen den Weg frei machen könne für eine authentische asiatische Theologie. In ihrer Arbeit haben sie aber weder das eine noch das andere geschafft.

Einige asiatische Theologen benutzten für ihre Theologie auch asiatische Quellen, aber der starke Christozentrismus in ihren Arbeiten hielt sie davon ab, sich von der religiösen Weisheit der Armen in Asien inspirieren zu lassen. Die Mehrheit der Armen in Asien sind Nichtchristen und erfahren deshalb ihre unmittelbare Wirklichkeit keineswegs im Kontext christlicher Metaphern und Symbole. Aus dem beschwerlichen Befreiungskampf derer vor uns wurden wir, die Theologinnen und Theologen der zweiten Generation, geboren. Wir schulden unseren Lehrerinnen und Lehrern Dank, weil sie uns ihre Werkzeuge wie auch den Raum, schöpferisch zu sein, weitergegeben haben.

Wir Befreiungstheologinnen der zweiten Generation kennen die neo-kolonialen Mächte um uns herum nur zu gut. Wir wissen aber auch um unsere Kraft. Wir wissen, wofür wir eintreten, und wir gestalten unsere eigene lebenspendende Arbeit. Wir glauben an unsere Erfahrungen und sind Autoritäten von außerhalb nicht länger verpflichtet. Unsere Theologie beginnt da, wo wir unsere Erfahrungen und die Gefühle in unserem Körper ernst nehmen. Aus unserer leidvollen Geschichte wissen wir, daß für unterdrückte Menschen nichts gefährlicher ist, als sich fremde Kriterien so zu eigen zu machen, daß sie geradezu betäuben und die Gefühle des eigenen Körpers dadurch verleugnet werden. Wenn wir uns selbst aber nicht erlauben, wirklich zu erfahren, wer wir sind, dann werden wir auch nicht die Kraft haben, uns zu wehren und uns unseren eigenen Raum zu erobern. Wir müssen zwischen uns und um uns herum etwas Wirkliches berühren können, um Gott zu begegnen. Wir von der zweiten Generation reagieren also nicht nur, sondern wir verwenden alle Kraft darauf, unsere Erfahrungen in unserer eigenen Sprache auszudrücken und theologische Alternativen zu schaffen, die uns selbst befreien.

Die Zukunft asiatischer Frauentheologie muß im Kontext dieses Ringens verstanden und gesehen werden. Weil viele Frauen durch die patriarchale Dominanz in Kirche und Gesellschaft von theologischer Ausbildung systematisch entfremdet wurden, haben sich theologietreibende Frauen ihre eigene Nische geschaffen und ihre eigene Stimme erprobt. Sie benutzen keine vorgeschriebenen theologischen Formeln, sondern beziehen ihre Autorität aus dem Grundsatz des »hermeneutischen Privilegs der Armen«. Diese asiatischen Theologinnen sind zwar arm in bezug auf eine traditionelle theologische Ausbildung; dafür sind sie aber frei von akademischer und doktrinärer Autorität. Asiatische Kirchen und Ausbildungsstätten haben Frauen, die fähig waren, ihren Glauben in Worte zu fassen, nie als Theologinnen ernst genommen, so etwa nach dem Motto: »Warum sollten wir sie ernst nehmen? Sie sind sowieso nur emotionale Frauen!« Diese Vernachlässigung hat sich ironischerweise als Segen erwiesen, denn die Frauen schufen sich ihre eigenen alternativen Räume, um sich zu treffen und in Bibelarbeitsgruppen und Gebetsstunden ihre eigenen Theologien zu entwickeln. Frauen probierten neue Rituale aus und gaben sie weiter, was von der institutionellen Kirche überhaupt nicht wahrgenommen wurde. Um das Vermächtnis der asiatischen Schwestern zu ehren, die sich aktiv am Schaffen von Symbolen beteiligt haben, möchte ich vier theologische Vorschläge und Gedanken für die Zukunft asiatischer Frauentheologie entfalten:

Erstens: Asiatische Theologinnen sollten begreifen, »wir sind der Text«, und die Bibel und die Tradition der christlichen Kirche sind der Kontext unserer Theologie. Asiatische Kirchen haben der Bibel und der christlichen Tradition des Westens soviel Autorität eingeräumt, daß die Lebensgeschichten unserer Völker völlig unbedeutend wurden. Unter dem Einfluß fundamentalistischer Missionskirchen wurde die Bibel als vollständige und endgültige Offenbarung der Wahrheit Gottes angesehen. Von dieser Norm her wurde unser Leben bemessen. Tatsache war, daß die Bibelauslegung der westlichen Missionare zur Meßlatte für die Wahrheit der Lebenserfahrungen unseres Volkes wurde. Diese unhistorische Sicht der Bibel und der christlichen Tradition hat die kulturelle Abhängigkeit asiatischer Christinnen und Christen von der sogenannten Mutterkirche im Westen fortgesetzt.

Natürlich müssen wir uns öffnen, um von den authentischen gemeinsamen Erinnerungen von Juden und Christen im Westen zu lernen, aber nicht bis zu dem Punkt, wo letztere die totalitären Diktatoren für unsere Welt und ihre spirituelle Deutung werden. Die Bibel wird nur dann sinnvoll, wenn sie die Herzen unserer Völker berührt, vor allem die Herzen der Frauen, die durch die patriarchale Auslegung der Bibel so tief verwundet wurden. Nur wenn die biblischen Befreiungsgeschichten im täglichen Leben unserer Leute nachvollzogen werden können, wird die Bibel zu einer verwandelnden Kraft in ihrem Ringen um Selbstbestimmung und Ganzheit. Nur dann, wirklich nur dann wird sie zu einem lebendigen Buch für uns. Die authentischen Erinnerungen des Volkes Gottes sind vor 2000 Jahren nicht vollendet worden, und sie können auch im christlichen Kanon nicht eingesperrt werden. Der Text der Offenbarung Gottes ist und wird in unseren Körpern und im Kampf unserer Völker ums Überleben und um Befreiung geschrieben. Gott ist nicht erst zu den Asiatinnen gekommen, als westliche Missionare die Bibel brachten. Gott war schon immer bei uns, durch unsere ganze Geschichte hindurch und lange, bevor Jesus geboren wurde. Der Ort von Gottes Offenbarung ist unser eigenes Leben. Unser Leben ist unser Text, und die Bibel und kirchliche Tradition sind der Kontext, der uns manchmal bei unserer beständigen Suche nach Gott hilft. Wir sollten die immer weiter wachsende Wahrheit Gottes in der Geschichte als Text der Offenbarung Gottes so darlegen, wie er sich in unserem Leben zeigt.

Meine zweite Hoffnung ist es, daß wir unseren theologischen Mittelpunkt verschieben, weg von der institutionalisierten Religion hin zu einer allgemeinen Religiosität, wie wir sie unter Frauen finden. Fast alle institutionalisierten Religionen Asiens sind von Männern begründet und dominiert worden. Frauen waren von diesem Prozeß weitgehend ausgeschlossen oder wurden unterdrückt. Durch die ganze Geschichte hindurch haben Männer, indem sie Furcht und Haß auf Frauen projizierten, die Bedeutung der Weiblichkeit verzerrt.

Es ist der männlichen Geistlichkeit aber nicht gelungen, den Geist asiatischer Frauen zu zähmen oder gänzlich zu zerstören. Frauen haben revoltiert. Sie haben den lebenspendenden Glauben ihrer Mütter, Großmütter und Urgroßmütter in ihren Küchen, an ihren Brunnen, auf ihren Feldern und in den Bergen bewahrt. An der Oberfläche vermitteln Asiatinnen zwar manchmal den Eindruck, als gehorchten sie den Lehren ihrer religiösen Führer, aber hinter diesem unterwürfigen Eindruck entwickeln sie eine subversive Kraft, um die abstrakte, frauenfeindliche, institutionalisierte Religion in eine frauen-bejahende, körperliebende und natur-bewahrende Spiritualität umzuwandeln. Diese spirituelle Praxis meine ich, wenn ich von einer allgemeinen Religiosität von Frauen spreche. Die Existenz solcher frauen-definierter Religiosität in Asien – wie wir sie im koreanischen Schamanismus finden oder im Buddhismus des chinesischen Volkes, das Kwan In als Göttin verehrt, oder bei den Philippinas, die Ina, eine Mutter-Göttin anbeten – ist ein starker Beweis dafür, wie Frauen patriarchalen Religionen widerstanden haben.

Allgemein könnte man diese Religiosität als kosmische Religion bezeichnen, die sich im Rhythmus des Kosmos bewegt, im Hier und Jetzt auf der Erde. Sie unterscheidet sich allerdings von metaphysischen Religionen, die hauptsächlich von den männlich-dominierten, sogenannten höheren Weltreligionen repräsentiert werden. Diese haben zum Ziel, über die materielle Welt hinauszugelangen, um die reineren Formen einer spirituellen Wirklichkeit zu finden. Für viele Religionswissenschaftler steht die meta-kosmische Religion auf einer höheren Stufe und ist weiterentwikkelt als die kosmische Religion. Sie bezeichnen kosmische Religion als primitiv, so wie auch in patriarchalen Gesellschaften Frauen im Vergleich mit den Männern als minderwertig eingestuft werden. Diese Gelehrten nehmen kosmische Religion als etwas wahr, das man durch die meta-kosmische Religion bezähmen oder beaufsichtigen muß, um moralisch und historisch bestehen zu können. Auch diese Gedanken spiegeln wider, wie Frauen in der patriarchalen Gesellschaft wahrgenommen wurden: unmoralisch und deshalb männlicher Herrschaft bedürftig.[28]

Frauen-zentrierte kosmische Religion war in der patriarchalen Kultur *Religion, die im Verborgenen wirkte.* Viele solcher Religionen wurden von Regierungen wie von institutionalisierten Religionen aktiv verfolgt. Sie sind und waren jedoch der einzige Raum, wo Frauen als Führerinnen respektiert und als heilig geachtet wurden. In diesem Raum haben asiatische Frauen eine unverwechselbare Frauenspiritualität gelebt, im Einklang mit dem kosmischen Rhythmus des Universums, nicht gegen ihn. Jetzt ist es Zeit, daß wir die Weisheit der lebenspendenden Religiosität unserer Vormütter wiederentdecken, um auf unserer Mutter Erde überleben zu können, unserer Mutter Erde, die zunehmend von einer vergewaltigenden Technologie und vom atomaren Krieg bedroht ist.

Meine dritte Hoffnung für die Zukunft asiatischer Frauentheologie ist es, daß sie über die Akzeptanz eines religiösen Pluralismus hinausführt und durch einen interreligiösen Dialog zu einer *religiösen Solidarität* findet, die auch die revolutionäre Praxis im Befreiungskampf der Völker mit einschließt. Es ist wichtig, die Vielfalt in den unterschiedlichen Ausdrucksweisen des Göttlichen anzuerkennen, um die faschistische und imperialistische Mentalität zu bekämpfen, die die Ausschließlichkeit des eigenen Anspruchs auf Wahrheit pflegt. Für die theologische Zukunft asiatischer Frauen ist jedoch die Akzeptanz der Vielfalt noch nicht genug, weil das Verständnis von Pluralismus nicht notwendigerweise und automatisch dazu führt, daß asiatische Christinnen den Befreiungskampf anderer asiatischer Schwestern mit unterschiedlichem religiösem, rassischem und Klassen-Hintergrund sehen. Pluralismus verführt leicht zu Faulheit und Unverantwortlichkeit, wenn es nicht möglich wird, Frauen mit ganz unterschiedlichem Hintergrund für gemeinsame, konkrete, historische Projekte zu mobilisieren.

Die Theologien asiatischer Frauen, jedenfalls die aufgeschriebenen, sind meist dominiert von englischsprechenden Mittelschichtfrauen, die Theologie betreiben, *um die Welt zu verstehen.* Die Theologie asiatischer Frauen muß aber zu einer revolutionären Praxis werden, die Frauen ermächtigt, die ungerechten sozio-politischen und religiös-kulturellen Strukturen zu *verändern,* damit wir alle aus der tragenden Kraft der Gemeinschaft in dieser Welt leben können.

Meine vierte und letzte Hoffnung für die Zukunft asiatischer Frauentheologie ist es, daß sie sich von der doktrinären Reinheit christlicher Theologie wegbewegt und einen *Synkretismus wagt, der unser Überleben und die Befreiung im Zentrum hat* (survival-liberation centered syncretism). In ihrem Überlebens- und Befreiungskampf in dieser ungerechten, frauenhassenden Welt haben die armen Frauen ihre Nahrung und Kraft aus vielen verschiedenen religiösen Quellen bezogen. Es geht ihnen dabei nicht um doktrinäre Orthodoxie wie den Kirchenführern der institutionalisierten Kirche, die meist mit nichts anderem beschäftigt sind als der Reinheit ihrer Lehre, sondern allein ums Überleben und die Befreiung ihrer selbst und ihrer Gemeinschaften. Es kommt ihnen nicht darauf an, ob es sich nun um Jesus, Sakyamumi, Mohammed, Konfuzius, Kwan In oder Ina handelt, sondern darauf, welche Lebenskraft sie ermächtigt, ihr Menschsein zurückzugewinnen. Sie haben selektiv lebensbejahende Elemente ihrer Kulturen und Religionen ausgewählt und neue Muster religiöser Bedeutung hineinverwoben.

Synkretismus ist für westliche Theologen ein sehr gefährliches Wort. Sie glauben, Synkretismus zerstöre die christliche Identität und würde die Menschen schließlich verwirren. Für sie ist Synkretismus ein Irrweg, auf faule und unverantwortliche Weise und ohne jegliche Prinzipien das Erbe verschiedener Religionen miteinander zu verbinden.[29] Sie reden so, als sei christliche Identität ein unveränderbares Eigentum, das sie besitzen. Jegliche radikalen Versuche asiatischer Theologinnen und Theologen, orthodoxes Denken aufzubrechen, um in östliche Traditionen einzutauchen und durch sie verwandelt zu werden, sind von westlichen Kirchenführern mit Mißtrauen beobachtet worden. Traditionelle westliche Theologen scheinen sagen zu wollen, daß sie das *Urheberrecht* auf das Christentum haben. Etwa so: »Alle Rechte vorbehalten! – Kein Teil unserer Lehre darf in irgendeiner Form ohne unsere Erlaubnis wiedergegeben werden.«

Wir asiatischen Theologinnen müssen von der auferlegten Angst wegkommen, wir könnten, nach Meinung maßgeblicher theologischer Kreise, unsere christliche Identität verlieren, und statt dessen wagen und daran glauben, daß wir von der religiösen Weisheit unserer eigenen Völker verwandelt werden können. Wir werden feststellen, daß in dem Maße, wie wir bereit sind, unsere alte Identität aufzugeben, wir eine neue Identität als *wirkliche asiatische Christinnen* finden werden.

Den großen christlichen Kirchen, Ausbildungsstätten und uns selbst müssen wir harte Fragen stellen. *Wem gehört das Christentum?* Ist das Christentum unveränderbar? Was macht das Christentum christlich? Wie weit können wir uns selbst verletzlich machen, um sowohl wirklich asiatisch als auch wirklich christlich zu sein? Ich weiß nicht, welche Art einer neuen Spiritualität und Theologie aus diesem Kampf asiatischer Frauen erwachsen wird, authentisch die zu sein, die wir im wahrsten Sinne des Wortes sind. Ich weiß aber, daß in Zukunft unsere Spiritualität und Theologie sich vom Christo-Zentrismus zu einer Lebens-Zentrierung hinbewegen muß. Wir asiatischen Frauen sind nicht länger die empfangende Erde für den christlichen Samen der Wahrheit. (Mit diesem Bild wurde christliche Mission in Asien oft beschrieben.)

Wir wollen viel eher Mütter sein, die aktiv teilhaben an der Geburt einer neuen Spiritualität und Theologie, die mit den besonderen Genen Asiens, der Dritten Welt und der Frauen zur Welt kommt. Wir warten auf das Hereinbrechen einer neuen Spiritualität und einer neuen Theologie, die arme asiatische Frauen in ihrem Kampf ermächtigt, wieder die Sonne zu sein.

Anmerkungen

Vorwort von Marga Bührig

1 Im Zeichen des Geistes. Bericht aus Canberra 91, Frankfurt am Main 1991, S. 47 ff.; siehe auch S. 17 ff. in diesem Buch.
2 Bericht aus Canberra 91, Frankfurt/Main, S. 25.
3 Die Gemeinschaft von Frauen und Männern in der Kirche, hrsg. von Constance F. Parvey, Neukirchen Vluyn 1985.
4 New York Times, 20. 2. 1991.

»Komm, Heiliger Geist – erneuere die ganze Schöpfung«

1 Während des Zweiten Weltkrieges rekrutierte Japan (zwangsweise) arme koreanische Frauen aus Landgebieten unter dem Decknamen »Arbeitskräfte der Armee«. Anstatt in den Fabriken zu arbeiten, wurden diese Frauen gezwungen, offiziell Prostituierte für japanische Soldaten zu sein. Die Mehrzahl von ihnen starben an Geschlechtskrankheiten oder wurden während des Krieges getötet. Für weitere Informationen über diese Frauen siehe meinen Artikel: *Hanpu-ri:* »Doing Theology from Korean Women's Perspective«, The Ecumenical Review, Bd. 40, Nr. 1, Januar 1988.
2 Diese Worte stammen aus meiner Diskussion über die Heilige RUACH (Heiliger Geist) mit meinen Schwestern in der Koreanischen Vereinigung christlicher Frauen für Demokratie. Ganz besonders möchte ich Sohn Ewn Wa, Myung No Sun, Kho Ae Shin und Kim Jung Soo meine Anerkennung für ihre Gedanken aussprechen.
3 Den Ausdruck »politische Ökonomie des Lebens« verdanke ich dem koreanischen Minjung-Theologen Suh Kwang Sun.
4 Eine unveröffentlichte Bibelstudie von Kwok Pui Lan, die bei der Weltversammlung für »Gerechtigkeit, Frieden und die Bewahrung der Schöpfung« in Seoul (Korea) am 8. März 1990 vorgestellt wurde (S. 6).
5 Johanna Macy, *Thinking Like a Mountain,* S. 42.
6 Jay McDaniel, Ecumenical Review, Bd. 42, Nr. 2, April 1990, S. 167.
7 Susan Griffin, »Split Culture«, hrsg. v. Judith Plant, *Healing the Wounds: The Promise of Ecofeminism,* Philadelphia, New Society Publishers, 1989.
8 Ebenda, S. 7.
9 Für eine Schöpfungstheologie, die auf einer gegenseitigen Beziehung zwischen Gott und uns *basiert,* siehe Dorothee Sölle, *Lieben und arbeiten.* Eine Theologie der Schöpfung, Stuttgart 1985.
10 Carter Heyward versteht in *Our Passion for Justice* Gerechtigkeit als »richtiges Verhältnis«.
11 Wie ich in einer australischen Tageszeitung vom 20. Januar 1991 gelesen habe, sagte das ein Pilot der Alliierten, nachdem er Bomben auf Irak abgeworfen hatte.

12 Diese Auffassung von Ki verdanke ich dem koreanischen Minjung-Theologen und Neutestamentler Ahn Ryung Mu. Seinem Vortrag mit dem Titel »Ki und der Heilige Geist«, den er bei der theologischen Konferenz zur Vorbereitung der Siebten Vollversammlung des ÖRK (veranstaltet vom koreanischen Nationalrat der Kirchen) gehalten hat, entnehme ich, daß Ki und RUACH ähnlicher Natur sind.
13 Siehe Walter Brueggeman, »The Prophetic Imaginator«, Philadelphia, Fortress Press, 1978.

Schamanin im Bauch – Christin im Kopf
Alle Bibelzitate werden nach der Jerusalem-Bibel wiedergegeben. Anm. der Übersetzerin.

Einleitung
1 Wörtlich: The master's tools will never dismantle the master's house. Vgl. Audrey Lorde, *Sister Outsider*, New York, S. 110.
2 Für mehr Information zum Begriff »Hermeneutik des Mißtrauens« vgl. Juan Luis Segundo, *The Liberation of Theology*, New York; José Miguez Bonino, *Doing Theology in a Revolutionary Situation*, Philadelphia 1975.
3 Als Quelle für das Leben koreanischer Frauen unter dem Konfuzianismus, vgl. Lee Ock Kyung, »A Study on Formational Condition and Settlement Mechanism of *Jeong Juel* (Faithfulness to Husband by Wife) Ideology of Yi Dynasty«, Magisterarbeit, Ewha Women's University 1985.
4 Vgl. Paulo Freire, Pädagogik der Unterdrückten. Bildung als Praxis der Freiheit, Rowohlt TB.
5 Vgl. Lorde, Anm. 1, S. 41.
6 Nantawan Boonprasat Lewis, »Asian Women Theology: A Historical and Theological Analysis«, *East Asian Journal of Theology* 4:2 (October 1986), S. 18.
7 Vgl. Kwok Pui-lan, »Chinese Women and Christianity 1860–1929«, Doktorarbeit Harvard Divinity School, 1989.
8 Vgl. Elizabeth Tapia, »The Contribution of Philippine Christian Women to Asian Women's Theology«, Doktorarbeit, Claremont Graduate School 1989.
9 Es gibt einige wichtige Sammelbände über asiatische Frauentheologie: Mit *Leidenschaft und Mitgefühl* vom EATWOT; (vgl. Virginia Fabella und Mercy Amba Oduyoye, Hg.: With Passion and Compassion, New York 1988); *Essays über Frauen* und *Frauen und Religion* vom Frauenstudienprogramm am St. Scholastica's College auf den Philippinen (vgl. Mary John Manazan, Hg.: Essays on Women, Manila: St. Scholastica's College 1987, und Mary John Manazan, Hg.: Women und Religion, Manila: St. Scholastica's College 1987); *Ein Lied für die Schöpfung* (vgl. The Centre for Society and Religion, Hg.: A Hymn to Creation. Essays on Women and Religion, Colombo/Sri Lanka, The Centre for Society and Religion, 1983) und *Gott, die Frauen und die Bibel* vom Zentrum für Gesellschaft und Re-

ligion in Sri Lanka (vgl. The Centre for Society and Religion, Hg.: God, Woman and the Bible, Colombo/Sri Lanka, The Centre of Society and Religion 1983); *Zu einer Theologie der Menschlichkeit. Aus der Perspektive von Frauen* des allindischen Frauenrates (vgl. Aruna Gnanadason Hg.: Toward a Theolology of Homanhood. Women's Perspective, Delhi, All India Council of Christian Woman 1986); *Der Kontext koreanischer Frauentheologie* (vgl. Korean Association of Woman Theologians Hg.: The Context of Korean Women's Theology, Seoul/Korea, KWAT 1983) und *Die Aufgabe koreanischer Frauentheologie* von der Vereinigung koreanischer Theologinnen (vgl. Korean Association of Woman Theologians, Hg.: The Task of Korean Women's Theology, Seoul/Korea, KAWT 1983); *Wie asiatische Frauen die Bibel lesen* von der Frauenabteilung der CCA (vgl. Christian Conference of Asia, Hg.: *Reading the Bible as Asian Woman,* Singapore/ CCA 1968; deutsche Ausgabe: *Frauen tragen den halben Himmel. In Asien die Bibel gelesen,* hg. W. Liekefett, Erlangen) und *Wir wagen zu träumen. Asiatische Frauen betreiben Theologie* vom asiatischen Frauenforschungszentrum (vgl. Virginia Fabella und Lee Sun Ai Hg.: *We Dare To Dream. Doing Theology as Asien Woman,* Seoul/Korea, Asian Women's Resource Center 1989, Maryknoll, New York 1990).

Wichtige Artikel über asiatische Frauentheologie wurden in drei größeren ökumenischen Zeitschriften Asiens veröffentlicht. Das *CTC Bulletin* der Kommission für theologische Fragen der CCA brachte eine ganze Nummer über Frauentheologie heraus (vgl. CTC Bulletin 4; 3. Dezember 1983). Das *East Asia Journal of Theology* brachte gleichfalls eine Sondernummer heraus (vgl. East Asia Journal of Theology 4,2 1986). *In God's Image,* die einzige feministische Zeitschrift in Asien, veröffentlichte zu dem Thema viele wichtige Beiträge.

Ein Artikel von Nantawan Boonprasat Lewis sollte im Zusammenhang mit meinen Nachforschungen genannt werden. Lewis kommt aus Thailand und lehrt zur Zeit an der Metropolitan State University in St. Paul, Minnesota. In ihrem Artikel »Asiatische Frauentheologie. Eine historische und theologische Analyse« gibt sie einen wertvollen Überblick und erklärt gleichzeitig die Methodik (vgl. Lewis, Anm. 6, S. 18–22).

10 Asiatische Frauentheologie wurde im historischen Kontext des Kampfes um wirkliches Menschsein in Asien geboren, als Frauen aus ihrem langen Schweigen erwachten und für die Erfahrung des Göttlichen ihre eigene Sprache fanden.

Mit dem Aufbruch anti-kolonialistischer und nationalistischer Bewegungen zu Beginn des 20. Jahrhunderts wurden die Frauen in vielen asiatischen Ländern zum ersten Mal öffentlich wahrgenommen. Frauen kämpften zusammen mit den Männern, um die Ketten des Imperialismus abzuwerfen und die Unabhängigkeit und Selbstbestimmung ihrer Länder wiederzuerlangen. Dadurch wurden sie politisiert und begannen auch, ihre feudalistischen und patriarchalen Traditionen und Werte in den jeweiligen Ländern in Frage zu stellen. Die radikale Frauenbewegung wurde aber nach der Unabhängigkeit in vielen Ländern bis in die 70er

Jahre unterdrückt. Nachdem viele asiatische Gesellschaften durch die Unabhängigkeit einen relativen Frieden erreicht hatten, wurden alle anderen Freiheitskämpfe unterdrückt und die Frauen genötigt, an den Herd zurückzukehren. Erst vor kurzem haben asiatische Historikerinnen diese radikalen Gedanken zur Frauenbefreiung, die ursprünglich während der Zeit der Entkolonisierung entwickelt wurden, entdeckt.

Vgl. als Beispiele für diesen Studienbereich Joanna Liddle und Rama Joshi, *Daughters of Independence: Gender, Caste and Class in India* (Delhi: Kali for Women, 1986); Kumari Jayawardena, *Feminism and Nationalism in the Third World* (Delhi: Kali for Women, 1986).

Die gegenwärtige Frauenbewegung in Asien, die sehr stark wächst, hat in vielen Fällen ihren Ursprung in der Beteiligung von Frauen an der Basisbewegung für »Überlebensrechte«. Die nationale Unabhängigkeit von den Kolonisatoren brachte den meisten Menschen in Asien noch lange kein Leben in Würde. Mit dem Vormarsch des Neo-Kolonialismus und der Diktaturen einiger örtlicher Machteliten litten sie erneut unter Unruhen, die durch den Semi-Feudalismus, Kapitalismus und Militarismus provoziert wurden. Aber nun haben sie sich wieder aufgemacht, um sich für Selbstbestimmung und Gerechtigkeit für alle einzusetzen. Frauen schlossen sich dieser Bewegung zum Überleben ihrer Gemeinschaften an. Dabei haben sie entdeckt, daß der Kampf für eine von Männern definierte Gerechtigkeit eine ganzheitliche Befreiung von Frauen niemals einschließt. Deshalb begannen sie, sich in eigenen Gruppen zu organisieren, um der Frage der Gerechtigkeit aus ihrer Sicht Gehör zu verschaffen. Durch die Frauen-Dekade der Vereinten Nationen (1975–1985) wurden die Frauen hierzu ermutigt, denn dadurch wurde den Frauenfragen größere Beachtung geschenkt.

Schließlich erreichte das erhöhte Bewußtsein für Frauenfragen in der säkularen Gesellschaft auch die Kirche. Viele theologisch ausgebildete Asiatinnen erkannten plötzlich, daß die Kirche die rückständigste Institution in der Gesellschaft war. Selbst als einige gesellschaftliche Gruppen durch den Druck der Frauenbewegung anfingen, ihre offensichtlich patriarchalen Praktiken zu verändern, versuchte die Kirche weiterhin, eine »unabänderlich göttliche« Institution zu bleiben. In vielerlei Weise versagte die Kirche den Frauen, gleichwertige Partnerinnen im Auftrag Christi zu sein, und begründete dies mit der in der Bibel offenbarten Wahrheit Gottes. Frauen wurden als minderwertig betrachtet; deshalb mußten Ehefrauen ihren Männern um jeden Preis untertan sein. Frauen waren unrein und ohne Willenskraft – leichte Ziele der Versuchung. Unter Berufung auf die Bibel verordneten die Kirchenmänner den Frauen zu schweigen. Aus demselben Grund wurden ihnen die Ordination und Führungspositionen vorenthalten. Wenn Frauen für etwas gut sein wollten, sollten sie leiden, wie Christus am Kreuz. (Ich habe es oft erlebt, wie Frauen duch die Verherrlichung des Leidens in ihren Kirchen mißbraucht wurden. Eine Theologin, die ihren Namen für sich behalten wollte, erzählte uns, wie sie in ihrer Ehe litt. Ihr früherer Mann, Führer der katholischen Arbeiterbewegung und frommer Christ, befahl ihr zu leiden, wenn sie seine Liebe wollte. Er sagte zu ihr: »Du bist meiner Liebe nicht würdig, weil du erst zwei und nicht zwanzig Jahre, wie meine Mutter, für mich gelitten hast!« Die Frau erzählte, daß die Worte ihres Ex-Mannes in einem Gebet vorkamen, das täglich in der katholischen Messe gelesen wurde: »Ich bin deiner Liebe nicht wert, Herr...« Sie stellte eine Verbindung her zwischen Leiden und Liebe in ihrer Ehe und in der Kirche. Nur eine leidende Christin war eine gute Christin, und deshalb sollte auch die gute Ehefrau leiden. Von vielen anderen Frauen habe ich ähnliches gehört.

Dieses korrumpierte Verständnis des Christentums wurde von asiatischen Kirchenfrauen als ungerecht und unchristlich zurückgewiesen. Sie begannen die Bibel aus ihrer Sicht zu lesen und stellten die patriarchalen Vorurteile christlicher Theologie sowie die Praxis in den Kirchen in Frage.

Historisch gesehen konnte sich asiatische, christliche Frauentheologie vor allem mit Hilfe dreier Organisationen entwickeln, deren Veröffentlichungen die Grundlage dieses Buches bilden:

Es sind dies:

1. Die Asiatische Christliche Konferenz (CCA)

2. Die Ökumenische Vereinigung von Theologinnen und Theologen der Dritten Welt (EATWOT) und

3. Die Zeitschrift »In God's Image« (IGI) – »Nach Gottes Ebenbild«.

Die Frauenabteilung der christlichen Konferenz in Asien (CCA)

Nach dem Zweiten Weltkrieg wurden viele asiatische Länder von ihren Kolonisatoren befreit. Mit der politischen Befreiung waren zwei drängende Aufgaben verbunden. Auf Weltebene ging es darum, die sozio-politischen und religiös-kulturellen Institutionen in den verschiedenen Ländern zu entkolonisieren. Im Persönlichen galt es, die äußeren und inneren Lebensbedingungen der Menschen wiederherzustellen. Die christlichen Gemeinden in Asien, die vom Westen begründet und von westlichen Missionaren dominiert wurden, hatten sich mit den Aufgaben zu befassen, vor die die Länder nun gestellt waren, um den Kampf der Völker um ihr Menschsein glaubwürdig mitzutragen. In diesem Zusammenhang wurde die Christliche Konferenz in Ostasien (EACC) gegründet. (1973 wurde die EACC umstrukturiert und ihr Name in Christliche Konferenz in Asien [CAA] umgewandelt.) Die EACC veranstaltete 1959 ihre erste Konferenz in Kuala Lumpur. Kirchenführer aus vielen verschiedenen Ländern kamen zusammen, teilten ihre Kämpfe und Hoffnungen und klärten ihr Verständnis asiatischer Identität. Das wichtigste Anliegen der EACC in dieser Aufbauphase war es, ein Nationalgefühl zu schaffen.

M. M. Thomas hat in dieser historischen Zeit die deutlichsten Aussagen gemacht. Für ihn war der Nationalismus »eine wesentliche Voraussetzung, um Asien für das Evangelium bereit zu machen«. (Vgl. M. M. Thomas, »Some Notes on a Christian Interpretation of Nationalism in Asia«, *South Asian Journal of Theology* 2; 2, 1960, S. 26.) Bei der Gründungsversammlung der EACC vertrat Thomas diese These und forderte, die verschiedenen religiösen und ideologischen Gruppen in Asien sollten sich gemeinsam den zentralen Anliegen des Aufbaus von Nationen widmen. Auf den schnell wachsenden Nationalismus in den Mitgliedsländern reagierte die EACC positiv.

In den 60er Jahren konzentrierte sich die EACC auf die Frage der *Indigenisierung* (damit ist ein Einheimischwerden der Theologie gemeint, Anm. der Übers.). Viele asiatische Theologen kamen zu dem Schluß, daß eine sinnvolle Theologie sich nur von ihrem eigenen kulturellen und religiösen Erbe her entwickeln könne. 1966 hielt die EACC ihre erste Konferenz ab, bei der ein indigener theologischer Dialog entwickelt wurde. (Vgl. North East, Asia Theological Education Educator's Conference, Seoul, Korea, *Theological Education and Ministry Report*. Taiwan: The Presbyterian Bookroom, 28. 11.–2. 12. 1966, S. 19). Die Bewegung für eine einheimische Theologie half den Theologen, für ihre eigene Identität als Asiaten sensibel zu werden und die andere Identität, die ihnen von westlichen Missionaren aufgedrängt worden war, in Frage zu stellen. Sie erfuhren darin die Bestätigung, daß Gott sich in den einheimischen Religionen und Kulturen Asiens offenbart, entdeckten allerdings auch bald die Begrenzung ihrer theologischen Bewegung, als ihnen klar wurde, daß der theologische Kontext nicht nur die religiös-kulturelle Sphäre, sondern die Gesamtheit der Lebenswirklichkeit Asiens umfassen mußte, vor allem auch die Fragen von Menschenrechten und Gerechtigkeit in den säkularen, technologischen, ideologischen und wirtschaftlichen Lebensbereichen. Die Bemühungen um einen solchen theologischen Zugang nannte man *»Kontextualisierung«*. Sie wurden thematisiert in den »Kritischen asiatischen Grundsätzen«. (Vgl. Gerald H. Anderson, Hg., *Asian Voices in Christian Theology*, Maryknoll, New York: Orbis Books, 1976; Douglas J. Elwood, Hg., *Asian Christian Theology: Emerging Themes*, Philadelphia: Westminster, 1980; Emeroto P. Nacpil and Douglas J. Elwood, Hg., *The Human and the Holy: Asian Perspectives in Christian Theology*, Maryknoll, New York, Orbis Books, 1978.)

Das wichtigste theologische Anliegen der EACC/CCA war es, mit dieser geschärften Sensibilität eine Theologie zu formulieren, die die Lebenserfahrung der Menschen an der Basis mit einschloß und sie zum Subjekt der Kontextualisierung machte. Asiatische Theologen kamen zu dem Schluß, daß der Aufbau der Nation und indigene Theologie nichts mit Klassenzugehörigkeit zu tun hatten. Man merkte, daß der Aufbau der Nation nicht den Massen zugute kam, sondern lediglich einigen wenigen Machteliten, die ihrerseits Verbindungen zu den neo-kolonialen Mächten hatten. Aber auch die theologische Indigenisierung bedeutete zunächst, sich mit den Texten der metaphysischen sogenannten Hochreligionen Asiens zu befassen und nicht mit den lebendigen Religionen der armen Massen. Als die asiatischen Theologen sich darüber klar wurden, daß die

Mehrheit ihrer Völker, nämlich die Armen, Subjekte ihrer Theologie werden mußten, nannten sie diese neue Orientierung »Theologie des Volkes«.

In all diesen theologischen Bewegungen innerhalb der CCA spielten Frauenfragen nie eine zentrale Rolle. Erst in den späten 70er Jahren sahen viele asiatische Christinnen die Notwendigkeit, in der CCA ein öffentliches Sprachrohr zu haben, durch das Frauen sprechen und auch gehört werden konnten. Bis dahin hatte die CCA, in der 17 asiatische Länder verbunden sind, lediglich Programme für »Mission und Evangelisation, kirchliche Arbeit in städtischen und ländlichen Gebieten, Jugend, Entwicklungsdienste, Kommunikation, – aber keine Programme für Frauen« (Tapia, Anm. 8 zur Einleitung, S. 42).

Unter dem Druck vieler Frauen aus verschiedenen Ländern stellte das Exekutiv-Komitee der CCA 1980–1981 Elizabeth Tapia aus den Philippinen an, womit der Grundstock für die Einrichtung einer Frauenabteilung gelegt wurde. Unter ihrer Leitung wurden zwei wichtige Treffen organisiert, zum einen die Konferenz theologisch ausgebildeter Frauen in Asien, die im Januar 1981 in Subabumi, Indonesien, abgehalten wurde, sowie das Forum asiatischer Frauen, das im Mai 1981 in Bangalore, Indien stattfand (Tapia, ebenda, S. 43). Diese beiden Konferenzen trugen zur Gründung der Frauenabteilung der CCA bei.

In den Dokumenten dieser wichtigen Treffen wiesen die Frauen »auf die Notwendigkeit hin, Frauen-Anliegen in der Struktur und Politik der CCA vorkommen zu lassen« (Tapia, ebenda, S. 41). Bei der 7. Vollversammlung 1981 in Bangalore verfaßten und verteilten die Frauen ein Flugblatt zum Thema »Gerechtigkeit für Frauen«. Die Vollversammlung entschied daraufhin, eine Frauenabteilung einzurichten.

Von 1982–1986 war Mizuko Matsuda aus Japan die erste Exekutiv-Sekretärin der Frauenabteilung der CCA. 1984 organisierte Matsuda eine Tagung für Frauen, die von Migration betroffen sind, zum Thema: »Die Lebenswirklichkeit asiatischer Frauen, Armut und Unterdrückung.« In dieser Werkstatt haben die Frauen sich gegenseitig ermutigt, vom christlichen Glauben her ihre Situation zu beschreiben und die Bibel von ihren besonderen Lebenserfahrungen her zu interpretieren. Daraus entstand das Buch *Als asiatische Frau die Bibel lesen.* (Vgl. CCA Women's Concerns Committee, *Reading the Bible as Asian Women,* Singapore: CCA, 1986.)

Die Frauenabteilung der CCA veröffentlichte auch ein Buch, um das Bewußtsein der Frauen zu stärken: *Frauen für Frauen. Asiatische Frauen solidarisieren sich. Wie Frauen für den Kampf um Nahrung, Gerechtigkeit und Freiheit mobilisiert werden können.* (Vgl. CCA Women's Concerns Committee, *Women to Women: Asian Women in Solidarity: Mobilizing Women in Struggles for Food, Justice and Freedom,* Singapore: CCA, 1986.) In der Einführung zu diesem Buch faßt Matsuda die Ziele dieses Komitees, das sich um die Belange von Frauen kümmert, wie folgt zusammen: »Wir kämpfen um die Teilnahme von Frauen in allen Lebensbereichen und möchten ihre Ansichten in den Entscheidungsprozessen berücksichtigt wissen. Wir unterstützen sie darin, Dinge auf ihre ureigene Weise zu tun. Dennoch dürfen die Anstrengungen der Frauen in Asien nicht eindimensional einfach als Kampf gegen die Männer gesehen werden. Es ist lebensnotwendig, die vielen verschiedenen Bereiche in den Strukturen zu sehen (sozial, politisch, kulturell, wirtschaftlich), die überall ›die Schwächsten und Geringsten‹ in der Gesellschaft – Frauen wie Männer – benachteiligen und ausschließen.

Um die Anliegen der Frauenabteilung der CCA in den nächsten 5 Jahren tatkräftig zu unterstützen, müssen die Frauen sich am Kampf um Nahrung, Gerechtigkeit und Freiheit für alle beteiligen. Dieser Kampf erfordert ein klares Bewußtsein sowie Organisation und Übereinstimmung. Und er ist nicht ohne Mut, Glauben und Hoffnung möglich. Wir müssen anfangen, dies in kleinen Gruppen aufzubauen und uns gegenseitig zu vernetzen. Niemand kann diesen Prozeß hilfreicher voranbringen als die Frauen selbst. Und als Christinnen müssen wir uns in diesem Kampf fragen, wie und wo uns unser Glaube weiterhelfen kann« (ebenda, S. 1).

Indem sie einen zentralen Ort anbot, wo asiatische Christinnen sich treffen, vernetzen und gegenseitig unterstützen konnten, hat die Frauenabteilung der CCA entscheidend zur Entwicklung einer asiatischen Frauentheologie beigetragen.

Die Frauen-Kommission der Ökumenischen Vereinigung von Theologinnen und Theologen in der Dritten Welt (EATWOT)

EATWOT wurde von Theologen aus Asien, Afrika und Lateinamerika hauptsächlich gegründet, um von der »Schattenseite der Geschichte« her Theologien zu entwickeln, die die Unzulänglichkeit der vorherrschenden Theologien aus der Ersten Welt kritisch beleuchten und herausfordern würden. Sie wollten die gegenseitigen Anstrengungen unterstützen, Theologie so zu betreiben, daß sie zur Befreiung der Armen auf ihren Kontinenten beitragen konnte. Die Gründungskonferenz wurde im August 1976 in Dar es Salaam, Tansania, abgehalten. Weitere internationale Konferenzen fanden 1977 in Ghana, 1979 in Sri Lanka, 1980 in Braslien, 1981 in Indien, 1983 in Genf und 1986 in Mexiko statt. (Die Protokolle der EATWOT-Treffen sind veröffentlicht worden. Für das Treffen in Ghana vgl. Kofi Appiah-Kubi und Sergio Torres, Hg., *African Theology En Route,* Maryknoll, New York: Orbis Books, 1979; für das Treffen in Sri Lanka vgl. Virginia Fabella, Hg., *Asia's Struggle for full Humanity,* Maryknoll, New York: Orbis Books, 1980; für das Treffen in Brasilien vgl. Sergio Torres und John Eagelson, Hg., *The Challenge of Basic Christian Communities,* Maryknoll, New York: Orbis Books, 1981; für das Treffen in Indien vgl. Virginia Fabella und Sergio Torres, Hg., *Irruption of the Third World: Challenge to Theology,* Maryknoll, New York: Orbis Books, 1983; für das Treffen in Genf vgl. Virginia Fabella und Sergio Torres, Hg., *Doing Theology in a divided World,* Maryknoll, New York: Orbis Books, 1985. Eine ausgezeichnete Zusammenfassung der Geschichte von EATWOT hat James Cone herausgegeben; »Ecumenical Association of Third World Theologians«, *Ecumenical Trends* 14;8, September 1985, S. 119–122.)

Die Gründungsversammlung der EATWOT in Tansania hatte die Spaltung zwischen den Reichen und Armen und ihre Auswirkung auf Dritte-Welt-Theologen zum Thema. Was bedeutet es, von der Schattenseite der Geschichte her Theologie zu betreiben? Wie können Dritte-Welt-Theologen die nötige Einheit entwickeln, um die Erste-Welt-Theologie herauszufordern? Dies waren einige der zentralen Fragestellungen. Es ist bezeichnend, daß zu dieser Konferenz nur eine einzige Frau eingeladen war und daß Frauenfragen in der Diskussion überhaupt nicht vorkamen. Obwohl Virginia Fabella von den Philippinen die meiste Vorbereitungsarbeit geleistet hatte, wurde sie zu dem Treffen nicht eingeladen, weil einer der Organisatoren meinte, sie habe nicht die nötige theologische Kompetenz. (Bei der EATWOT-Konferenz in Delhi sagte Fabella unter anderem: »Die männlichen Befreiungstheologen meinten, ich verdiente es, ihnen zu dienen, aber zur Konferenz zu gehen verdiente ich nicht.«)

Die zweite internationale Konferenz der EATWOT wurde als panafrikanisches Treffen 1977 in Accra, Ghana, abgehalten. Dabei ging es um die Entwicklung einer afrikanischen Theologie, und im Gegensatz zur ersten Konferenz waren hier mehr Frauen anwesend. Sie machten den Widerspruch deutlich, daß Männer zwar generell von Befreiung reden, aber große Schwierigkeiten haben, die Befreiung der Frauen ernstzunehmen. Mercy Oduyoye aus Ghana wies zum Beispiel auf die irrationale Angst afrikanischer Männer vor Menstruationsblut hin, weswegen afrikanische Frauen schon immer von religiösen Handlungen ausgeschlossen werden. Zwei andere Afrikanerinnen, Rose Zoe-Obinga aus Kamerun und Constance Baratang Thetele aus Südafrika, brachten auch ihre Erfahrungen als Frauen ein. Durch die Beteiligung dieser drei starken Afrikanerinnen kamen bei der Konferenz doch noch einige Frauenfragen zur Sprache. Im Schlußdokument war zu lesen:

»Wir erkennen an, daß afrikanische Frauen in der Kirche eine aktive Rolle übernommen und die Geschichte mitgeprägt haben. Sie haben bewiesen, daß sie ein integraler Bestandteil des Befreiungskampfes sind, aber wir müssen zugeben, daß sie von unseren sonstigen theologischen Bemühungen ausgeschlossen blieben. In Zukunft muß in der afrikanischen Theologie der theologische Beitrag der Frauen ernsthaft berücksichtigt werden.« (Vgl. Appiah-Kubi und Torres, S. 194.)

Die dritte internationale Konferenz von EATWOT fand 1979 in Wennappuwa, Sri Lanka, statt. Dort ging es um die Entwicklung einer asiatischen Theologie. (Vgl. Fabella, *Asia's Struggle for full Humanity*.) Der Anteil von Frauen war wiederum größer als in Accra. Bei den vielen öffentlichen Veranstaltungen haben die Frauen jedoch nur einmal mitgewirkt. Den wesentlichsten Fortschritt zum Thema Frauentheologie brachte bei dieser Konferenz ein Aufsatz von Marianne Katoppo aus Indonesien, der aus einer bewußt feministischen Sicht geschrieben wurde. Ihr Aufsatz

»Asiatische Theologie aus der Sicht asiatischer Frauen« (ebenda) begann mit ihrer ganz persönlichen Erfahrung als Frau und endete mit der Forderung, daß asiatische Frauen das Recht haben sollten, sich sowohl von westlicher als auch von männlicher Kontrolle zu befreien.

Im Schlußdokument bestätigten die Teilnehmenden, daß asiatische Frauen nicht nur durch ihre Kulturen und Religionen, sondern auch durch geringere Löhne und durch die von Sextourismus verstärkte Prostitution in vielfältiger Weise unterdrückt werden. Die männliche Dominanz in vielen Lebensbereichen der Frauen wurde zwar wahrgenommen, aber Rose Zoe-Obinga, die an beiden Konferenzen in Afrika und Asien teilgenommen hatte, beurteilte die Versammlung wegen ihrer geschlechtsspezifischen Exklusivität negativ. Sie wies auf die Kluft zwischen der Anerkennung der Unterdrückung von Frauen und dem tatsächlichen Engagement für wirklichen Wandel in Afrika und Asien hin. Sie betonte die Notwendigkeit, Frauen mehr Macht in Entscheidungsprozessen zu geben, und sagte: »Im Befreiungsprozeß müssen die Unterdrückten ihre eigenen Worte finden, um ihre eigene Welt benennen zu können.« (Vgl. Rose Zoe-Obinga, »From Accra to Wennappuwa: What is New? What More?« in Fabella, *Asia's Struggle for full Humanity*, S. 175.)

Beim vierten EATWOT-Treffen in São Paulo, Brasilien, gab es in Fragen der besonderen Unterdrückung von Frauen wieder einen Rückschritt. Einige Teilnehmerinnen führten die Verdrängung ihrer Anliegen auf den Einfluß zurück, den die männlich-interpretierte marxistische Ideologie auf die lateinamerikanische Befreiungstheologie ausübte. Cora Ferro, eine Theologin aus Costa Rica, kritisierte zum Beispiel die Unterdrückung von Frauen durch die macho-bürgerlichen Ideologien lateinamerikanischer Männer sowie ein mangelndes Bewußtsein für den Sexismus in linken Ideologien. (Vgl. Cora Ferros Artikel »The Latin American Woman: The Praxis and Theology of Liberation« in Torres and Eagelson, S. 24–31.) Von dieser Perspektive her wurde Sexualität stillschweigend als Privatsache einer Frau angesehen, über die nicht gesprochen wurde (die man in Wirklichkeit aber ausnutzen konnte). Lateinamerikanische Teilnehmerinnen kritisierten auch Befreiungstheologen: »Im Bereich der Theologie ist den Frauen die Teilnahme als aktive Mitarbeiterinnen in der systematischen Arbeit verweigert worden. Nach männlichen Maßstäben wird der Wert einer Person danach beurteilt, was die Person aus männlicher Sicht weiß.« (Ebenda, S. 28.) Frauen sind zwar in Massen in der Kirche zu finden, aber in der Leitung der Kirche und ihren Zielsetzungen kommen sie nicht vor. Deshalb drängen lateinamerikanische Frauen die Männer, die Unterdrückungsmechanismen und Verknüpfungen von Klassendenken, Rassismus und Sexismus zur Kenntnis zu nehmen.

Bei der fünften EATWOT-Konferenz 1981 in Neu Delhi, Indien, erreichte die Kritik der Dritte-Welt-Frauen an der Dritte-Welt-Theologie ihren Höhepunkt. In ihren »Überlegungen aus der Sicht einer Dritte-Welt-Frau: Frauenerfahrungen und Befreiungstheologien« beschrieb Mercy Oduyoye den Befreiungskampf der Frauen als einen »eigenen Aufbruch im allgemeinen Aufbruch der Armen der Dritten Welt«. Sie sagte, viele Befreiungstheologen betrachteten inklusive Sprache immer noch als einen »großen Witz« und behandelten Frauenfragen nur am Rande.

»Es war die sexistische Sprache, die in Delhi die Feminismus-Diskussion entzündete. Vielleicht noch auffallender aber war die Tatsache, daß keine einzige Frau gebeten wurde, eines der vorgetragenen Papiere zu erstellen. Wahrscheinlich hatten wir zentralere Fragen zu behandeln, und dazu gehörte, bis Delhi, nicht unbedingt das Thema des Sexismus. Deshalb fand sich auch keine ›kompetente‹ Frau.« (Vgl. Fabella und Torres, *Irruption of the Third World,* S. 248.)

Oduyoye zufolge war EATWOT eigentlich ein männliches Unternehmen, bis Virginia Fabella zur Programm-Koordinatorin berufen wurde. Beim Treffen in Delhi machte Oduyoye auf die Unterdrückung der Frauen durch Befreiungstheologen aufmerksam:

»Bei verschiedenen internationalen Treffen haben Vertreter der Dritten Welt zum Ausdruck gebracht, daß der Kampf gegen Sexismus nicht zu ihren Prioritäten gehört. Zuzeiten behaupteten sie sogar, diese Fragen würden bei ihnen keine Rolle spielen, *weil Frauen und Männer um ihren Platz wüßten und ihre jeweilige Rolle ohne jeden Neid ausüben könnten.* Auch würde sich niemand von der Definition der Gesellschaft über Weiblichkeit und Männlichkeit erdrückt fühlen. Fragen des Sexismus scheinen nur eine Minderheit von unzufriedenen, wohlhabenden Mittelschichtfrauen im kapitalistischen Westen anzugehen. Die wenigen Dritte-Welt-Frauen, die sich auch dieser Sprache bedienen, haben sich selbst vereinnahmen lassen. Es ist aber eine Tatsache, daß der Sexismus Teil dieses verworrenen Unterdrückungsnetzes ist, in dem die meisten von uns leben, und daß wir uns damit arrangiert haben, macht es nicht weniger unterdrückerisch« (ebenda, S. 249).

Nachdem Frauen EATWOT wegen des Sexismus heftig kritisiert hatten, rang sich die Organisation zu der Feststellung durch, daß »die gemeinsame menschliche *Erfahrung von Frauen* in ihrem Befreiungskampf eine *echte Quelle* der Theologie bilde« (ebenda, S. 200).

Die sechste EATWOT-Konferenz 1983 in Genf, an der Theologinnen und Theologen aus der Ersten und der Dritten Welt teilnahmen, führte einen Schritt weiter in dem Bemühen, den Sexismus innerhalb der Organisation zu überwinden. Erste und Dritte-Welt-Theologinnen merkten, daß sie viele Sexismus-Erfahrungen aus ihrem eigenen Kontext miteinander teilen konnten. Wegen des unterschiedlichen sozio-historischen Hintergrundes der Frauen war es allerdings schwierig, »trotz des gemeinsamen Nenners, der sie verband, die männliche Interpretation der Theologie herauszufordern«. (Vgl. Fabella und Torres, *Doing Theology in a divided World,* S. XVI. Mein Beitrag.) Es erschien notwendig, noch weitere Treffen und Gespräche zu planen, bis eine vorläufige Übereinstimmung zwischen den Frauen aus der Ersten und Dritten Welt erreicht werden konnte. Als es darum ging, die Tagesordnung festzulegen, wollten die

Dritte-Welt-Frauen weder von den Erste-Welt-Frauen noch von den Dritte-Welt-Männern kontrolliert werden. Das Schlußdokument dieses Treffens verdeutlicht diesen Punkt:

»Die Unterdrückung von Frauen ist in der Dritten Welt, wo viele Kulturen noch streng patriarchalisch ausgerichtet sind, eine harte Wirklichkeit. Aber die Frauen der Dritten Welt müssen selbst bestimmen, wie intensiv sie sich damit beschäftigen wollen. Weder Dritte-Welt-Männer noch Erste-Welt-Frauen können die Tagesordnung der Dritte-Welt-Frauen bestimmen. Frauen aus der Dritten Welt vertreten die Auffassung, daß Sexismus nicht isoliert, sondern im Kontext des gesamten Befreiungskampfes in ihren Ländern gesehen werden muß« (ebenda, S. 186).

Frauen aus der Dritten Welt wollten ihre Theologien unabhängig von westlicher Theologie, aber auch unabhängig von männlicher Befreiungstheologie sowie weißer, feministischer Theologie entwickeln. Sie suchten von ihren Lebenserfahrungen her nach ihrem Wesen entsprechenden Methoden und Kategorien. In Genf entschieden sie sich, einen eigenen Raum zu beanspruchen, in dem sie authentisch theologisieren konnten. Dabei wurde ein konkreter Plan aufgestellt, um das Ringen der Frauen um Gleichberechtigung zu unterstützen, und folgendes vereinbart:

1. Eine Arbeitsgruppe sowie Koordinatorinnen auf kontinentaler Ebene.
2. Internationale Gespräche mit bestimmten Gruppen.
3. Eine internationale Konferenz am Ende der nächsten Fünf-Jahres-Periode.

(Vgl. Fabella und Torres, *Irruption of the Third World*, S. 205.)

Das Exekutiv-Komitee von EATWOT stimmte dem Projekt zu, eine Frauen-Kommission einzurichten, deren Hauptanliegen es sein sollte, eine Befreiungstheologie aus der Sicht von Frauen der Dritten Welt zu entwickeln.

1984–1985 hielten Dritte-Welt-Theologinnen in jedem Mitgliedsland nationale Treffen »nur für Frauen« ab. 1985–1986 waren es dann wieder kontinentale Treffen in Asien, Afrika und Lateinamerika, und 1986 gab es in Mexiko eine interkontinentale Zusammenkunft. (Vgl. Fabella und Oduyoye. Das Buch ist ein Bericht des Treffens.) Für Frauen von Minderheiten gab es im Mai 1989 eine Konsultation in den Vereinigten Staaten, und für die nähere Zukunft ist ein Treffen mit weißen Frauen aus der Ersten Welt geplant.

Die Frauen-Kommission von EATWOT hat asiatischen Frauen einen Raum gegeben, in dem sie ihr theologisches Ringen und ihre Hoffnungen mitteilen können. Durch die Frauen-Konferenzen von EATWOT wurden viele asiatische Frauen unterstützt und angespornt, ihre theologischen Gedanken niederzuschreiben. Für die Förderung und Belebung einer Frauentheologie in Asien waren drei Frauen wegweisend. Mary John Mananzan, Dekanin des St. Scholastica College auf den Philippinen, die für EATWOT als Programm-Koordinatorin gearbeitet hat. Lee Sun Ai aus Korea, Herausgeberin der Zeitschrift ›In God's Image‹, die als Koordinatorin für die Frauen-Kommission in Asien tätig war, und Virginia Fabella, die früher verantwortliche Sekretärin von EATWOT war und als Bindeglied zwischen der Frauen-Kommission und dem Exekutiv-Komitee von EATWOT diente.

Die Frauen-Kommission schlug die folgenden Themen zur Weiterarbeit vor:

1. Verschiedene Unterdrückungsformen und wie Frauen darauf reagieren
   a) in der Gesellschaft
   b) in der Kirche
2. Eine soziale Analyse in ihren Ländern zur
   a) wirtschaftlichen Struktur
   b) politischen Struktur
   c) sozio-kulturellen und religiösen Situation
3. Theologische Überlegungen
   a) Hermeneutische Analyse der Bibel und anderer Quellen, wie z. B. Mythen, Folklore, Märchen und einheimische Religionen
   b) Rede von Gott und Frauen
      Christologie und Frauen
      Mariologie und Frauen
      Pneumatologie und Frauen
      Neue Formen der Spiritualität.

(Vgl. Mananzan, »Theology From the Point of View of Asian Women,« S. 2.)

1983–1985 haben sich christliche Frauen in sechs asiatischen Ländern bei ihren nationalen Konsultationen mit feministischer Theologie beschäftigt. Dabei gaben sie sich große Mühe, Frauen aus den Basisbewegungen in das Gespräch mit einzubeziehen. Die kraftvolle und tiefe Spiritualität gerade dieser Frauen war Herausforderung und Ermächtigung zugleich, zu überleben und der Unterdrückung zu widerstehen.

Im November 1985 trafen sich asiatische Frauen in Manila, Philippinen, zu ihrem ersten kontinentalen Treffen. Die 27 Kirchenfrauen aus Hong Kong, Japan, Korea, Malaysia, Philippinen, Indien und Sri Lanka tauschten sich über soziale und theologische Fragen in ihren jeweiligen Ländern aus und bestärkten sich gegenseitig. (An dieser Konsultation nahm ich als Beobachterin teil. Ich war als Vertreterin asiatischer Theologinnen [AWT], einer Unterstützungsgruppe für asiatische Frauen, die in Amerika Theologie studieren, eingeladen.)

Die Mehrzahl der anwesenden Frauen waren Protestantinnen, die sich mit dem Thema der Befreiung befaßten und folgende Bereiche reflektierten: Unterdrückung von Frauen – eine sündhafte Situation; Rede von Gott und Frauen; Frauen und das Christus-Ereignis; Frauen und die Glaubensgemeinschaft; Frauen und Maria; Frauen und Heiliger Geist.

Bei dieser Konferenz wurde eine kontextuelle, induktive und kollektive Methodik angewandt. Die Teilnehmerinnen besuchten städtische und ländliche Gebiete auf den Philippinen und hörten den Geschichten der Frauen zu, die von ihrem Überlebenskampf erzählten. Danach versuchten sie gemeinsam, eine soziale Analyse zu erstellen. Aus diesem tieferen

Verständnis der Lebenswirklichkeit, die asiatische Frauen in Knechtschaft hält, reflektierten sich dann theologische Fragen. Es gab keine individuellen Beiträge oder Reden. Alle Überlegungen zu den verschiedenen Themen kamen am Ende aus den Gruppendiskussionen und fanden ihren Ausdruck in einem zusammenfassenden Bericht, den die Teilnehmerinnen zusammen schrieben. (Vgl. *Proceedings: Asian Women's Consultation.*)

Diese Konsultation bereicherte die theologischen Vorstellungen und den Ideenreichtum der Frauen in hohem Maße und stärkte die Verbindungen untereinander. Dadurch hat die Frauen-Kommission der EATWOT sehr zu unserem theologischen Wachstum beigetragen. Dritte-Welt-Sein und Frau-Sein bildeten nun zusammen das Zentrum unseres Theologisierens, ohne daß das eine das andere unterminierte. Dieser gemeinsame Austausch half, das Verständnis von Befreiungstheologie zu erweitern.

»Nach Gottes Ebenbild – In God's Image«
Eine feministische theologische Zeitschrift in Asien

»In God's Image« (IGI) ist die einzige feministisch theologische Zeitschrift, die Beiträge von Frauen ohne nationale oder konfessionelle Einschränkungen veröffentlicht. Die erste Ausgabe erschien im Dezember 1982. Seitdem ist die Zeitschrift zu einem lebenswichtigen Zentrum für den theologischen Austausch asiatischer Frauen geworden. IGI war zunächst nur unregelmäßig erschienen, bringt aber jetzt jährlich vier Nummern heraus. IGI wurde von einer »theologisch ausgebildeten Hausfrau angefangen, die ihre Talente nicht verschwendet sehen wollte«. (Interview der Autorin mit Lee Sun Ai am 9. August 1988 im Inter-Church Center, New York City. Lee erzählte von ihrem persönlichen Kampf, als asiatische Theologin etwas in der Gesellschaft beitragen zu wollen, aber von vielen kirchlichen Organisationen aufgrund ihres Frauseins zurückgewiesen worden zu sein. Sie beschrieb auch, wie sie *In God's Image* angefangen hat.) Lee Sun Ai – Dichterin, Pfarrerin und Theologin aus Korea – wurde Gründerin und Herausgeberin von IGI. Aus dem Ärger über die Ungerechtigkeit, die Frauen ständig erleben, aber auch mit der Vision einer ermächtigenden asiatischen Frauentheologie begann sie die Arbeit an IGI in ihrem Wohnzimmer in Singapur. Auf Grund ihres Status als Ausländerin und Ehefrau eines internationalen Angestellten (ihr Mann arbeitete für die CCA, die damals ihre Geschäftsstelle in Singapur hatte) bekam sie keine Arbeitserlaubnis, obwohl sie eine ordinierte Pfarrerin war. Dennoch entschlossen, sich mit dieser Situation nicht abzufinden, begann Lee unabhängige Studien feministischer Theologie und besuchte viele asiatische Länder. Nach einer Zeit des Lernens und Reisens kam sie zu dem Schluß, daß asiatische Christinnen ein Forum brauchten, wo sie sich austauschen und den Kampf und die Weisheit ihrer Bewegung miteinander teilen konnten. Lee dachte zunächst an eine gelegentliche

Frauen-Zeitschrift mit einigen theologischen Artikeln. Diese Idee führte dann schließlich, mit Unterstützung einer Gruppe von Frauen in Singapur, zu dem ehrgeizigen Vorhaben, eine Zeitschrift herauszubringen, die ganz der Entwicklung einer asiatischen Frauentheologie gewidmet war.

Da den asiatischen Frauen eine formale theologische Ausbildung praktisch vorenthalten wird, kam die Herausgabe einer feministisch-theologischen Zeitschrift in den frühen 80er Jahren wirklich einem Glaubensakt gleich. Theologie war bis dahin in Asien immer nur von elitären, westlich-gebildeten Männern betrieben worden. Weil Frauen in der Regel nicht dieselben Bildungschancen hatten, wurden ihre theologischen Gedanken von den männlichen Theologen sehr oft gering geachtet. Viele Theologen haben immer wieder beteuert, daß sie Frauen gern in ihre theologische Arbeit miteinbeziehen würden, aber leider keine finden könnten, die theologisch »gebildet genug« seien. Frauen hatten es schwer, als ernsthafte, kompetente Theologinnen anerkannt zu werden. Marianne Katoppo beschreibt das sexistische Verhalten der asiatischen Theologen:

»Eine Theologin ist entweder häretisch oder hysterisch! Trifft ersteres zu, wird sie im Geist auf dem Scheiterhaufen verbrannt. Bei letzterem versuchen die Leute, möglichst schnell einen Ehemann für sie zu finden.« (Vgl. Marianne Katoppo, »Editorial«, *In God's Image,* Dezember 1982, S. 3.)

IGI wurde zu einem theologischen Zufluchtsort, wo Frauen mit theologischer Orientierung ihre Gedanken über die spirituellen Dimensionen des Lebens ohne männliche Zensur teilen konnten. Die Herausgeberinnen von IGI (Gründungsmitglieder dieses Komitees waren Lee Sun Ai; Barbara Stephens, Education Secretary CCA; Karen Campbell-Nelson, United Church Board for World Ministries; Maria Goh, Secretary to the Department of Communication, CCA.) beschreiben Zweck und Ziel ihrer Zeitschrift folgendermaßen:

»Wir wissen, daß Frauen in anderen Teilen Asiens auch Theologie betreiben, und wir glauben, daß es wichtig ist, dieses Denken miteinander zu teilen. Das wollen wir mit ›In God's Image‹ erreichen. Möge es ein Forum sein, wo dieser Austausch theologischen Denkens möglich wird, ein erster Schritt zu einem sich weiter entwickelnden Medium der Kommunikation zwischen theologisch orientierten Frauen. Wir haben uns dazu entschlossen, weil wir glauben, daß es Frauen gegeben ist, ihre Träume und Visionen, ihre Gedanken und Theorien, ihre Hoffnungen und Ängste, ihre Frustrationen und Freuden zu teilen und sich darin gegenseitig zu unterstützen. In dieser Zeitschrift können Frauen ihre Theologie in den unterschiedlichsten Formen zum Ausdruck bringen – in Artikeln und Vorlesungen, in Bibelarbeiten, Gedichten, Bildern, Gebeten, Liedern und Gottesdiensten. Wir hoffen, daß durch ›In God's Image‹ der Beitrag der Frauen zum theologischen Gedankengut in Asien gehört werden wird.« (Vgl. »Introduction«, IGI, Dezember 1982.)

Die Mitglieder des Komitees wollten nicht einfach ein weiteres konventionelles, akademisches Blatt herausbringen, sondern Frauen ermutigen, »ihre Gedanken auszutauschen, was es für sie heißt, auf das Evangelium zu antworten« (ebenda). Es gab konkrete Vorschläge, wie Frauen an der Gestaltung der Zeitschrift teilhaben konnten:

- Stellt euch und die anderen vor, mit denen ihr euren Kontext teilt.
- Erzählt uns, was ihr tut und denkt, plant und hofft.
- Schickt uns eure Ideen und Gedanken, individuell oder gemeinsam, die wir in »In God's Image« abdrucken können.
- Teilt uns mit, an wen wir »In God's Image« schicken sollen (ebenda).

Aus diesen schlichten Anfängen ist »In God's Image« in die Tiefe und in die Breite gewachsen. Im Mai 1987 traf sich erstmals eine Beratungsgruppe, um für die Zukunft klarere redaktionelle Pläne zu entwickeln und zum Beispiel stärker thematisch zu arbeiten. (Zu der Beraterinnen-Gruppe gehörten Virginia Fabella von den Philippinen; Marianne Katoppo aus Indonesien; Lee Oo Chung aus Korea; Matsui Yayori aus Japan; Barbara Stephens aus Neuseeland; und Jessie B. Tellis Nayak aus Indien.) Spätere Ausgaben sollten sich mit Themen wie Prostitution, Militarismus, Frauen und Politik, Frauen und Entwicklung befassen.

Im Winter 1987 mußten Sun Ai und ihr Mann, Park Sang Jung, Generalsekretär der CCA, Singapur verlassen und sich wieder in Hong Kong ansiedeln, weil die Regierung in Singapur die CCA, die die Dachorganisation von »In God's Image« war, der Subversion beschuldigte. Die Mitglieder der Beratungsgruppe brachten ihre Schwesterlichkeit und Solidarität dadurch zum Ausdruck, daß sie IGI weiterhin herausbrachten. Die Ausgabe September 1988 wurde von indischen Frauen unter Leitung von Jessie Tellis-Nayak vorbereitet, die Ausgabe März 1989 von philippinischen Frauen unter der Leitung von Virginia Fabella erstellt. Lee Sun Ai arbeitet jetzt am Aufbau eines Studienzentrums für asiatische Frauen, wo deren Lebensgeschichten für jetzige und zukünftige Generationen gewürdigt und aufbewahrt werden können und dadurch der Reichtum von IGI noch erweitert wird. Zur Unterstützung des Zentrums, jetzt in Seoul, Korea, sind Geldmittel gesammelt worden.

11 Die Interview-Partnerinnen waren: Lee Oo Chung, Cho Wha Soon, Lee Sun Ai, Chung Sook Ja, Kang Myung Soon und Sohn Eun Ha aus Korea; Aruna Gnanadason aus Indien; Marlene Perera und Bernadeen Silva aus Sri Lanka; Elizabeth Tapia, Loretto-Eugenia Mapa und Virginia Fabella von den Philippinen; Kwok Pui-lan aus Hong Kong und Nantawan Boonprasat Lewis aus Thailand.

12 Die Namen dieser Interviewten sind: Hyun Young Hak, Ahn Byung Mu, Suh Kwang Sun, Kim Yong Bok und Park Sang Jung aus Korea; Tissa Balasuriya, Aloysius Pieris und Preman Niles aus Sri Lanka; M. M. Thomas, Samuel Rayan und K. C. Abraham aus Indien; Yeow Choo Lak aus Singapur; James Cone aus den Vereinigten Staaten und Mercy Amba Oduyoye aus Ghana.

1. Der Kontext asiatischer Frauentheologie

1 Für ein neues Gottesverständnis unter asiatischen Frauen vgl. IGI, September 1988, vor allem den Artikel von Astrid Lobo »My Image of God«.

2 Der Begriff »Womanity« wurde bei der EATWOT-Konsultation 1987 von asiatischen Theologinnen benutzt, um das umfassende Menschsein der Frauen hervorzuheben, das sich vom männlich-definierten universalen Menschsein abhebt.

3 Vgl. Kwok Pui-lan, »God weeps with our pain« in *New Eyes for Reading: Biblical and Theological Reflections by Women from the Third World*, Deutsche Ausgabe: Komm, lies mit meinen Augen, Hg. John S. Pobee und Bärbel von Wartenberg-Potter, Burckhardthaus-Laetare Verlag.

4 Asian Women's Consultation, »Highlights of the Asian Women's Consultation« in *Proceedings: Asian Women's Consultation*, Manila: EATWOT, 1985, S. 3.

5 Vgl. Sohn Duck Soo, *The Research on Poor Women in Korea*, Seoul, Korea: Minjung Sa, 1983, S. 86ff., meine Übersetzung.

6 Vgl. Virginia Fabella, »Asian Women and Christology«, IGI, September 1987, S. 14.

7 Ebenda.

8 Vgl. Aloysius Pieris, *An Asian Theology of Liberation*, Maryknoll, New York: Orbis Books, 1988, S. 87.

9 Vgl. Padma Gallup, »Doing Theology – An Asian Feminist Perspective«, *CTC Bulletin* 4;3, Singapore: CCA, Dezember 1983, S. 22.

10 Vgl. für die Dokumentation dieser Kritiken in Asien Kamla Bhasin und Nighat Said Khan, *Some Questions on Feminism and its Relevance in South Asia*, Delhi: Kali for Women, 1986.

11 Als Zeugnis asiatischer Frauen für diese Erfahrung vgl. Lee Sun Ai »The Women's Movement and the Ecumenical Agenda«, in *Weaving New Patterns*, Hg. Hennie Clarke, Hong Kong: World Student Christian Federation, Asia/Pacific Region, 1986, S. 65.

12 Vgl. Bhasin und Khan, S. 2.

13 Ebenda.

14 Ebenda, S. 4.

15 Ebenda, vgl. Beispiele S. 17.

16 Ebenda, S. 14.

17 Für mehr Informationen über den Kampf koreanischer Arbeiterinnen und über Cho Wha Soon, aktive Teilnehmerin in der Bewegung, vgl. *Let the Weak Be Strong: A Woman's Struggle for Justice*, Hg. Lee Sun Ai und Ahn Sang Nim, Oak Park, Illinois: Meyer-Stone Books, 1988.

18 Cho Wha Soon, Interview mit der Autorin im Mai 1986 in New York.

19 Ebenda.

20 Vgl. Park No Hai, »Darning a Bed Sheet«, trans. Lee Sun Ai, IGI, April 1985, S. 3.

21 Ebenda.

22 In Korea wird den Träumen von Frauen direkt vor oder nach einer

Schwangerschaft große Beachtung geschenkt. Wir glauben, daß in solchen Träumen die Zukunft der Babies vorhergesagt wir. Drachenträume werden als glückbringend für das Baby angesehen, während Hundeträume für die Zukunft wenig bedeuten.

23 Vgl. Meine Übersetzung von *Our Story*, Seoul, Korea: Handgedruckt von einem Arbeiter-Kollektiv, S. 63–64.

24 Vgl. »A Discussion on Feminism«, Asian Women 11; 36, September 1986, S. 1.

25 Vgl. Bhasin und Khan, S. 14.

26 Vgl. Edward W. Said, *Orientalism*, New York: Vintage Books, 1978.

27 Zitiert in »Backstreet Guides to Degrading Slavery«, *CCA news* 23; 1/2, January/February 1988, S. 13.

28 Dieser Kommentar kommt von einer schwarzen Studentin, die an einem Kurs mit James Cone über »Schwarze Theologie« am Union Theological Seminary in New York im Wintersemester 1985 teilnahm.

29 Griechischer Begriff für Umkehr/Buße.

2. Vom Kampf, wieder Sonne zu sein

1 Vgl. für mehr Information Marie Mignon Mascarenhas, »Female Infanticide and Foeticide in India« in *Stree* 16, Oktober 1987, S. 14–15. *Stree* ist ein unregelmäßig erscheinender Rundbrief des All India Council of Christian Women.

2 Für eine ausgezeichnete Darstellung der Situation asiatischer Frauen vgl. *Balai* 2; 4, Dezember 1981.

3 Dieses Lied wurde von Nargis Basu, einer bekannten indischen Dichterin, geschrieben. Vgl. Clarke, S. 108–110.

4 Vgl. »Schlußdokument: Asian Church Women Speak«, Manila, Philippines, 21.–30. November 1985, in Fabella und Oduyoye, S. 119.

5 Aus einer Liturgie aus Sri Lanka, die bei einer Theologinnen-Konferenz in Manila im November 1985 vorgestellt wurde. *IGI*, März 1987, S. 7.

6 Vgl. Aruna Gnanadason, »Women's Oppression: A Sinful Situation«, in Fabella und Oduyoye, S. 73.

7 Ebenda.

8 Ebenda.

9 Vgl. »Report of Indonesian Theologically Trained Women's Consultation, Sukabumi, 24.–29. Juni 1983, *IGI*, Dezember 1984, S. 9.

10 Vgl. Lee Oo Chung, »Korean Traditional Culture and Feminist Theology«, in *The Task of Korean Feminist Theology*, Seoul, Korea: Korean Association of Women Theologians, 1983, S. 77.

11 An dieser nationalen Konsultation zum Thema: »Towards a Theology of Humanhood: Women's Perspective« vom 21.–24. November in Whitefield, Bangalore nahmen 66 Frauen und Männer aus verschiedenen indischen Kirchen teil. Sie wurde vom All India Council of Christian Women, katholischen Frauen und der Association of Theologically Trained Women in India organisiert. EATWOT hat die Konsultation finanziell geför-

dert. Die Ergebnisse wurden als Buch vom All India Council of Christian Women veröffentlicht, vgl. Gnanadason, *Towards a Theology of Humanhood.*

12 Liturgie, die bei der Konferenz indischer Theologinnen gefeiert wurde, in *IGI,* Dezember 1984, S. 28.

13 *Minjung* ist ein koreanisches Wort und bedeutet »Volk«, vor allem das »unterdrückte Volk«. Nach Suh Kwang Sun sind Minjung die Unterdrückten, Ausgebeuteten, Diskriminierten, Entfremdeten – Frauen, ethnische Gruppen, Arme, Arbeiter und Bauern, und auch Intellektuelle. Der Begriff Minjung umfaßt deshalb mehr als nur das Proletariat. Minjung-Theologen versuchen eine Theologie von den konkreten historischen Erfahrungen des Volkes, der Minjung, her zu formulieren.

14 Vgl. Hyun Young Hak, »Minjung: The Suffering Servant and Hope«, eine Vorlesung, die in der James Memorial Chapel am Union Theological Seminary in New York am 13. April 1982 gehalten wurde, S. 2.

15 Vgl. Suh Nam Dong, »Towards a Theology of Han«, in *Minjung Theology,* Maryknoll, New York: Orbis Books, 1983, S. 55–72.

16 Ebenda.

17 Vgl. Lee Oo Chung, S. 63–78.

18 Ebenda, S. 67.

19 Ebenda, S. 74–75.

20 Ebenda, S. 74.

21 Für mehr Informationen zur asiatischen Frauenbewegung vgl. *IGI,* April 1986.

22 Vgl. Sigrid, »Through Woman's Eyes«, *IGI,* Dezember 1985/Februar 1986, S. 31–32.

23 Vgl. Lee Sun Ai, »A Reading from a Taoist Funeral Song Designated for Women«, *IGI,* April 1984, S. 5.

24 Vgl. Lucy D'Souza, »My Sadhana«, *IGI,* September 1988, S. 18.

25 Vgl. Rita Monterio, »My Image of God«, *IGI,* September 1988, S. 35.

26 Vgl. Jurgette Honclada, »Notes on Women and Christianity in the Philippines«, *IGI,* Oktober 1985, S. 17.

27 Vgl. Susan Joseph, »I Am a Woman«, *IGI,* September 1988, S. 30–31.

28 Die Unterstützungsgruppe für diese Prostituierte, die sich HAN-SO-RI (»Klang von HAN« oder »großer Klang«) nannte, kam in der Yong San Gegend in Seoul, Korea zusammen. Sie wurde durch Maryknoll Schwestern aus Amerika ermöglicht, die als katholische Schwestern weder versuchten, den Prostituierten ihre Religion überzustülpen, noch sie zum Christentum zu bekehren. Sie boten ihnen lediglich einen Zufluchtsort an. Ich besuchte sie im Sommer 1987 und verbrachte einige Zeit mit ihnen zusammen.

29 Interview von mir am 10. August 1982.

30 Diese Konsultation fand vom 24.–27. Mai 1983 statt. Das Thema Homosexualität wurde von den Teilnehmerinnen während einer Bibelarbeit mit der Alttestamentlerin Dr. Elizabeth G. Dominguez diskutiert.

31 Vgl. Consultation Report from Theologically Trained Women of the

Philippines, »A Continuing Challenge for Women's Ministry«. *IGI,* August 1983, S. 8. (Ab jetzt wird Bezug genommen auf »A Continuing Challenge«.)
32 Ebenda.
33 In *IGI* wurde im Dezember 1985/Februar 1986 ein Artikel abgedruckt, »Emerging Patterns in the Women's Movement in Asia«, in dem Ranjini Rebera sieben Feministinnen aus verschiedenen Ländern interviewte. Dies waren: Ruth Kao aus Taiwan; Audrey Rebera aus Sri Lanka; Jocelyn Armstrong aus Neuseeland; Saramma Jacob aus Indien; Prakai Nantawasee aus Thailand; Cynthia Lam aus Hong Kong und Andrea McAdam aus Australien.
34 Dieses Gedicht stammt von Akiko Yosano aus Japan und ist vermutlich zu Beginn unseres Jahrhunderts geschrieben worden. In *Voices of Women: An Asian Anthology,* Hg. Alison O'Grady, Singapore: Asian Christian Women's Conference, 1978, S. 13.
35 Vgl. Gallup, S. 22.
36 Ebenda.
37 Ebenda.
38 Vgl. Chitra Fernando, »Towards a Theology Related to a Full Humanity«, *IGI,* April 1985, S. 21.
39 Vgl. Virginia Fabella, »Mission of Women in the Church in Asia: Role and Position«, *IGI,* Dezember 1985/Februar 1986, S. 8.
40 Vgl. »A Continuing Challenge«, S. 7.
41 Ebenda.
42 Ebenda.
43 Vgl. Monteiro, S. 35.
44 Ebenda.
45 Vgl. Lee Sun Ai, »Images of God«, *IGI,* September 1988, S. 36.
46 Dieses Thema wurde vom Ökumenischen Rat der Kirchen als Aufgabe für die nächste Dekade gewählt. Viele Kirchenfrauen in Asien begrüßen diese Richtung und hatten nationale Konsultationen, um an diesen Fragen zu arbeiten.
47 Vgl. Susan Joseph, »Images of God«, *IGI,* September 1988, S. 37.
48 Vgl. Lee Sun Ai, »Images of God«, S. 37.
49 Vgl. Astrid Lobo, »My Image of God«, *IGI,* September 1988, S. 38.
50 Ebenda.
51 Vgl. Pearl Derego, »The Exodus Story«, *IGI,* September 1988, S. 48.
52 Vgl. Fernando, S. 24.
53 Vgl. Hiratsuka Raicho, »The Hidden Sun«, in O'Grady, S. 10.

3. Wer ist Jesus für asiatische Frauen?
1 Das »Summary Statement from the Theological Study Group« wurde bei der Consultation on Asian Women's Theology on Christology vom 20.–29. November 1987 in Singapur vorgetragen. Diese Konsultation wurde von IGI unterstützt. Mehr Information darüber in *IGI,* Dezember 1987–März 1988. Weiterhin wird hier auf die Consultation on Asian Women's Theology 1987 Bezug genommen.

2 Ebenda, S. 1.
3 Ebenda, S. 2.
4 Ebenda.
5 Vgl. Choi Man Ja, »Feminist Christology«, Consultation on Asian Women's Theology–1987, S. 3.
6 Vgl. Komol Arayapraatep, »Christology«, Consultation on Asian Women's Theology – 1987, S. 6.
7 Dieses Verständnis wird asiatischen Frauen in vielen asiatischen, von Männern dominierten Kirchen beigebracht. Als ich 1983 Kindergottesdiensthelferin in einer koreanischen Kirche in Orange County in Kalifornien war, erlebte ich, wie eine Koreanerin, die selber Bibelarbeiten mit Studenten abhielt, vor versammelter Gemeinde ihre Erfahrung von Tod und Auferstehung ihres Selbst mitteilte. Sie bekannte ihre Sünde in der Beziehung zu ihrem Ehemann und erzählte, daß sie ihm nicht gehorchen konnte, weil er nicht fair und vernünftig war. Sie stritten viel. Eines Tages während eines Streites warf ihr Mann, der Arzt war, im Zorn ein Messer nach ihr, das sie glücklicherweise verfehlte und in der Wand hinter ihr stecken blieb. An diesem Punkt, erzählte sie, spürte sie plötzlich durch das Urteil ihres Mannes die Liebe Gottes. Jetzt wußte sie, daß es Gottes Wille war, daß sie ihrem Mann gehorche. So bezeugte sie vor der Gemeinde, daß ihr altes Selbst nun *tot* sei und durch die *Liebe* ihres Mannes nun ihr neues Selbst geboren wurde. Sie schloß mit der Aussage: »Nachdem ich mich selbst ans Kreuz genagelt und den Willen Gottes befolgt hatte, gab es in meiner Familie keinen Streit mehr.« Die Gemeinde antwortete darauf mit einem lauten »Halleluja«! Dies ist nur ein Beispiel des »Frauenhasses« in asiatischen Kirchen. Ich könnte viele solche Beispiele erzählen.
8 Für mehr Information über die Missionsgeschichte in China vgl. Kwok Pui-lan »The Emergence of Asian Feminist Consciousness on Culture and Theology«, Hong Kong, unveröffentlicht, 1988.
9 Ich weiß, daß es sich widersprechende Meinungen über die Rolle der Missionare in Asien gibt. Einige meinen, ihre Rolle war destruktiv, andere denken, sie war positiv. Ich denke, daß sie hauptsächlich, wenn auch nicht ausschließlich, negativ war.
10 Vgl. Lydia Lascano, »Women and the Christ Event« in *Proceedings: Asian Women's Consultation,* Manila: EATWOT, 1985, S. 121–129.
11 Ebenda, S. 123.
12 Ebenda, S. 125.
13 Ebenda.
14 Vgl. Virginia Fabella, »Asian Women and Christology«, *IGI,* September 1987, S. 15.
15 Vgl. Choi, S. 6.
16 Ebenda.
17 Vgl. Park Soon Kyung, *Hankook Minjok Kwa Yeosung shinhak eu Kwajae,* The Korean Nation and the Task of Women's Theology, S. 50.
18 Vgl. Honclada, S. 13–19.

19 Vgl. Mary John Mananzan, »The Philippino Woman: Before and After the Spanish Conquest of the Philippines« in *Essays on Women*, S. 7–36.
20 Ebenda.
21 Vgl. Park Soon Kyung, S. 47.
22 Ebenda.
23 Ebenda, S. 48.
24 Ebenda.
25 Ebenda, S. 49.
26 Ebenda, S. 47.
27 Vgl. Consultation on Asian Women's Theology – 1987, S. 2.
28 Vgl. Monica Melanchton, »Christology and Women«, Consultation on Asian Women's Theology–1987.
29 Ebenda, S. 1.
30 Ebenda.
31 Ebenda, S. 2.
32 Ebenda, S. 4.
33 Ebenda, S. 6. Vergleiche die widersprüchliche theologische Position der Aneignung der Hindu-Vorstellung von Gott in der christlichen Theologie (Gallup).
34 Vgl. Lee Oo Chung, »Korean Cultural and Feminist Theology«, *IGI*, September 1987, S. 36.
35 Ebenda.
36 Ebenda, S. 37.
37 Ebenda.
38 Ebenda.
39 Ebenda, S. 38.
40 Ebenda.
41 Vgl. »Women and the Christ Event«, in *Proceedings: Asian Women's Consultation*, Manila: EATWOT, 1985, S. 131.
42 Ebenda.
43 Vgl. Pauline Hensman, »Women and the Christ Event«, in *Proceedings: Asian Women's Consultation*, Manila: EATWOT, 1985, S. 116.
44 Vgl. Lascano, S. 121.
45 Ebenda, S. 125.
46 Ebenda, S. 127.
47 Ebenda.
48 Ebenda, S. 128.
49 Ebenda.
50 Ebenda.
51 Vgl. Kwok, »God weeps with Our Pain«, in Pobee und Wartenberg-Potter.
52 Vgl. Lee Oo Chung, »One Woman's Confession of Faith«, in Pobee und Wartenberg-Potter.
53 Ebenda.
54 Ebenda.
55 Ebenda, S. 19–20.

56 Ebenda, S. 20.
57 Ebenda.
58 Vgl. Marianne Katoppo, »Mother Jesus«, in O'Grady, S. 12.
59 Vgl. Katoppo, *Compassionate and Free,* S. 79.
60 Vgl. Katoppo, »Mother Jesus«, in O'Grady, S. 12.
61 Vgl. Park Soon Kyung, S. 51 und James Cone, *God of the Oppressed,* New York: Harper & Row, 1975. Cone argumentiert ähnlich. Für ihn ist Jesus schwarz, weil er schwarz sein muß, wenn er die unterdrückte Menschheit in einer geschichtlichen Situation, wo schwarze Menschen ständig gekreuzigt werden, vertreten will.
62 Vgl. Choi, S. 8.
63 Ebenda, S. 7.
64 Ebenda, S. 6.
65 Vgl. Virginia Fabella, »Asian Women and Christology«.
66 Ebenda.
67 Ebenda.
68 Gabriele Dietrich ist gebürtige Deutsche, die seit 1972 in Südindien lebt und arbeitet. Sie war zuerst in Bangalore und unterrichtet jetzt in Madurai. Sie ist sehr engagiert in der Frauenbewegung. Ich schließe sie hier als Theologin in Indien ein, weil sie so engagiert ist und sich mit den indischen Frauen identifiziert und weil sie auch von den Inderinnen innerhalb der Bewegung anerkannt ist.
69 Vgl. Gabriele Dietrich, *One day I shall be like a banyan tree,* Belgium: Dileep S. Kamat, 1985.
70 Ein verbreitetes koreanisches Getränk.
71 Vgl. Suh Nam Dong, *In Search of Minjung Theology,* Seoul, Korea: Kankil Sa, 1983, S. 355–356, nach meiner Übersetzung und Hervorhebung.
72 Anonym, »From Jaini Bi – With Love«, in O'Grady, S. 11. Die Herausgeberin betont, Jaini Bi stehe für alle Menschen, die extreme Entbehrungen in einer sie vernachlässigenden Welt hinnehmen müssen, und doch durch menschliche Zuwendung einen Funken Hoffnung erfahren.

4. Wer ist Maria für asiatische Frauen heute?

1 Anonymes Gedicht, überschrieben »Mary Song«, aus »Mariology: A Pakena Perspective«, Consultation on Asian Women's Theology–1987, S. 2–3.
2 Ebenda, S. 1.
3 Ebenda.
4 Vgl. Katoppo, *Compassionate and Free,* S. 21.
5 Vgl. »Mariology: A Pakena Perspective«, S. 1.
6 Vgl. Katoppo, *Compassionate and Free,* S. 17.
7 Ebenda, S. 73.
8 Ebenda.
9 Vgl. »Mariology: A Pakena Perspective«, S. 1–2.

10 Vgl. Gedicht »Mary Song«.
11 Vgl. »Mariology: A Pakena Perspective«, S. 1.
12 Vgl. Astrid Lobo, »Mary and the Woman of Today«, *IGI*, September 1988, S. 7.
13 Vgl. »Summary Statement on Mariology«, Consultation on Asian Women's Theology – 1987, S. 1.
14 Vgl. Gedicht »Mary Song«.
15 Vgl. Katoppo, *Compassionate and Free*, S. 21.
16 Ebenda, S. 20.
17 Ebenda.
18 Ebenda.
19 Ebenda.
20 Ebenda.
21 Vgl. Han Kuk Yum, »Mariology as a Base for Feminist Liberation Theology«, Consultation on Asian Women's Theology – 1987, S. 3
22 Vgl. »Summary Statement on Mariology«, S. 1.
23 Vgl. Han Kuk Yum, S. 3.
24 Vgl. Katoppo, *Compassionate and Free*, S. 21.
25 Vgl. »Who is Mary? in *Proceedings: Asian Women's Consultation*, Manila: EATWOT, 1985, S. 156.
26 Vgl. Lobo, »Mary and the Woman of Today«, S. 7.
27 Ebenda, S. 7–8.
28 Vgl. Nalaan, Navaratnarajah, »Mariology«, Consultation on Asian Women's Theology – 1987, S. 1.
29 Vgl. »Summary Statement on Mariology«, S. 1.
30 Vgl. »Who ist Mary?« S. 156.
31 Ebenda, S. 155.
32 Ebenda.
33 Vgl. Lobo, »Mary and the Women of Today«, S. 11.
34 Vgl. Anrora Zambrano, »Mariology«, Consultation on Asian Women's Theology – 1987, S. 6.
35 Vgl. »Summary Statement on Mariology«, S. 2.
36 Ebenda, S. 2.
37 Vgl. Ruth Ong, »A Woman of Faith and Hope«, Consultation on Asian Women's Theology – 1987, S. 3.
38 Vgl. Han Kuk Yum, S. 2.
39 Vgl. »Summary Statement on Mariology«, S. 2.
40 Ebenda, S. 2.
41 Vgl. Virginia Fabella, »Mission of Women in the Church in Asia: Role and Position«, IGI, December 1985, S. 82.
42 Ebenda.
43 Vgl. Lobo, »Mary and the Women of Today«, S. 11.
44 Vgl. »Who is Mary?« S. 155.
45 Vgl. Katoppo, *Compassionate and Free*, S. 23.
46 Vgl. Han Kuk Yum, S. 4.
47 Ebenda, S. 5.

48 Vgl. Loretto-Eugenia Mapa, Interview mit der Autorin am 8. Februar 1989 im Women's Theological Center, Boston.
49 Vgl. Han Kuk Yum, S. 7.
50 Vgl. Emily Mei Ling Cheng, »Mariology«, Consultation on Asian Women's Theology – 1987, S. 5.
51 Vgl. Loretto-Eugenia Mapa, Interview mit der Autorin am 8. Februar 1989 im Women's Theological Center, Boston.
52 Ebenda.
53 Hebräischer Begriff für die »Armen«, die so wenig haben, daß sie ihr ganzes Vertrauen auf Gott setzen. (Anm. der Übers.)

5. Die neue Spiritualität asiatischer Frauen

1 Vgl. Ting Ling, Gedicht ohne Überschrift in O'Grady, S. 46. Ting Ling stammt aus China. Ich zögerte zunächst, dieses Gedicht zu zitieren, wegen seiner scheinbar individualistischen Perspektive. Ich habe aber meine Meinung geändert, weil es doch einen ganz konkreten historischen Kontext hat und zu einer Zeit geschrieben wurde, als in China massive strukturelle Veränderungen im Gange waren.
2 Vgl. Mary John Mananzan und Lee Sun Ai, »Emerging Spirituality of Asian Women«, in Fabella und Oduyoye, S. 79.
3 Vgl. »Women's Spirituality-Workshop Report«, Consultation on Asian Women's Theology – 1987, S. 1.
4 Ebenda.
5 Ebenda.
6 Vgl. Mary John Mananzan, »Emerging Spirituality of Women: The Asian Experience«, in *Essays on Women*, S. 149.
7 Vgl. Stella Faria, »Feminist Spirituality: Emerging Trends«, Consultation on Asian Women's Theology – 1987, S. 1.
8 Vgl. »Women's Spirituality-Workshop Report«, S. 1.
9 Vgl. Mananzan, *Essays on Women*, S. 150.
10 Ebenda, S. 149–150.
11 Ebenda, S. 150.
12 Vgl. Faria, S. 3–4.
13 Vgl. Mananzan, *Essays on Women*, S. 150.
14 Ebenda, S. 151.
15 Vgl. Mananzan und Lee, in Fabella und Oduyoye, S. 79.
16 Ebenda, S. 79.
17 Ebenda.
18 Vgl. Mary Dunn, »Emerging Asian Women Spirituality«, Consultation on Asian women's Theology – 1987, S. 1.
19 Ebenda.
20 Ebenda, S. 3.
21 Vgl. Mananzan, *Essays on Women*, S. 152.
22 Ebenda.
23 Vgl. »Spirituality«, Consultation on Asian Women's Theology – 1987, S. 1.

24 Ebenda.
25 Ebenda, S. 2.
26 Vgl. Mananzan und Lee, in Fabella und Oduyoye, S. 81.
27 Ebenda.
28 Ebenda, S. 82.
29 Ebenda.
30 Vgl. Mercy Mathew, »The Story of a Continuous Search«, IGI, April 1985, S. 10.
31 Ebenda.
32 Ebenda, S. 7.
33 Ebenda, S. 9.
34 Ebenda, S. 11.
35 Vgl. Mananzan, *Essays on Women*, S. 152.
36 Ebenda, S. 151.
37 Vgl. »Women's Spirituality-Workshop Report«, S. 1–2.
38 Vgl. Mananzan und Lee, in Fabella und Oduyoye, S. 87.
39 Ebenda, S. 84.
40 Vgl. »Women's Spirituality-Workshop Report«, S. 1.
41 Vgl. Mananzan und Lee, in Fabella und Oduyoye, S. 80.
42 Ebenda, S. 79–80.
43 Ebenda, S. 87.
44 Dieser Begriff sollte nicht mit den Anti-Abtreibungs-Slogans in den USA verglichen werden. Wenn asiatische Frauen von einer Spiritualität für das Leben sprechen, dann schließt das wirklich alle Lebewesen mit ein und nicht nur das, was im westlichen Kontext darunter verstanden wird.
45 Vgl. Mananzan und Lee, in Fabella und Oduyoye, S. 78.
46 Ebenda.
47 Vgl. Anita Nesiah, »Armed Conflict: Peace and Justice by Women?« Dieses Flugblatt wurde nach ihrer Vorlesung für die Kolloquium-Reihe am Bunting Institute, Radcliffe College, Cambridge, am 1. März 1988 gedruckt.
48 Ebenda.
49 Ebenda.
50 Ebenda.
51 Vgl. Mananzan und Lee, in Fabella und Oduyoye, S. 84.
52 Ebenda.
53 Ebenda.
54 Ebenda, S. 85.
55 Ebenda.
56 Vgl. Loretto-Eugenia Mapa, Interview mit der Autorin am 8. Februar 1989 im Women's Theology Center, Boston.
57 *Ha-neu-Nim* ist der Name eines einheimischen, koreanischen Gottes; übersetzt bedeutet der Name Himmelsgott. *Kwan-Woon-Chang-Nim* ist ein Kriegsgott im koreanischen Schamanismus. *Ye-Su-Nim* ist der koreanische Name für Jesus.

58 Vgl. Moon Dong Han, »Han – the Starting Point of New Life«, in *The Story of Han,* ed. Suh Kwang Sun, Korea: The Borhee Press, 1988, S. 348. Die Übersetzung ist mit einigen Abänderungen von mir.
59 Vgl. Mananzan und Lee, in Fabella und Oduyoye, S. 87.
60 Ebenda.
61 Mananzan, *Essays on Women,* S. 158.
62 Ebenda.
63 Nach dem Buch *Pamathalaan: Ang Pagbubukas sa Tipanng Mahal na Ina* (Spirituelle Regierung: Die Offenbarung des Bundes mit der Göttlichen Mutter) schließen Menschen auf den Philippinen einen wichtigen *Tipan* (Bund) mit der Göttlichen Mutter.
64 Vgl. Melane V. Talag, »The Power called Mother«, *The Manila Chronicle,* February 22, 1988, S. 10.
65 Ebenda.
66 Vgl. Faria, S. 11.
67 Vgl. Mananzan und Lee, in Fabella und Oduyoye, S. 84.
68 Ebenda.
69 Vgl. Faria, S. 9.
70 Vgl. Mananzan und Lee, in Fabella und Oduyoye, S. 86.
71 Ebenda.
72 Ebenda.
73 Ebenda.
74 Ebenda.
75 Ebenda.
76 Ebenda, S. 87.

6. Selbstverständnis und Zukunft asiatischer Frauentheologie
1 Vgl. Kwok, »God Weeps With Our Own Pain«, S. 90.
2 Vgl. Tapia, S. 171.
3 Ebenda.
4 Vgl. Gustavo Gutiérrez, *A Theology of Liberation,* Maryknoll, New York: Orbis Books, 1988.
5 Vgl. Kwok Pui-lan, »The Feminist Hermeneutics of Elisabeth Schüssler Fiorenza: An Asian Feminist Response«, *East Asia Journal of Theology* 3:2, 1985, S. 147–153. Vgl. auch »Discovering the Bible in the Non-Biblical World« in *Semeia.* Vgl. auch Aruna Gnanadason, »Towards an Indian Feminist Theology I, II«, zwei Vorlesungen, die am 8./9. Juni 1988 im United Seminary in Bangalore, Indien, für den Vorstand des Theological Education's Institute of Teachers of Systematic Theologians gehalten wurden.

EATWOT organisierte eine weitere theologische Konferenz für asiatische Frauen vom 30. Juni bis 2. Juli 1989 in Seoul, Korea. Die beiden Themen waren: »Das Patriarchat in unserer asiatischen Wirklichkeit« und »Hermeneutische Prinzipien auf der Grundlage unserer Wirklichkeit«. Unter diesen Themen wurden auch andere Fragen relevant: Was hat die Unterdrückung der Frauen mit Kolonialismus, ökonomischer Ausbeutung, Militarismus, Rassismus und Diskriminierung von Minderheiten zu tun? Welche Beziehung gibt es zwischen diesen Formen von Herrschaft und der Bibel und unserem christlichen Glauben?

6 Die Begriffe »gelebte Welt-Erfahrung« (»lived-world experience«) und »Gewalt der Abstraktion« (»the violence of abstraction«) habe ich von Beverly Harrisons Vortrag beim Women and Economics Seminar of the American Academy of Religion, November 1988, übernommen.

7 Der Begriff »Suche nach einer Vision« (»Vision Quest«) wird viel von den Indianern Nordamerikas gebraucht, verbunden mit kulturellen Assoziationen. Ich meine damit lediglich die Suche asiatischer Frauen nach einer Vision.

8 Vgl. Lee Sung Hee, »Women's Liberation Theology as the Foundation for Asian Theology«, *East Asia Journal of Theology* 4:2, Oktober 1986, S. 12–13.

9 Vgl. Marianne Katoppo, *Compassionate and Free: An Asian Women's Theology*, Maryknoll, New York: Orbis Books, 1980. (Titel der deutschen Ausgabe: Marianne Katoppo, Mitleiden – Mithandeln, Verlag der Ev. Luth. Mission, Erlangen, Anm. der Übers.).

10 Vgl. Park Soon Kyung, *Minjok Tongil Kwa Keedokyo. (Unification of the Nation and Christianity)*, Seoul, Korea: Hankilsa, 1986.

11 Vgl. Park Soon Kyung, *Hankook Minjok Kwa Yeosung Shinhak eu Kwajae (The Korean Nation and the Task of Women's Theology)*, Seoul, Korea: Daehan Keedokyo Suhwhe, 1983.

12 Vgl. Tapia, The Contribution of Philippine Christian Women to Asian Women's Theology. Doktorarbeit. Claremont Graduate School, 1989.

13 Auch der frühere *Minjung*-Theologe Suh Nam Dong hat vorgeschlagen, den Prozeß des Theologisierens als Echo zu definieren. Er glaubt, daß der Exodus das Echo Jahwes auf die Schreie der Hebräer war, die unter der Tyrannei Ägyptens litten, und Amos' prophetische Botschaft an die korrupte Gesellschaft im nördlichen Israel im Jahre 8 vor Christus sein Echo auf den Ärger Jahwes. Suh sagt auch, die Entstehung der Minjung-Theologie in Korea in den letzten zehn Jahren sei das Echo koreanischer Theologinnen und Theologen auf die Schreie des Volkes, der *Minjung*, gewesen. Er meint, die Wahrhaftigkeit einer Theologie müsse sich daran messen lassen, wie authentisch und sensibel das Echo ihrer Theologen auf die Schreie der Armen sei. Vgl. Suh Nam Dong, *In Search of Minjung Theology*, Vorwort.

14 Vgl. Fabella, »Asian Women and Christology«, S. 20.

15 Vgl. Kim Yong Bok, »The Problem of Women and Socio-biography of Minjung« in *The Task of Korean Women's Theology*, Seoul, Korea: KAWT, 1983, S. 78–92.

16 Ebenda.

17 Wir bezahlten jeweils 5.00 US-Dollar, was dem Betrag entspricht, den Prostituierte in Manila normalerweise bekommen.

18 Vgl. Kim Hee Eun, »Theological Reflection on Women's Work« in *The Context of Korean Women's Theology*, Seoul, Korea: KAWT, 1985, S. 78.

19 Vgl. Kwok, »Discovering the Bible in the Non-Biblical World«.
20 Ebenda, S. 17.
21 Ebenda, S. 8. Der Beitrag koreanischer *Minjung*-Theologinnen und -Theologen war ein Meilenstein in dem Versuch, biblische Geschichten und die Geschichten der Leute für die theologische Reflexion zusammenzubringen. Vgl. Suh Nam Dong, *In Search of Minjung Theology;* Kosuke Koyama, *Mount Fuji and Mount Sinai: A Critique of Idols,* Maryknoll, New York: Orbis Books, 1985; C. S. Song, *Tell Us Our Names: Story Theology from an Asian Perspective,* Maryknoll, New York: Orbis Books, 1984.
22 Vgl. Kwok, »Discovering the Bible in the Non-Biblical World«.
23 Vgl. Chung Sook Ja, »General Comments«, IGI, Dezember 1984, S. 22–23.
24 Einige Firmen drängen Frauen, ihre Arbeit aufzugeben, wenn sie heiraten oder wenn sie älter als 25 Jahre sind.
25 Vgl. KAWT, ed., *Women's Theology and Humanization,* Seoul, Korea: KAWT, 1987, S. 70–91.
26 Ebenda, S. 72.
27 Vgl. Lee Oo Chung, »Our Hyun Jang and Women's Theology« in *Women's Theology and Humanization,* S. 89.
28 Für mehr Information zu kosmischer und meta-kosmischer Religion vgl. Aloysius Pieris, *An Asian Theology of Liberation,* Maryknoll, New York: Orbis Books, 1988, S. 71–74. Beachte Pieris' ergänzende Ansichten über die Beziehung zwischen kosmischer und meta-kosmischer Religion, die sich von meiner hier beschriebenen Sicht unterscheiden.
29 Beachte die unterschiedlichen Ansichten über Synkretismus. Vgl. Hendrik Kraemer, *The Christian Message in a Non-Christian World,* Grand Rapids, Michigan: Kregel Publications, 1977; M. M. Thomas, *Risking Christ for Christ's Sake,* Geneva: WCC, 1987; Leonardo Boff, *Church, Charism, Power,* New York: Crossroads, 1985.

Quellennachweis

Foto S. 16 und Umschlagseite 4: © Peter Williams/WCC Photo
S. 128 »Und du Jesus, liebster Herr ...« aus: Wir sind keine Fremdlinge mehr, Evangelisches Missionswerk Hamburg
S. 137f. »Jeden Tag um zwölf ...« aus: Von allen Seiten umgibst du mich, Evangelisches Missionswerk Hamburg